跨境电子商务
应用型人才培养系列丛书

跨境电子商务物流

主 编 ◎ 叶万军 隋东旭 邹益民

清华大学出版社
北京

内 容 简 介

跨境电子商务物流是跨境电子商务活动中最重要的一部分，它充当客户与商家之间的桥梁，是跨境电子商务活动中商品流通的重要载体。本书的主要内容包括：跨境电子商务物流导论、跨境电子商务物流技术、跨境电子商务物流服务成本及产品定价、跨境电子商务采购、跨境电子商务仓储、跨境电子商务物流运输管理、跨境电子商务库存、跨境电子商务海外仓、跨境电子商务海关清关、跨境电子商务物流发展环境与服务创新、跨境电子商务物流信息系统管理。本书在编写过程中坚持"理论与实务并重，内容全面与专业深化兼备"的原则，既适合作为高等院校跨境电子商务相关专业学生的教科书，也适合作为跨境电子商务从业者的参考用书。

本书封面贴有清华大学出版社防伪标签，无标签者不得销售。
版权所有，侵权必究。举报：010-62782989，beiqinquan@tup.tsinghua.edu.cn。

图书在版编目（CIP）数据

跨境电子商务物流/叶万军，隋东旭，邹益民主编. —北京：清华大学出版社，2021.9（2025.2 重印）
（跨境电子商务应用型人才培养系列丛书）
ISBN 978-7-302-58102-4

Ⅰ. ①跨… Ⅱ. ①叶… ②隋… ③邹… Ⅲ. ①电子商务—物流管理 Ⅳ. ①F713.365.1

中国版本图书馆 CIP 数据核字（2021）第 084526 号

责任编辑：邓　婷
封面设计：刘　超
版式设计：文森时代
责任校对：马军令
责任印制：曹婉颖

出版发行：清华大学出版社
网　　址：https://www.tup.com.cn, https://www.wqxuetang.com
地　　址：北京清华大学学研大厦 A 座　　邮　　编：100084
社 总 机：010-83470000　　邮　　购：010-62786544
投稿与读者服务：010-62776969，c-service@tup.tsinghua.edu.cn
质量反馈：010-62772015，zhiliang@tup.tsinghua.edu.cn
印 装 者：三河市龙大印装有限公司
经　　销：全国新华书店
开　　本：185mm×260mm　　印　张：16.25　　字　数：395 千字
版　　次：2021 年 11 月第 1 版　　印　次：2025 年 2 月第 4 次印刷
定　　价：49.80 元

产品编号：088300-01

前　言
Preface

随着全球一体化、信息化的深入发展，以电子商务、物流、金融三方融合为特点的新型跨境贸易方式——跨境电子商务已成为国际贸易新的增长点，对我国企业扩大海外营销渠道，实现外贸转型升级意义深远。同时，跨境电子商务的出现，也为广大人民的生活带来了许多便利。物流作为跨境电子商务运行过程中不可或缺的并且是极其重要的一环，是跨境电子商务活动中物品流通的重要载体。因此，相关专业的学生及从业人员势必要了解有关跨境物流的相关知识，开设相应的课程是大势所趋。

"跨境电子商务物流管理"是我国高等院校相关专业的一门必修课程。根据该课程的教学要求，本书设置了十一章内容，第一章介绍了跨境电子商务物流导论，主要包括物流概述、跨境电子商务物流概述；第二章介绍了跨境电子商务物流技术，主要包括跨境电子商务物流技术概述，跨境电子商务物流数据库技术，跨境电子商务物流网络技术，跨境电子商务物流条码技术，跨境电子商务物流 RFID 技术，跨境电子商务物流 EDI、GPS 和 GIS 技术，物联网、大数据和云计算技术；第三章介绍了跨境电子商务物流服务成本及产品定价，主要包括跨境电子商务物流服务、跨境电子商务产品定价、跨境电子商务物流成本与控制；第四章介绍了跨境电子商务采购，主要包括跨境电子商务采购概述、跨境电子商务采购作业、跨境电子商务采购管理；第五章介绍了跨境电子商务仓储，主要包括跨境电子商务仓储概述、跨境电子商务仓储作业、跨境电子商务仓储管理；第六章介绍了跨境电子商务物流运输管理，主要包括跨境电子商务运输管理概论、国际航空、国际邮政、国际专线、国际快递业务、物流板块设置；第七章介绍了跨境电子商务库存，主要包括跨境电子商务库存概述、跨境电子商务库存管理、基于库存成本的跨境电子商务库存决策；第八章介绍了跨境电子商务海外仓，主要包括海外仓概述、海外仓费用结构、海外仓选品、海外仓运作管理与技术；第九章介绍了跨境电子商务海关清关，主要包括海关清关常识、跨境出口物流管理、跨境进口物流管理；第十章介绍了跨境电子商务物流发展环境与服务创新，主要包括跨境电子商务物流发展环境、跨境电子商务物流服务创新；第十一章介绍了跨境电子商务物流信息系统管理，主要包括跨境电子商务物流信息系统概述、跨境电子商务物流信息系统规划与设计、跨境电子商务物流信息系统的应用。

本书具有以下几个突出的特点。

（1）主题突出，专业术语规范。选材知识点注重时效性及专业性，引导读者理解跨境电子商务物流的核心概念、原理及惯例。

（2）可读性强。本书系统全面地阐述了跨境电子商务物流所涉及的知识，具有很强的可读性。

（3）实用性强。书中设置了知识目标，学习重点、难点，思维导图，案例导入，正文，项目实训，复习与思考等不同的模块，有助于学生迅速掌握所学知识，具有很强的实用性。

（4）配套资源丰富。本书随书附赠相关电子教案、多媒体课件、二维码信息、电子试卷等配套教学资源，将教材建设与课程建设紧密地结合在一起。

本书由叶万军、隋东旭、邹益民担任主编并由其进行全书的统稿工作。由于编者水平有限，书中存在的疏漏之处，敬请专家和读者指正。

编 者

2021 年 5 月

目 录
Contents

第一章 跨境电子商务物流导论 1
 第一节 物流概述 2
  一、物流的分类 2
  二、物流的效用 8
 第二节 跨境电子商务物流概述 9
  一、跨境电子商务物流的概念和特点 9
  二、跨境电子商务物流模式 12
  三、跨境电子商务与物流的关系 13
  四、跨境电子商务物流的发展趋势 16
 项目实训 17
 复习与思考 18

第二章 跨境电子商务物流技术 19
 第一节 跨境电子商务物流技术概述 23
  一、数据和决策 23
  二、物流信息技术 24
 第二节 跨境电子商务物流数据库技术 26
  一、数据库基础知识 26
  二、数据挖掘在跨境电子商务物流中的作用 27
  三、数据库技术在跨境电子商务物流中的应用 27
 第三节 跨境电子商务物流网络技术 30
  一、计算机网络技术概述 30
  二、跨境电子商务物流网络技术和应用 32
 第四节 跨境电子商务物流条码技术 34
  一、条码基础 34
  二、条码识别技术 35
  三、条码识别技术在跨境物流中的应用 37
 第五节 跨境电子商务物流 RFID 技术 38
  一、RFID 基础 38
  二、RFID 技术在跨境电子商务物流中的应用 39

第六节 跨境电子商务物流 EDI、GPS 和 GIS 技术 41
    一、跨境电子商务物流 EDI 技术 41
    二、跨境电子商务物流 GPS 技术 44
    三、跨境电子商务物流 GIS 技术 46

第七节 物联网、大数据和云计算技术 48
    一、物联网技术 48
    二、大数据技术 51
    三、云计算技术 52

项目实训 54
复习与思考 54

第三章 跨境电子商务物流服务成本及产品定价 55

第一节 跨境电子商务物流服务 56
    一、传统物流服务 56
    二、现代物流服务 57

第二节 跨境电子商务产品定价 61
    一、跨境电子商务产品合理定价 61
    二、跨境电子商务产品定价技巧 63
    三、跨境电子商务产品定价的误区 64

第三节 跨境电子商务物流成本与控制 65
    一、跨境电子商务物流成本 65
    二、跨境电子商务物流成本控制 76

项目实训 80
复习与思考 80

第四章 跨境电子商务采购 81

第一节 跨境电子商务采购概述 82
    一、采购认知 82
    二、采购的分类 85

第二节 跨境电子商务采购作业 87
    一、跨境电子商务采购模式 87
    二、跨境电子商务采购的基本流程 90

第三节 跨境电子商务采购管理 94
    一、采购订单 94
    二、进货管理与评价 99
    三、采购流程优化 102

项目实训 104
复习与思考 104

第五章　跨境电子商务仓储 ······ 105
第一节　跨境电子商务仓储概述 ······ 106
一、仓储的概念 ······ 106
二、仓储的作用 ······ 107
三、仓储的功能 ······ 110
第二节　跨境电子商务仓储作业 ······ 112
一、商品入库作业 ······ 112
二、商品保管作业 ······ 114
三、商品出库作业 ······ 115
第三节　跨境电子商务仓储管理 ······ 116
一、仓储的基本决策 ······ 116
二、5S 现场管理 ······ 121
三、仓储安全管理 ······ 123
四、现代化仓储管理 ······ 125
项目实训 ······ 126
复习与思考 ······ 127

第六章　跨境电子商务物流运输管理 ······ 128
第一节　跨境电子商务运输管理概论 ······ 130
一、跨境电子商务运输管理概念 ······ 130
二、跨境电子商务物流运输的管理特点和意义 ······ 130
第二节　国际航空 ······ 131
一、国际航空物流的概念 ······ 131
二、普通空运的基本流程 ······ 132
三、区域划分 ······ 133
四、运输方式 ······ 133
五、空运提单 ······ 134
六、国际货物托运包装要求 ······ 135
第三节　国际邮政 ······ 136
一、国际邮政包裹的概念 ······ 136
二、邮政特快专递服务 ······ 137
三、中速国际快件业务 ······ 137
四、国际及港澳台电子商务业务 ······ 138
五、中邮海外仓 ······ 141
六、中邮海外购 ······ 141
七、邮政包裹物流模式的运作流程 ······ 141
第四节　国际专线 ······ 142
一、国际专线物流概述 ······ 142

二、国际专线物流的优势和劣势 ………………………………………………… 143
  三、国际专线物流的运费及运作模式 …………………………………………… 143
 第五节　国际快递业务 …………………………………………………………………… 147
  一、国际快递业务认知 …………………………………………………………… 147
  二、国际快递业务开展 …………………………………………………………… 148
 第六节　物流板块设置 …………………………………………………………………… 149
  一、国际电子商务运费计算 ……………………………………………………… 149
  二、跨境电子商务物流板块设置 ………………………………………………… 151
 项目实训 …………………………………………………………………………………… 153
 复习与思考 ………………………………………………………………………………… 153

第七章　跨境电子商务库存 …………………………………………………………………… 154
 第一节　跨境电子商务库存概述 ………………………………………………………… 158
  一、跨境电子商务库存的概念 …………………………………………………… 158
  二、跨境电子商务库存的分类 …………………………………………………… 158
  三、跨境电子商务库存的作用 …………………………………………………… 160
 第二节　跨境电子商务库存管理 ………………………………………………………… 161
  一、跨境电子商务库存管理的概念 ……………………………………………… 161
  二、跨境电子商务库存管理的方法 ……………………………………………… 162
 第三节　基于库存成本的跨境电子商务库存决策 ……………………………………… 165
  一、跨境电子商务库存成本的构成 ……………………………………………… 165
  二、基于库存成本的跨境电子商务库存决策 …………………………………… 167
 项目实训 …………………………………………………………………………………… 171
 复习与思考 ………………………………………………………………………………… 171

第八章　跨境电子商务海外仓 ………………………………………………………………… 172
 第一节　海外仓概述 ……………………………………………………………………… 173
  一、海外仓的概念 ………………………………………………………………… 173
  二、海外仓的优缺点 ……………………………………………………………… 173
  三、海外仓的模式 ………………………………………………………………… 175
 第二节　海外仓费用结构 ………………………………………………………………… 176
  一、头程运费和税金 ……………………………………………………………… 176
  二、当地派送费用 ………………………………………………………………… 178
  三、仓储管理服务费用 …………………………………………………………… 178
 第三节　海外仓选品 ……………………………………………………………………… 179
  一、海外仓选品规则 ……………………………………………………………… 179
  二、海外仓选品定位 ……………………………………………………………… 179
  三、海外仓选品思路 ……………………………………………………………… 181

第四节　海外仓运作管理与技术 ··· 181
　　　　一、海外仓运作管理 ··· 181
　　　　二、海外仓技术 ··· 185
　　项目实训 ··· 188
　　复习与思考 ·· 188

第九章　跨境电子商务海关清关 ··· 189
　　第一节　海关清关常识 ··· 190
　　　　一、海关的性质、职能和权力 ·· 190
　　　　二、清关流程 ·· 193
　　　　三、常见海关清关情况 ·· 195
　　第二节　跨境出口物流管理 ··· 196
　　　　一、跨境电子商务出口物流概述 ··· 196
　　　　二、跨境电子商务出口发货流程 ··· 200
　　　　三、跨境电子商务出口包装 ·· 200
　　第三节　跨境进口物流管理 ··· 205
　　　　一、跨境电子商务物流进口模式 ··· 205
　　　　二、跨境电子商务物流进口通关便利化 ····································· 206
　　项目实训 ··· 212
　　复习与思考 ·· 212

第十章　跨境电子商务物流发展环境与服务创新 ·································· 213
　　第一节　跨境电子商务物流发展环境 ··· 214
　　　　一、跨境电子商务物流发展的需求环境 ···································· 214
　　　　二、跨境电子商务物流发展的知识产权环境 ······························ 216
　　　　三、跨境电子商务物流发展的税收环境 ···································· 218
　　　　四、跨境电子商务物流发展的文化环境 ···································· 223
　　第二节　跨境电子商务物流服务创新 ··· 226
　　　　一、AliExpress 无忧物流服务 ·· 226
　　　　二、亚马逊物流 ··· 226
　　项目实训 ··· 229
　　复习与思考 ·· 230

第十一章　跨境电子商务物流信息系统管理 ·· 231
　　第一节　跨境电子商务物流信息系统概述 ····································· 233
　　　　一、跨境电子商务物流信息系统的定义 ···································· 233
　　　　二、跨境电子商务物流信息系统的特点 ···································· 233
　　　　三、跨境电子商务物流信息系统的构成要素 ······························ 235
　　第二节　跨境电子商务物流信息系统规划与设计 ····························· 235

　　　　一、跨境电子商务物流信息系统规划的定义与分类 235
　　　　二、跨境电子商务物流信息系统规划与设计的内容 236
　　　　三、跨境电子商务物流信息系统规划与设计的方法 237
　　　　四、跨境电子商务物流信息系统规划与设计的意义 238
　　第三节　跨境电子商务物流信息系统的应用 239
　　　　一、跨境物流信息系统管理和 ERP 系统 239
　　　　二、跨境物流信息管理系统对接平台 242
　　　　三、跨境物流信息管理系统的未来发展 247
　　项目实训 248
　　复习与思考 248

参考文献 249

第一章　跨境电子商务物流导论

知识目标

- 了解物流的概念；
- 了解物流的分类；
- 掌握跨境电子商务物流的概念。

学习重点、难点

重点：

- 物流的效用；
- 跨境电子商务物流的特点。

难点：

- 跨境电子商务物流的模式；
- 跨境电子商务物流的发展趋势。

本章思维导图

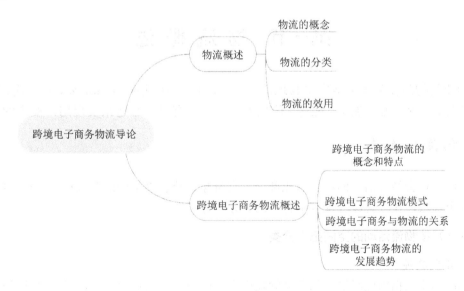

案例导入

中欧跨境电子贸易物流园项目在新泰启动，成跨境电子商务物流集聚区

中欧跨境电子贸易物流园启动暨泰安陆港快递类海关监管场站揭牌仪式在新泰举行，标志着新泰对外开放水平迈上了新台阶。

泰安陆港快递类海关监管场站占地 4.15 公顷，投资 1.5 亿元，是济南关区首个在营"9610"快递类海关监管场站。伴随中欧跨境贸易国际物流园正式开园，该场站预计日均通关包裹 2 万单，后期将逐步达到日均通关包裹 5 万单。

泰安陆港快递类海关监管场站是商务部中欧跨境电子贸易物流园一园两区项目中的中国功能区，与设在荷兰芬洛的欧洲功能区形成中欧跨境电子贸易的两个桥头堡。

该场站的成功运营将使新泰真正成为鲁中地区以跨境电子商务为主要特色的商贸物流集聚区。

近年来，新泰抢抓"一带一路"战略机遇，引导企业深挖美国、欧洲、日韩、东南亚等传统出口市场，大力开拓南亚、中东、东欧等新兴市场。目前，新泰已同"一带一路"沿线四十多个国家和地区建立经贸合作关系，培植起特变电工、和新精工、平阳纺织、润德生物、格林富德等大批外向型龙头企业，初步形成了"外资引领，三外联动，统筹发展"的对外开放格局。

泰安陆港快递类海关监管场站的揭牌运营不仅为新泰和兄弟县市区架起了一座沟通世界、接轨国际的桥梁，更圆了新泰人民多年的"海关梦"，对提升新泰对外形象、扩大外贸竞争优势具有重大而深远的意义。

资料来源：中欧跨境电子贸易物流园项目在新泰启动，成跨境电子商务物流集聚区[EB/OL]．（2019-12-03）http://www.100ec.cn/detail--6536759.html. 有改动.

第一节 物 流 概 述

物流是物品在从供应地向接收地的实体流动过程中，根据实际需要，将运输、储存、装卸搬运、包装、流通加工、配送、信息处理等功能有机结合起来实现用户要求的过程。

一、物流的分类

物流是社会经济活动的重要组成部分，它贯穿于社会再生产的全过程，存在于国民经济的各个领域，在社会经济领域中有不同的分类方法。

（一）按物流活动的空间范围分类

1. 部门物流

部门物流是指国民经济各部门之间物资资料的流转，它反映了国民经济产业结构中的各企业部门相互联系、相互影响的关系。随着社会生产力的发展和科学技术的进步，社会

生产的专业化程度不断提高，部门和企业之间的分工日益细化，这使得国民经济各部门之间、企业之间的物流活动越来越复杂。为实现各个部门在生产上相互衔接、紧密配合，保证国民经济顺利运行，就要求工业品生产、消费品生产、中间产品生产及为生产和生活服务的部门，依据它们在生产和供应上的相互衔接性，形成相互适应、相互促进的物流系统。物流不畅必然影响一些部门的发展，造成国民经济部门发展的失衡。

部门物流还关系到生产资源在各个部门之间的合理分配和使用。在一定时间和一定的技术条件下，供应生产发展的各种资源是有限且不平衡的，有的生产资源供应相对充裕，有的则相对稀缺。部门之间物流能力不足和流向不合理会造成资源得不到有效的利用，从而影响生产资源供给与需求的平衡，制约产业结构的合理配置，造成宏观经济效益低下。

2. 区域物流

区域物流包括一定区域范围内的物流和不同区域之间的物流。任何生产都是在一定的区域内进行的。由于自然、技术、经济、社会等因素的制约，客观上形成了一定的生产和经济协作区域，这些区域又构成国民经济产业结构的地区和空间布局。经济区域是以城市为中心的，一般来讲，一个城市就是一个经济中心。城市的经济活动以物流为依托，其发展对物流有很强的依赖性，区域内的发展规划，如工厂、仓库、住宅、商业及道路、桥梁、车站、机场等都要以物流为约束条件。

城市具有经济活动高度集中的特点，对周边地区有着强大的吸引力和辐射力，大城市，特别是中心城市的经济联系范围更加广泛，它作为工业中心、贸易中心、交通运输中心等，既是物资资料的集散地，又是各个地区经济交流的枢纽。各个大的经济中心之间的经济活动相互联结、相互依存，共同组成了国民经济的有机整体。然而，我国地区之间经济发展严重不平衡，沿海中心城市一般具有资金、技术和管理上的优势，却缺乏原材料和自然资源；而中西部地区在资金、技术、人才和管理等方面处于劣势，但有着丰富的自然资源。资源从内地流向沿海，产成品从沿海流往内地，是我国区域之间物资流动的显著特点。因此，沿海和内地之间的经济联合，各个地区之间的经济往来和平衡发展，一定程度上依赖于顺畅的物流。

3. 国际物流

国际物流是不同国家或地区之间经济交往、贸易活动的物资流转。国际物流是伴随着国际贸易的发展而发展的。第二次世界大战以后，科学技术进步与社会化大生产的发展，使国际分工日趋深化，国家间的经济联系日趋密切，生产国际化已成为世界经济发展的基本趋势。发达国家之间的经济联系全面强化，跨国公司内部的交换成为国际贸易的重要组成部分，国际分工从不同产业部门深入到同一行业的不同产品之间，出现了若干国家协作生产的"国际产品"。世界经济的发展变化使国际贸易迅速增长，各国之间经济发展对国际贸易的依赖性大幅度提高。

国际贸易的发展对国际物流的要求也越来越高，从20世纪60年代开始，出现了超大型的运输工具，物流实现了一次性运输大批量货物。20世纪70年代，国际集装箱及集装箱船的普及大大提高了运输散杂货的物流水平。20世纪80年代以后，国际物流开始向"小批量、高频度、多品种"的方向发展。同时，伴随国际联运物流的发展而建立的国际化物流信息系统，进一步促进了国际物流向更高的水平发展。

（二）按企业中物流作用的不同分类

1. 供应物流

供应物流是指企业为保证生产所需要的原材料、零部件、燃料、辅助材料等物品，在供应商与企业需求方之间进行的物流活动。供应物流具体包括采购、装卸、运输、检验、入库等环节。供应物流对企业生产有着直接的影响，生产所需物资供应的时间、数量和质量在很大程度上决定着企业的生产节奏和生产成本，从而影响企业的经济效益。供应物流因市场条件不同而有很大的不同：在物资供不应求的市场条件下，采购人员要想尽一切办法保证物资供应的时间、数量和质量；然而，现在市场条件已经发生了根本性的变化，供大于求成为常态，供应数量的保证已经变得相当容易，在这种条件下，如何选择最优的供应商，降低成本、减少库存，以适当的品质、适当的数量、适当的时间、适当的场所、适当的价格供应生产所需的物资，配合企业总体战略目标的实现，就成为供应物流追求的目标。

2. 生产物流

生产物流是指伴随着企业生产工艺过程的物流活动。生产物流一般从企业物资供应仓库开始，按照生产进度和要求，对物资进行分类，然后向各个生产环节和作业场所配送。在供应商服务水平较高的情况下，往往是在指定的时间把指定数量的生产物资直接送到指定的作业场所，形成生产物流的起点。经过加工制成的半产品进入半成品仓库，或者继续按照生产工艺和流程不断流转，直至成品产出，然后经过检验、分类、包装、装卸搬运等作业环节，最后进入成品仓库。生产物流的效率主要取决于生产工艺流程，配合生产计划的物流计划是否科学，对于生产工艺各个环节的衔接和缩短生产周期有着直接影响。而工厂相关车间、仓库的配置，以及车间内流水线、作业点的布置，都会影响生产物流的路线距离和装卸搬运的作业次数，从而影响生产物流的效率。

3. 销售物流

销售物流是指伴随企业的销售活动，将产品转移给客户的物流活动。销售物流具体包括仓储、分类、包装、装卸、运输和售后服务。产品在销售之前都需要储存起来，货物可以在工厂或工厂附近储存，也可以在各个销售地点分散储存。按照客户订单或供货合同，对储存的货物进行分类、包装、运达客户指定的地点并提供必要的服务，是销售物流的全过程。销售物流是企业营销活动的重要组成部分，只有当产品送达客户并经过售后服务，伴随商流的物流过程才算结束。现代市场经济的特征是买方市场，企业销售已经从推销发展到以客户为中心的市场营销。因此，销售物流不仅要求以最低的成本送货上门，而且要为客户提供更佳的服务，以赢得客户信赖，最终提高企业竞争力。

4. 回收物流

回收物流是指企业在供应、生产、销售过程中产生的可再利用物资的回收活动。回收物流具体包括供应物流过程和销售物流过程产生的可再利用的包装物、衬垫物等的回收；生产过程产生的可再利用的边角余料的回收；各种报废的生产工具、设备及失去部分使用价值的辅助材料和低值易耗品的回收。可再利用物资的回收物流不仅有利于企业降低成本，提高企业生产效率，而且有利于社会环境的改善。

5. 废弃物物流

废弃物物流是指企业供应、生产、销售过程中产生的废弃物品的收集、处理和再制造的物流活动。在生产过程中不可避免地会产生废水、废气、废油、废渣等各种废弃物，随着工业化的发展，废弃物将严重污染环境，危及人类的生活环境和人身健康，有关废弃物的处理问题在世界各国都已成为不可忽视的社会问题。随着各国对环境保护的日益重视和开始对经济可持续发展的关注，如何将废弃物进行再循环处理，将废弃物通过分拣、分解再加工等过程，变废弃物为可持续利用的新材料也成为最近普遍关注的课题。这类物流有时也称"环保物流"或"绿色物流"。在我国，废弃物对环境的污染已经引起政府及社会的广泛关注，但环境污染的趋势并没有得到明显的改善。因此，从长远利益和社会利益出发，建立废弃物物流系统已成为刻不容缓的重大课题。

（三）按物流活动的作用领域分类

1. 生产领域的物流

生产领域的物流贯穿生产的整个过程。生产的全过程从原材料的采购开始便要求有相应的供应物流活动，即采购生产所需的材料；在生产的各工艺流程之间，需要原材料、半成品的物流活动，即生产物流；部分余料、可重复利用的物资的回收，即回收物流；废弃物的处理则需要废弃物物流。

2. 流通领域的物流

流通领域的物流主要是指销售物流。在当今买方市场条件下，销售物流活动带有极强的服务性，它可以满足买方的需求，最终实现销售目标。在这种市场前提下，销售往往以送达用户并经过售后服务才算终止，因此，企业销售物流的特点便是通过包装、送货、配送等一系列物流活动来实现销售。

（四）按物流发展的历史进程分类

1. 传统物流

传统物流主要关注物资的储存和运输等最基本的物流效用，考虑的是如何弥补需求在时间和空间上的差异。

2. 综合物流

综合物流不仅提供仓储和运输服务，还涉及许多协调工作，如对一些供应商和分销商的管理（包括采购和订单处理等内容），是对整个供应链的管理。综合物流由于很多精力放在供应链管理上，责任更大，管理也更复杂，这是其与传统物流的区别。

3. 现代物流

现代物流是为了满足消费者需要而进行的从起点到终点的原材料、半成品、最终产品和相关信息的有效流动及储存计划、运输计划的实现和控制的过程。它强调了从起点到终点的全过程，提高了物流的标准和要求，是各国物流的发展方向。国际上大型物流公司认为现代物流有两个重要功能：能够管理不同货物的流通质量；开发信息和通信系统，通过网络建立商务联系，直接从客户处获得订单。

知识扩展

传统物流与现代物流的区别

（五）按提供物流服务的主体不同分类

1. 代理物流

代理物流也叫第三方物流（third party logistics，3PL），是指由物流劳务的供方、需方之外的第三方去完成物流服务的运作模式。第三方就是提供物流交易双方的部分或全部物流功能的外部服务提供者。

2. 生产企业内部物流

生产企业内部物流是指一个生产企业从原材料进厂后，经过多道工序加工成零件，然后将零件组装成部件，最后组装成成品出厂的物流过程。企业内部物流是具体、微观的物流活动，这种物流活动伴随整个生产工艺过程，实际上已构成了生产工艺过程的一部分。企业生产所需要的原材料、零部件、燃料等辅助材料从企业仓库或企业的"门口"开始，进入到生产线的开始端，再进一步随生产加工过程一步一步地"流动"，在"流动"的过程中，材料本身被加工，同时产生一些废料、余料，直到生产加工终结，再"流动"至制成品仓库，便终结了企业生产物流过程。

过去，人们在研究生产活动时，只注重产品的生产加工过程，而忽视了将每个生产加工过程串在一起并且伴随每个生产加工过程的物流活动，如不断地离开上一工序，进入下一工序，便会不断发生装卸搬运、暂时停滞等物流活动。实际上，一个生产周期，物流活动所用的时间远多于实际生产加工的时间。

（六）按物流的流向不同分类

1. 内向物流

内向物流是企业从生产资料供应商进货所引发的产品流动，即企业向市场采购的过程。

2. 外向物流

外向物流是从企业到消费者之间的产品流动，即企业将产品送达市场并完成与消费者交换的过程。

中国—东盟（河口）跨境电子商务物流产业园开园通车

2020年1月1日上午，中国—东盟（河口）跨境电子商务物流产业园开园暨边境贸易直通车开通仪式在河口县举行。这也标志着河口跨境物流产业进入一个全新的发展阶段，"互联网+边境贸易"的模式将为河口口岸的边境贸易注入新的活力，助推中国（云南）自由贸易试验区红河片区（以下简称"红河片区"）的发展。

据介绍，2019年是河口开放发展极不平凡的一年，迎来了中国（云南）自由贸易试验区红河片区落地，迎来了昆明至河口"复兴号"动车的开通，标志着奋力奔跑的河口在推动沿边开放上迈出了更加坚实的步伐，取得了更高水平的突破。全年预计完成进出口总额232.5亿元，进出口货运量568.8万吨，外贸"四项指标"保持两位数增长，绝对量创下历史新高，口岸出入境人数首次突破600万人次。中国—东盟（河口）跨境电子商务物流产业园正式开园，同时边境贸易直通车正式开通，将更大地促进中越电子商务贸易的发展，对推动中越货物、资金、贸易的便捷流动具有重要意义。河口县愿同越方一道，依托红河片区建设，继续深化在跨境贸易、跨境物流、跨境电子商务等领域的合作，继续加强在源头生产、检疫、运输、配送等环节信息的互信互认，继续拓展双边贸易合作的空间和领域，共同为中越跨境电子商务提供更加便捷、更加高效、更加稳定的贸易环境，推动中越贸易合作再上新台阶。

随后，中国—东盟（河口）跨境电子商务物流产业园正式开园，边境贸易直通车开通。在热闹的礼炮声中，货运车辆依次驶出园区，连接南亚、东南亚的跨境物流直通车正式运行。

据了解，中国—东盟（河口）跨境电子商务物流产业园位于河口县北山原中国—东盟（河口）国际贸易中心，占地面积2.71公顷。由公共服务中心、大数据展示中心、电子商务培训及培育中心、供应链发展中心、双创中心、党建及电子商务扶贫中心、跨境商品直邮体验中心共7部分组成，是集产品、仓储、物流、退税、人才培训、孵化、融资、财税服务等多功能为一体的电子商务生态园。该产业园自2019年10月15日开园试运行以来，已取得不俗的成绩，至今已有77家企业入驻园区，实现网上销售合计8 354.9万元。

同时，河口南溪河口岸联检设施提升改造工程将于近期正式启动，并于2020年1月1日起关闭自行车通道，口岸行邮旅检功能及边民、游客、行李及随身物品正常验放通关，南溪河口岸边民互市贸易转场到河口北山红河公路口岸。届时，跨境物流将把边民互市贸易、红河片区发展、口岸进出口贸易有效连接起来，形成一个功能完善、交通便捷、政策优惠的东南亚商贸物流中心，相互促进，共同发展，为红河片区高标准谋划、高水平建设、高质量发展，切实当好沿边开放发展排头兵注入新的活力。

跨境电子商务是红河片区发展的四大重点产业之一，这个边境贸易直通车是河口结合自身实际创新的一种电子商务加边民互市的通车模式，即通过网上申报、政府查验、拼车通行的方式，降低物流的全过程成本，提高通关效率，从而使整个边民互市的过程监管更有效，要素更活跃，成本更低廉，效率更高。在整个模式创新的过程中，河口和老街政府做了很多卓有成效的沟通，整个过程也得到了海关以及边检部门的大力支持。这个模式的开通，极大地推动了河口和（越南）老街边民互市的良性发展，让整个河口的边贸站上了一个新的历史台阶。

资料来源：中国—东盟（河口）跨境电子商务物流产业园正式开园[EB/OL].（2019-10-16）.https://www.sohu.com/a/347368895_100109654. 有改动.

二、物流的效用

现在,人们已经认同"流通创造价值"这一观点,因为流通过程同样凝结了人类的劳动,产生了附加值。而物流活动创造价值在于它在物资流转、运动过程中形成了时间效用、空间效用和形质效用。

时空矛盾是物流的基点,也是物流价值的起点。什么是时空矛盾?就是供需双方对物品存在时间、空间上的差异,有这个差异才会有物流。于是,对于时空的管理便成为物流最基本的功能,这也成了物流区别于其他行业的一个最基本的特征。对于解决时空矛盾来说,仓储和运输是两个基本服务。仓储解决的是时间上的差异,运输解决的是空间上的差异。这两个基本服务还有共同的一个计量属性——成本。

(一)时间效用

"物"从供给者到需求者之间有一段时间差,由于改变这一时间差而创造的价值,称为"时间效用"。物流创造时间效用的形式包括以下几种。

1. 缩短时间创造效用

缩短物流时间可获得多方面的好处:减少物流损失、降低物流消耗、提高物的周转率、节约资金等。马克思早就从资本角度指出:流通时间越等于零或接近零,资本的职能就越大,资本的生产效率就越高,资本的自行增值就越大。

这里所讲的流通时间完全可以理解为物流时间,因为物流的结束是资本周转的前提条件。这个时间越短,资本周转越快,表明资本的增值速度越快。因此,通过缩短物流时间可创造时间效用。

2. 弥补时间差创造效用

经济社会中,需求和供给普遍存在时间差。例如,粮食、水果等农作物的生产、收获有严格的季节性和周期性,这就决定了农作物必须集中产出。但是,人们的消费是天天有需求的,因而供给和需求不可避免地会出现时间差。正是有了这个时间差,商品才能取得自身的最高价值,才能获得理想的经济效益。然而,由这个时间差而产生的价值本身不会自动实现,如果不采取有效的方法,集中生产出来的粮食除了当时的少量消费外就会损坏、腐烂,而在非生产时间,人们就会无法获得粮食、水果,因此必须对农作物进行储存、保管以满足人们对其的经常性需求,从而实现它们的使用价值。这种使用价值是通过物流活动克服了季节性生产和经常性消费的时间差才得以实现的,这就是物流的时间效用。

3. 延长时间差创造效用

尽管加快物流速度、缩短物流时间是普遍规律,但是某些具体物流活动中也存在人为地、能动地延长物流时间来创造效用的形式。例如,囤积居奇便是一种有意识地延长物流时间、增加时间差以创造效用的形式。

(二)空间效用(场所效用)

"物"的供给者和需求者往往处于不同的场所,通过克服地理空间上的分离而创造的效用称为场所效用，也叫空间效用。物流创造空间效用是由现代社会产业结构和社会分工所决定的，主要原因是商品在不同地理位置有不同的价值，通过物流活动将商品由低价值区转到高价值区，便可获得空间效用。物流创造空间效用的形式包括以下几种。

1. 从集中生产场所流入分散需求场所创造效用

现代化大生产的特点之一，往往是通过集中的、大规模的生产以提高生产效率，降低成本。在一个小范围集中生产的产品可以覆盖大面积的需求地区，有时甚至可以覆盖一个国家乃至若干个国家。通过物流将产品从集中生产的低价值区转移到分散于各处的高价值区通常可以获得很高的利益。例如，"西煤东运""西棉东送"就是将集中在我国西部地区的原材料（如棉花、煤炭等），通过物流转移到分散需求地区，以此获得更高的利益，这就是物流空间效用（场所效用）的创造。

2. 从分散生产场所流入集中需求场所创造效用

和上述的情况相反，将分散在各地乃至各国生产的产品通过物流活动集中到一个小范围的需求区有时也可以获得很高的利益。例如，粮食是在一小块、一小块的土地上分散生产出来的，而一个城市、地区的需求却相对大规模集中；一些大家电的零配件生产也分布得非常广，却集中在一起装配。这种分散生产、集中需求也会形成空间效用（场所效用）。

3. 从当地生产场所流入外地需求场所创造效用

现代社会中，供应与需求的空间差比比皆是。除了大生产之外，有不少空间差是由自然条件、地理条件和社会发展因素决定的。例如，农村生产农作物而异地于城市消费，南方生长水果而异地于北方消费……现代人每日消费的物品几乎都是由相距一定距离甚至十分遥远的地方生产的，这么复杂交错的供给与需求的空间差都是靠物流来弥合的，物流也从中获得了利益。

（三）形质效用（加工附加价值）

加工是生产领域常用的手段，它并不是物流本来的职能。但是，现代物流的一个重要特点就是根据自己的优势从事一定的补充性的加工活动。这种加工活动不是创造商品的主要实体、形成商品的主要功能和使用价值，而是带有完善、补充、增加性质的加工活动，这种活动必然会形成劳动对象附加价值，从而创造形质效用。

综上所述，物流的作用不仅限于使物品发生物理位置的转移，更重要的是能够实现时间和空间价值的增长。它可以通过运输、储存、保管、装卸、搬运、包装、流通加工活动创造时间效用、空间效用和形质效用。因此可以说，物流业是高附加值的产业。

第二节 跨境电子商务物流概述

一、跨境电子商务物流的概念和特点

（一）跨境电子商务的概念

跨境电子商务是指分属不同关境的交易主体，通过电子商务平台达成交易、进行支付结算，并通过跨境物流送达商品、完成交易的一种国际商业活动。

（二）跨境电子商务物流的概念

跨境电子商务物流就是跨境电子商务运营模式下，涵盖采购、仓储、运输各个供应链管理环节的物流管理。

案例 1-2

万国邮联改革国际小包终端费，跨境电子商务物流成本将提高

我国跨境电子商务的快速发展离不开低廉的物流成本，但未来物流成本将不断上涨。近期，万国邮联第三次特别大会通过了国际小包终端费改革方案，国家邮政局在近日召开的新闻通气会上表示，2020—2025年，出口国际小包终端费将较2019年累计增长164%。随着跨境电子商务物流成本上升，我国也应加快弥补邮政出口渠道单一、快递国际网络薄弱等短板。

1. 美国可实行自定义终端费体系

随着跨境电子商务的飞速发展，各国之间的邮件业务往来更加密切。所谓终端费，是指原寄国邮政向寄达国邮政支付的为补偿寄达国处理所接收函件的费用，适用于信件和2千克以下的小包。万国邮联192个成员每四年召开一次大会商定终端费体系，该体系将成员国按发展水平分为四组，计算标准对发展中国家较为有利。

但近年来，随着跨境电子商务迅猛发展，国际小包业务量急速增长，引发了出超国邮政与入超国邮政之间的利益不平衡。特别是一些国内成本较高的国家，以终端费不能覆盖其国内处理成本为由，呼吁提高终端费。

2019年9月，万国邮联第三次特别大会在瑞士日内瓦举行，大会通过了融合各方诉求的方案V。

根据融合方案V，2020年，各国继续执行多边费率体系，上调并拉平1至4组的终端费上限，我国所属第3组国家2020年终端费上涨27%。此外，2018年进口函件业务量超过7.5万吨的国家（目前仅有美国符合该条件），2020年7月1日起可提前实行自定义终端费体系，但需在2021—2025年向万国邮联支付4 000万瑞士法郎补偿金。

2. 未来5年我国终端费增164%

国家邮政局办公室副主任高洪涛介绍，我国跨境电子商务快速发展得益于低廉的物流成本。但2016年以来，国际小包终端费已出现结构性变化，终端费大幅上涨将是大势所趋。此次大会通过的方案V将使我国所在的第3组国家在2020—2025年出口国际小包终端费较2019年累计增长164%，从而推高我国跨境电子商务物流成本。

不过，和其他方案相比，该方案对我国的不利影响相对较小。如果通过其他方案，我国支付给各国的终端费就面临185%到212%的增长，最高涨幅超过600%。据初步估算，按照方案V，中国邮政集团公司和港澳邮政2020年较另外一方案可以少支付终端费60多亿元。

其实，近年来，万国邮联一直在持续推进终端费改革。2016年万国邮联伊斯坦布尔大会通过了国际小包终端费调资办法，轻重量段终端费大幅上涨。新终端费办法2018年生效后，包括我国在内的有关国家出口国际小包终端费大幅上涨。2018年，中国邮政出口国际小包终端费已上涨50%。根据伊斯坦布尔大会决议，2019—2021年，我国所属第三组国家出口小包终端费将继续保持每年13%的涨幅。

3. 跨境电子商务或将面临更高成本

随着终端费大幅上涨，我国的邮政企业和跨境电子商务将受到什么影响？

记者了解到，各国之间的邮政业务量按年结算。以中美为例，就目前业务量来看，中国的国际小包出口量远远大于美国，随着美国提高终端费，中国邮政的成本将大幅提高，这也意味着企业的利润会被压缩。

随着物流成本提高，跨境电子商务的快递费是否也会相应提高？一家跨境电子商务相关负责人告诉记者，在跨境电子商务平台上，卖家可以自己选择使用的快递服务，除了邮政渠道，也可以选择UPS、DHL等商业快递，因此邮政也不会大幅涨价，否则会影响其业务量。"目前还没有调快递费，如果邮政提高快递费，对于寄递以轻小件为主、物流选择邮政渠道的卖家来说会有较大影响。"他表示，随着万国邮联调整终端费，使用同样邮路的国际快递企业也很可能调整价格，长远来看，我国跨境电子商务物流成本都会有所提高。

第一财经商业数据中心联合1688跨境专供发布的《2019中国跨境电子商务出口趋势与机遇白皮书》显示，截至2018年，中国跨境电子商务出口已实现超万亿规模，主流电子商务平台分布全球200多个国家和地区。

"我国邮政出口渠道单一、快递国际网络薄弱、国内市场与国际市场失衡、跨境电子商务产品优势不足等短板亟待解决。"高洪涛表示，我国邮政、快递企业应抓紧促改革、补短板，练好内功，协调推动我国电子商务平台及上游产业调整和产品结构更新，推进与寄递相关的上下游产业链共同实现高质量发展，以不断适应国际小包市场化进程；通过造船出海、抱团出海，加快推动我国邮政、快递企业"走出去"，打造安全可靠的国际寄递网络。

资料来源：万国邮联改革国际小包终端费，跨境电子商务物流成本将提高[EB/OL]. （2019-10-18）. http://www.100ec.cn/detail--6530741.html. 有改动。

（三）跨境电子商务物流的特点

随着跨境电子商务的高速发展，适应跨境电子商务的需求国际物流服务也衍生出各种不同的类型。根据物流功能的不同，我们可以把国际物流划分为很多种类型，其中商业快递、邮政快递、国际物流专线、海外仓物流等是跨境电子商务企业选择较多的国际物流类型。区别于传统物流，跨境电子商务物流具有以下几个特征。

1. 物流反应快速化

跨境电子商务要求国际物流供应链上下游对物流配送需求的反应要非常迅速，因此整个跨境电子商务物流前置时间和配送时间间隔越来越短，商品周转和物流配送时效也越来越快。

2. 物流功能集成化

跨境电子商务将国际物流与供应链的其他环节进行集成，包括物流渠道与产品渠道的集成、各种类型的物流渠道之间的集成、物流环节与物流功能的集成等。

3. 物流作业规范化

跨境电子商务国际物流强调作业流程的标准化，包括物流订单的处理模板选择、物流渠道的管理标准制定等操作，使复杂的物流作业流程变成简单的、可量化的、可考核的物流操作方式。

4. 物流信息的电子化

跨境电子商务国际物流强调订单处理、信息处理的系统化和电子化，用企业资源计划（enterprise resource planning，ERP）信息系统功能完成标准化的物流订单处理和物流仓储管理模式。通过 ERP 信息系统对物流渠道的成本、时效、安全性进行有效的关键业绩指标（key performance indication，KPI）考核，以及对物流仓储管理过程中的库存积压、产品延迟到货、物流配送不及时等进行有效的风险控制。

知识扩展

跨境电子商务物流与传统物流的区别

二、跨境电子商务物流模式

跨境电子商务中订单交易完成以后，如何使用最优的物流方式把货物快速地送达客户的手中，为客户提供良好的产品体验，物流方式的选择非常重要。例如，速卖通平台上的小型卖家一般会选择平台的线上发货，根据产品的客单价以及客户的时效需求选择邮政小包裹物流服务或者商业快递等。总体来看，跨境电子商务的国际物流模式包括以下几种。

（一）邮政包裹模式

邮政网络覆盖全球 220 个国家和地区，比其他任何物流渠道的网络覆盖面都要广。邮政包裹模式得益于万国邮政联盟（Universal Postal Union，UP，也简称为"万国邮联"或"邮联"）。万国邮政联盟成员方之间的低成本结算使邮政包裹，特别是邮政国际航空小包裹的物流成本非常低廉，具有很强的价格竞争优势，一般按克收费，2 千克以内的包裹基本以函件的价格结算，这大大提高了跨境电子商务产品综合售价的优势。万国邮政联盟成员方之间的海关清关便利，也使得邮政包裹的清关能力比其他商业快递要强很多，产生关税或者退件的比例相对要小很多。邮政联盟成员方之间强大的网络覆盖也使得邮政包裹送无不达，而经济发达的欧美国家物流时效更有保障。例如，从中国发往美国的邮政包裹，一般 15 天以内就可以送达。

（二）国际商业快递模式

国际商业快递四大巨头，即中外运敦豪航空货运公司（DHL）、托马斯全球运输公司（TNT Express）、美国联邦快递（FedEx）和联合包裹运送服务公司（UPS）。这些国际快递服务商通过自建的全球网络，利用强大的 IT 系统和遍布世界各地的本地化服务，为跨境电子商务平台的用户带来极好的物流体验。商业快递的时效基本为 3~5 个工作日，最快可在 48 小时内把货物送到买家手中，然而，优质的服务必然伴随着昂贵的价格。区别于邮政小包裹模式的按克收费的标准，商业快递的收费标准则是以 500 克为一个收费单位，所以跨境电子商务的商家一般会在邮寄大批量货物、客户单价较高的货物，以及邮寄样品等对时效性要求较高的货物时才会选择商业快递。

（三）专线物流模式

跨境专线物流一般通过航空包舱方式将货物运输到国外，再通过合作公司进行目的地国国内的派送，是比较受欢迎的一种物流方式。目前业内使用最普遍的物流专线包括美国专线、澳大利亚专线、俄罗斯专线以及欧洲专线等。

（四）海外仓储模式

海外仓储模式指物流服务商为商家在销售目的国进行货物仓储、分拣、包装和派送的一站式管理服务。

商家通过海运、空运或者快递等方式将商品集中运往海外仓储中心进行存储，并通过物流承运商的库存管理系统下达操作指令。

步骤一：卖家自己将商品运至海外仓储中心，或者委托承运商将货发至承运商海外的仓库，这段国际货运可采取海运、空运或者快递方式到达仓库。

步骤二：卖家使用物流商的物流信息系统远程操作海外仓储的货物，并且保持实时更新。

步骤三：根据卖家指令进行货物操作，根据物流商海外仓储中心自动化操作设备，严格按照卖家指令对货物进行存储、分拣、包装、配送等操作。

步骤四：系统信息实时更新，发货完成后系统会及时更新以显示库存状况，让卖家实时掌握。

三、跨境电子商务与物流的关系

跨境电子商务是 20 世纪信息化、网络化的产物，已引起了世界各国政府的广泛重视和支持以及企业界和民众的普遍关注，并得到了快速的发展。跨境电子商务带来对物流的巨大需求，推动了现代物流学科的进一步发展，促进了物流技术水平的提高。

（一）跨境电子商务对物流的影响与作用

跨境电子商务对物流的影响主要表现在以下几方面。

1. 跨境电子商务将改变人们传统的物流观念

跨境电子商务作为一个新兴的商务活动，它为物流创造了一个虚拟的运动空间。在跨境电子商务的状态下，人们在进行物流活动时，物流的各种职能及功能可以通过虚拟的方式表现出来，在这种虚拟的过程中，人们可以通过各种组合方式寻求物流的合理化，使商品在实际的运动过程中达到效率最高、费用最省、距离最短、时间最少的效果。

2. 跨境电子商务将改变物流的运作方式

首先，跨境电子商务可使物流实现网络的实时控制。传统的物流活动在其运作过程中，无论是以生产为中心，还是以成本或利润为中心，其实质都是以商流为中心，从属于商流活动，因而物流的运动方式是紧紧伴随着商流来运动的（尽管其也能影响商流的运动）。而在跨境电子商务下，物流的运作是以信息为中心的，信息不仅决定了物流的运动方向，也决定着物流的运作方式。在实际运作中，通过网络上的信息传递，可以有效地实现对物流的控制，使物流合理化。其次，网络对物流的实时控制是以整体物流来进行的。在传统的物流活动中，虽然也会利用计算机对物流进行实时控制，但这种控制都是以单个的运作方式来进行的。而在跨境电子商务时代，网络全球化的特点可使物流在全球范围内实施整体的实时控制。

3. 跨境电子商务将改变物流企业的经营形态

首先，跨境电子商务将改变物流企业对物流的组织和管理。在传统经济条件下，物流往往是由某一企业来进行组织和管理的，而跨境电子商务则要求物流从社会的角度来实行系统的组织和管理，以改变传统物流分散的状态。这就要求企业在组织物流的过程中，不仅要考虑本企业的物流组织和管理，还要考虑全社会的整体系统。其次，跨境电子商务将改变物流企业的竞争状态。在传统经济活动中，物流企业之间存在激烈的竞争，这种竞争往往是通过提供优质服务、降低物流费用等方面来进行的。在跨境电子商务时代，这些竞争内容虽然依然存在，但有效性却大大降低了，原因在于跨境电子商务需要一个全球性的物流系统来保证商品实体的合理流动，对于一个企业来说，即使它的规模再大，也难以达到这一要求，这就要求物流企业应相互联合起来，形成一种协同竞争的状态，实现物流高效化、合理化、系统化。

4. 跨境电子商务将促进物流基础设施的改善和物流技术与物流管理水平的提高

首先，跨境电子商务将促进物流基础设施的改善。跨境电子商务高效率和全球性的特点，要求物流也必须达到这一目标。而物流要达到这一目标，良好的交通运输网络、通信网络等基础设施则是最基本的保证。其次，跨境电子商务将促进物流技术的进步。物流技术主要包括物流硬技术和软技术。物流硬技术是指在组织物流过程中所需的各种材料、机械和设施等；物流软技术是指组织高效率的物流所需的计划、管理、评价等方面的技术和管理方法。从物流环节来考察，物流技术包括运输技术、保管技术、装卸技术、包装技术等。物流技术水平的高低是实现物流效率高低的一个重要因素，要建立一个适应跨境电子商务运作的高效率的物流系统，加快提高物流的技术水平则有着重要的作用。最后，跨境电子商务将促进物流管理水平的提高。物流管理水平的高低直接决定和影响着物流效率的高低，也影响着电子商务实现的效率。只有提高物流的管理水平，建立科学合理的管理制度，将科学的管理手段和方法应用于物流管理当中，才能确保物流的顺利进行，实现物流的合理化和高效化，促进跨境电子商务的发展。

5. 跨境电子商务对物流人才提出了更高的要求

跨境电子商务要求物流管理人员不但要具有较高的物流管理水平，而且要具有较完备的跨境电子商务知识，并在实际的运作过程中能有效地将两者结合在一起。

（二）物流在跨境电子商务中的地位

物流在跨境电子商务中的地位主要表现在以下几方面。

1. 物流是跨境电子商务的基本要素之一

根据跨境电子商务概念模型中物流的地位，可以将实际运作中的跨境电子商务活动过程抽象描述成跨境电子商务的概念模型。跨境电子商务的概念模型由跨境电子商务实体、电子市场、交易事务和商流、物流、信息流及资金流等基本要素构成。

在跨境电子商务的概念模型中，企业、银行、商店、政府机构和个人等能够从事跨境电子商务的客观对象被称为跨境电子商务实体。电子市场是跨境电子商务实体在网上从事商品和服务交换的场所，在电子市场中，各种商务活动的参与者利用各种通信装置，通过网络连接成一个统一的整体。交易事务是指跨境电子商务实体之间所从事的如询价、报价、转账支付、广告宣传、商品运输等具体的商务活动内容。

跨境电子商务的任何一笔交易都由商流、物流、信息流和资金流四个基本部分组成，在跨境电子商务概念模型的建立过程中，强调商流、物流、信息流和资金流的整合。其中，信息流十分重要，它在一个更高的位置上实现对流通过程的监控。

近年来，人们提到物流的话题时，常与商流、信息流和资金流联系在一起，这是因为由这"四流"构成了一个完整的流通过程。将商流、物流、信息流和资金流作为一个整体来考虑和对待，会产生更大的能量，创造更大的经济效益。

（1）商流：指商品在购、销之间进行的交易和商品所有权转移的运动过程，具体是指商品交易的一系列活动。

（2）物流：指交易的商品或服务等物质实体的流动过程，具体包括商品的运输、储存、装卸、保管、流通加工、配送、物流信息管理等各种活动。

（3）信息流：指商品信息、促销行销、技术支持、售后服务等内容，也包括如询价单、报价单、付款通知单、转账通知单等商业贸易单证以及交易方的支付能力和中介信誉。

（4）资金流：主要是指交易的资金转移过程，包括付款、转账等。

"四流"既有独立存在的一面，又有互动的一面。通过商流活动发生商品所有权的转移，商流是物流、资金流和信息流的起点，也可以说是后"三流"的前提，一般情况下，没有商流就不太可能发生物流、资金流和信息流。反过来，没有物流、资金流和信息流的匹配和支撑，商流也不可能达到目的。商流、物流、信息流、资金流各有独立存在的意义，并各有自身的运行规律，"四流"是一个相互联系、互相伴随、共同支撑流通活动的整体。

在跨境电子商务中，交易的无形商品（如各种电子出版物、信息咨询服务以及有价信息软件等）可以直接通过网络传输的方式进行配送；而对于大多数有形的商品和服务来说，物流仍然要用物理的方式进行传输。跨境电子商务环境下的物流，通过应用机械化和自动化工具对物流过程的实时监控，将加快物流的速度、提高准确率，能有效地减少库存，缩短生产周期。在跨境电子商务的概念模型中，强调信息流、商流、资金流和物流的整合，而信息流作为连接的纽带贯穿于跨境电子商务交易的整个过程,起着串联和监控的作用。事实上,随着互联网技术和电子银行的发展,前"三流"的电子化和网络化已可以通过信息技术和通信网络来实现了。而物流,作为"四流"中最为特殊和必不可缺的一部分,其过程的逐步完善还需要经历一个较长的时期。

2. 物流是跨境电子商务流程的重要环节

无论哪一种模式的跨境电子商务交易流程都可以归纳为以下6个步骤。

(1)在网上寻找产品或服务的信息,发现需要的信息;

(2)对找到的各种信息进行各方面的比较;

(3)交易双方就交易的商品价格、交货方式和时间等进行洽谈;

(4)买方下订单、付款并得到卖方的确认信息;

(5)买卖双方完成商品的发货、仓储、运输、加工、配送、收货等活动;

(6)卖方对客户提供售后服务和技术支持。

在上述步骤中,"商品的发货、仓储、运输、加工、配送、收货"实际上是跨境电子商务中物流的过程,这一过程在整个流程中是实现跨境电子商务的重要环节和基本保证。

物流对电子商务的发展起着十分重要的作用,应大力发展现代物流,通过重新构筑或再造现代物流体系来推广电子商务。现代物流的发展有利于扩大电子商务的市场范围,协调电子商务的市场目标;物流技术的研究和应用有利于实现基于电子商务的供应链集成,提高电子商务的效率与效益,使电子商务成为最具竞争力的商务形式。

四、跨境电子商务物流的发展趋势

现代通信技术和网络技术的发展和应用,使得跨地区的及时信息交流和传递成为可能,加上网上支付趋于完善,使得在较大范围内构建跨地区的物流网络成为可能。信息技术的不断进步为信息及时的大规模传递创造了条件,反过来,物流服务范围的扩大和物流组织管理手段的不断改进,促进了物流能力和效率的提高。物流信息化、多功能化、一流服务和全球化,已成为跨境电子商务环境下物流企业的发展目标。

(一)现代物流业的必由之路:信息化

在跨境电子商务时代,商品与生产要素在全球范围内以空前的速度自由流动,要提供最佳的服务,物流系统必须有良好的信息处理和传输系统。EDI与互联网的应用,使物流效率的提高主要取决于信息管理技术,电子计算机的普遍应用提供了更多的需求和库存信息,提高了信息管理的科学化水平,使产品流动更加容易和迅速。

(二)物流业发展的方向:多功能化

在跨境电子商务的环境下,物流向集约化方向发展,其要求物流业不仅提供仓储和运输服务,还必须进行配货、配送和提供各种提高附加值的流通加工服务项目,或者按客户的特别需要提供其他的特殊服务。跨境电子商务使流通业的经营理念得到了全面的更新,现代流通业从以往商品经由制造、批发、仓储、零售等环节,最终到消费者手中的多层次复杂途径,简化为从制造商经配送中心送到各零售点,从而使未来的产业分工更加精细,产销分工日趋专业化,大大提高了社会的整体生产力和经济效益,也使流通业成为整个国民经济活动的重要组成部分。

(三)物流企业追求的服务目标:一流服务

在跨境电子商务环境下,物流企业是介于买卖双方之间的第三方,以服务作为自己的第一宗旨。客户对于物流企业所提供的服务的要求是多方面的,因此,如何更好地满足客户不断提出的服务需求,始终是物流企业管理的中心课题,如物流配送中心,开始时可能提供的只是区域性物流服务,之后应客户的要求发展到提供长距离服务,再后来可提供越来越多的服务项目,包括到客户企业"驻点",直接为客户发货;有些生产企业把所有物流工作都委托给配送中心,使配送中心的工作延伸到生产企业的内部。最终,物流企业所提供的优质和系统的服务使其与客户结成了双赢的战略伙伴关系:一方面,由于物流企业的服务使客户企业的产品迅速进入市场,提高了竞争力;另一方面,物流企业本身也有了稳定的资源和效益。美、日等国物流企业成功的要诀,就在于它们都十分重视如何为客户提供更好的服务。

(四)物流企业竞争的趋势:全球化

跨境电子商务的发展加速了全球经济一体化的过程,将使物流企业向跨国经营和全球化方向发展。全球经济一体化使企业面临许多新问题,要求物流企业和生产企业更紧密地联系在一起。对于生产企业,要求其集中精力制造产品、降低成本、创造价值;而对于物流企业则要求其花费大量时间和精力更好地从事物流服务,以满足客户日益增长的需求。例如,在物流配送中心,要对进口的商品代理报关业务、暂时储存、搬运和配送,进行必要的流通加工等,完成从商品进口到送交消费者的一条龙服务。

对跨境电子商务物流的认知

🔍 实训目标

1. 加强团队合作,发挥每一个团队成员的能力,学习小组讨论、分析的方法;
2. 培养自主学习和独立思考的能力。

💡 实训内容

假如你在 eBay(亿贝网)开了一家手工饰品的店铺,需要对跨境电子商务的物流有一个初步的了解,以便日后更加有效地节约成本。

📍 实训步骤

1. 教师带领学生学习相关知识,按照 3 人一组进行教学分组,每个小组设组长一名,负责确认每个团队成员的任务。

2. 根据教师教授的内容，整理出跨境电子商务物流的分类。
3. 上网或者去图书馆查阅跨境电子商务物流的课外知识。
4. 根据自己掌握的知识，回答以下问题：
   （1）你会选择哪种物流模式作为你的店铺的主要物流模式？
   （2）你这样选择的原因是什么？
5. 每个小组派出一个组员回答问题，教师和其他小组成员对其回答进行评价、讨论。

 复习与思考

1. 物流可以按哪几种方式分类？
2. 物流的效用有哪些？
3. 跨境电子商务物流的特点是什么？
4. 跨境电子商务物流的模式有什么？

第二章 跨境电子商务物流技术

知识目标

- 了解物流信息技术；
- 了解数据库基础知识；
- 掌握计算机网络技术；
- 了解条码基础；
- 掌握跨境电子商务物流 EDI 技术；
- 了解物联网技术。

学习重点、难点

重点：

- 数据挖掘在跨境电子商务物流中的作用；
- 跨境电子商务物流网络技术和应用；
- 条码识别技术；
- 跨境电子商务物流 GPS 技术；
- 跨境电子商务物流 GIS 技术；
- 云计算技术。

难点：

- 数据库技术在跨境物流中的应用；
- 条码识别技术在跨境物流中的应用；
- RFID 技术在跨境物流中的应用；
- 大数据技术。

跨境电子商务物流

本章思维导图

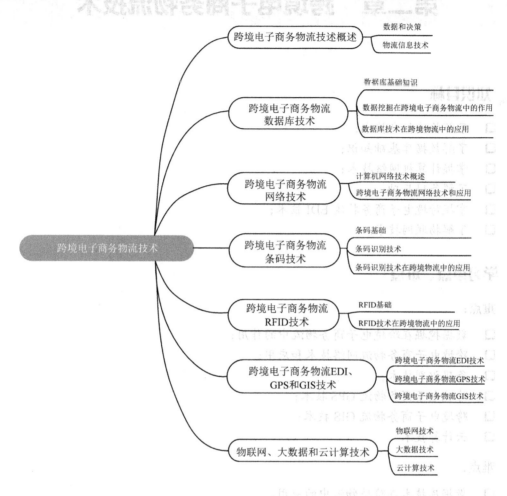

案例导入

盘点：智慧物流的十项物流技术

1. 配载技术（装载、路线优化）

配载技术是在完成一个或者多个运作目标的前提下，将时间、成本、资源、效率、环境约束集中整合优化，实现现代物流管理低成本高效率的关键技术，是物流运营计划与实际运营之间有效结合的关键。

现代物流已被公认为企业在降低物质消耗、提高劳动生产率以外创造利润的第三个重要源泉，也是企业降低生产经营成本、提高产品市场竞争力的重要途径。

配送是物流系统中的一个重要环节，它是指按客户的订货要求，在物流中心进行分货、配货工作，并将配好的货物及时送交收货人的物流活动。在配送业务中，配载技术、配载路线优化技术、配送车辆调度技术对配送企业提高服务质量、降低物流成本、增加经济效益有着绝对性的影响。

2. 配载线路优化技术

集货线路优化、货物配装及送货线路优化等，是配送系统优化的关键。

国外将配送车辆调度问题归结为 VRP（vehicle routing problem，车辆路径问题）、VSP（vehicle scheduling problem，车辆调度问题）和 MTSP（multiple traveling salesman problem，多路旅行商问题）。解决相关问题会运用到运筹学、应用数学、组合，从不同执行角度支持和实现配送路线。

3. 装卸技术

传统的定义，装卸技术是指在同一地域范围内进行的、以改变物的存放状态和空间位置为主要内容和目的的活动，具体包括装上、卸下、移送、拣选、分类、堆垛、入库、出库等活动。

装卸技术直接影响物流管理中的成本、效率（时间控制）、质量管理。

装卸技术合理化原则：① 省力化原则：能往下则不往上、能直行则不拐弯、能用机械则不用人力、能水平则不上坡、能连续则不间断、能集装则不分散；② 消除无效搬运；③ 提高搬运活性；④ 合理利用机械；⑤ 连续化原则；⑥ 保持物流的均衡顺畅；⑦ 集装单元化原则；⑧ 人格化原则；⑨ 提高综合效果。

装卸技术的实施是完全个性化的工作，不能照搬别人的模式进行复制，需要综合规划设计。

4. 包装技术

包装技术包括包装工艺、包装材料、包装设计、包装测试等，在物流中包装技术的运用与包装工艺、包装材料、包装设计有着密切的相关性。

包装技术使用：指为在流通过程中保护产品，方便储运，促进销售，按一定技术方法而采用的容器、材料及辅助物的总体名称；也指为了达到上述目的在使用容器、材料和辅助物的过程中施加一定技术方法等的操作活动。是生产物流的终点，也是社会物流的起点。

5. Milk Run 运作技术

Milk Run 循环取货是由一家（或几家）运输承包商根据预先设计的取货路线，按次序到供应商 A、B、C 取货，然后直接输送到工厂或零件再分配中心。

Milk Run 循环取货是一种非常优化的物流系统，是闭环拉动式取货，其特点是多频次、小批量、及时。它把原先的供应商送货——推动方式，转变为工厂委托的物流运输者取货——拉动方式。

6. 过程控制技术

现代物流已趋向商流和信息流一体化的趋势，通过构建现代化物流中心、信息处理中心这一全新的现代物流体系，使商流、物流和信息流在物流信息系统的支持下实现互动，从而提供准确和及时的物流服务。现代物流的发展是以信息技术的广泛应用为主要特征的，其通过包括 Internet、条码技术、EDI、射频技术、MIS、GPS、GIS 在内的多种信息技术的支持，对在运输、仓储、装卸、包装等各个环节的作业中产生的大量信息进行及时有效的收集、处理和分析，为诸如"缩短在途时间，实现零库存，及时供货和保持供应

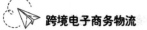

链的连续与稳定"等现代物流管理目标服务。

在以上物流管理过程中，过程控制已经是物流透明化管理必须的环节支持。企业物流、第三方物流都需要过程管理技术的支持，作为现代物流管理咨询机构，需要结合当前和未来企业发展的需求，合理规划、设计物流运营过程管理实现方案，集成Internet公共信息平台、采购平台、条码技术、EDI、射频技术、MIS、GPS、GIS等技术。

7. 条码与自动识别技术

条码（barcode）是由一组按一定编码规则排列的条、空符号，用以表示一定的字符、数字及符号组成的信息。条码系统是由条码符号设计、制作及扫描阅读组成的自动识别系统。

常见的条码有EAN码、UPC码、39码、库德巴（Codabar）码、Code128码、二维条码。

8. 物流自动化技术

物流作业自动化是提高物流效率的一个重要途径和手段，也是物流产业发展的一个重要趋势。

国际经验表明，物流作业自动化的实现，不仅依赖于各种物流机械装备的应用，还与大量信息技术的应用联系在一起。我国物流作业的自动化水平是比较低的，在搬运、点货、包装、分拣、订单及数据处理等诸多物流作业环节上，手工操作方式仍然占据着主导地位。应当说明的是，我国很多物流企业和工商企业都拥有一些自动化物流设备，如自动分拣系统、自动堆垛机、自动巷道起重机等，但是这些自动化设备并没有充分发挥出其应有的效率。

物流自动化系统不是一套孤立的管理系统，作为现场执行的管理系统，需要与仓储管理系统（WMS）、运输管理系统（TMS）、生产执行系统（MES）、SCM系统、ERP、公共信息平台等各种系统进行集成，通过科学的管理流程衔接，实现整体物流管理的高效与协同。

9. POS系统与物流EDI技术

POS（point of sale）系统即销售时点信息系统。销售的动态数据要及时地传送到生产、采购、供应环节，POS机通过收银机自动读取数据，实现整个供应链即时数据的共享。这样收银台的作业效率可以大大提高，顾客的满意度也就提高了。

10. GIS技术、GPS技术

GIS地理信息系统是以地理空间数据库为基础，在计算机软硬件的支持下，运用系统工程和信息科学的理论，科学管理和综合分析具有空间内涵的地理数据，以提供管理、决策等所需信息的技术系统。简单地说，地理信息系统就是综合处理和分析地理空间数据的一种技术系统。

GPS又称全球定位系统（global positioning system）包括三部分：空间部分——GPS卫星星座；地面控制部分——地面监控系统；用户设备部分——GPS信号接收机。

现代物流中实用技术和系统仍是当今物流技术发展的主题，伴随着国际金融危机对于现代物流业的服务对象的刺激，企业不得不以先进的技术作为企业战略发展的核心，先进的技术换来的是企业核心竞争力。与此同时，在国家物流振兴规划的政策支持下，企业、第三方物流、物流技术服务商将获得相应的发展。

随着社会物流量的猛增与对物流服务质量要求的提高，社会对物流技术将提出更高的要求，如物流设备与手段更加先进适用，物流作业高效、优质、安全。世界科学技术的长足发展及其在物流领域的充分应用又为物流技术的发展提供了保证与基础条件。所以说未来将是物流技术获得飞速发展与长足进步的时期，现代物流的发展必须以现代物流技术为核心。

资料来源：盘点：智慧物流的十项物流技术[EB/OL].（2019-03-12）. http://www.100ec.cn/detail--6499412.html. 有改动.

第一节 跨境电子商务物流技术概述

一、数据和决策

（一）数据

数据是人们用来反映客观事物而记录下来的可以识别的符号的统称，是客观事物的基本表达。"一部苹果 iPhone 11（64GB）手机售价 5120 元"，这句话中包括了许多数据，如苹果、iPhone11、64GB、5120 元等。这些数据反映了一部手机的基本情况和信息。实际上，我们在生活和工作实际中时时处处都要和数据打交道，我们的生活和工作离不开数据。

随着信息技术的发展，人们借助计算机等各种现代化工具可处理的数据种类也越来越多。一般我们把数据分为数值型和非数值型两大基本类别。

数值型数据指可以用加减乘除加以运算的数据；而其他不可参加计算的数据均为非数值型数据。在信息技术中，每个数据都有三个基本特征：数据名、类型和长度。数据名是数据的唯一性标识；数据类型表示数据内容的性质，如数值型、浮点型、字符型、日期型、备注型等，一个数据只能归属于某一种类型；数据长度以字节为单位来说明，表示需要占用的存储空间。

（二）信息与决策

人们为了使自己的决策更加合理、科学，以使自己在未来改造客观世界的行动中得到更大的收益，很大程度上依赖于信息，没有信息人们就无从决策。决策实施后又得到新的信息，其中包括了成功的经验和失败的教训。在获得新的信息后，人们对客观世界就有了进一步的了解，在此基础上的决策就更加合理、科学，采取的行动也更有成效。

信息与决策的关系还表现在不同的决策所需要的信息也不同这一点上。以物流企业管理为例，在物流企业三级管理中，不同层次的决策与信息的关系如图 2-1 所示。

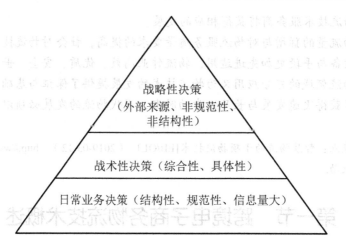

图 2-1　决策层次与信息类别

案例 2-1

菜鸟成跨境物流重要力量，占中国跨境包裹量超 6 成

菜鸟总裁万霖表示，菜鸟和全球 200 多家邮政企业、快递物流企业一起搭建的智能包裹网络，已经成为全球跨境物流的重要力量。来自中国市场的全球跨境包裹占比达 38%，其中六成是由菜鸟物流网络平台处理的。

万霖进一步表示，这相当于全球各个国家之间流转的每 5 个包裹中，就有 1 个以上来自菜鸟平台。随着中国持续扩大开放，跨境物流面临新的机遇，菜鸟将与万国邮联各成员国的邮政企业、全球快递物流企业进行深度合作，持续研发技术，让跨境物流惠及全球。

据记者了解，菜鸟物流服务 2018 年第二财季实现收入 47.59 亿元，2018 年同期为 32.06 亿元，同比增长 48%。该季度，菜鸟裹裹的包裹量同比增长超过 100%。菜鸟的技术力量不断壮大，目前数智化技术已经贯穿物流全链路，包括仓库的智能供应链预测、机器人作业，转运中心的自动化流水线、智能分单，最后一千米的智能语音助手、刷脸扫码秒级取件，跨境包裹的智能合单、秒级通关等。

菜鸟数据显示，2019 年仅天猫"双 11"一天就产生了 12.92 亿个物流订单，同比 2018 年增加 2.5 亿个，但物流速度比 2018 年大幅提升：1 亿个订单发货只需 8 小时，提速了 1 小时；2000 万个进口订单清关提速 5 个多小时；1 亿个订单签收只需 2.4 天，提速 4 小时。

资料来源：菜鸟成跨境物流重要力量，占中国跨境包裹量超 6 成[EB/OL]．（2019-012-03）．http://www.100ec.cn/detail--6536838.html. 有改动.

二、物流信息技术

物流信息是指反映物流各种活动内容的知识、资料、图像、数据、文件的总称；信息技术是指获取、传递、处理、再生和利用信息的技术，泛指能拓展人的信息处理能力的技术。目前,信息技术主要包括传感技术、计算机技术、通信技术、控制技术等,它替代或辅助人们完成了对信息的检测、识别、变换、存储、传递、计算、提取、控制和利用。而物流技术(logistics technology)是指物流活动中所采用的自然科学与社会科学方面的理论、方法,以及设施、设备、装置与工艺的总称。

物流信息技术(logistics information technology)是指物流各环节中应用的信息技术,包括计算机、网络、信息分类编码、自动识别、电子数据交换、全球定位系统、地理信息系统等技术。

物流信息技术其实就是指现代信息技术在物流各个作业环节中的综合应用,是物流现代化的重要标志。物流信息技术也是物流技术中发展最快的领域,从数据采集的条形码系统,到办公自动化系统中的微型计算机、互联网、各种终端设备等硬件以及计算机软件,都在日新月异地发展。同时,随着物流信息技术的不断发展,产生了一系列新的物流理念和物流经营的方式,它们推进了物流的变革。

物流信息技术主要由通信、软件、面向行业的业务管理系统三部分组成,包括基于各种通信方式的移动通信手段、GPS、GIS 技术、计算机网络技术、自动化仓库管理技术、智能标签技术、条形码及射频技术、信息交换技术等现代尖端科技。在这些尖端技术的支撑下,形成以移动通信资源管理、监控调度管理、自动化仓储管理、业务管理、客户服务管理、财务管理等多种信息技术集成的一体化现代物流管理体系。

譬如,运用 GIS 系统和 GPS 技术,用户可以随时"看到"自己的货物状态,包括运输货物车辆所在的位置,货物名称、数量、重量等,大大提高了监控的"透明度"。如果需要临时变更线路,也可以随时指挥调动,大大降低了货物的空载率,做到了资源的最佳配置。

物流信息技术通过切入物流企业的业务流程来实现对物流企业各生产要素(车辆、仓库、司机等)进行合理组合与高效利用,降低了经营成本,直接产生了明显的经营效益。它有效地把各种零散数据变为商业智慧,赋予了物流企业新型的生产要素——信息,大大提高了物流企业的业务预测和管理能力。通过"点、线、面"的立体式综合管理,实现了物流企业内部一体化和外部供应链的统一管理,有效地帮助物流企业提高服务质量,提升物流企业的整体效益。具体地说,它有效地为物流企业解决了单点管理和网络化业务之间的矛盾、成本和客户服务质量之间的矛盾、有限的静态资源和动态市场之间的矛盾、现在和未来预测之间的矛盾。

据国外统计,物流信息技术的应用可为传统的运输企业带来明显实效:降低空载率 15%~20%;提高对在途车辆的监控能力,有效保障货物安全;网上货运信息发布及网上下单使商业机会增加 20%~30%;无时空限制的客户查询功能,有效满足客户对货物在途情况的跟踪监控,可提高业务量 40%;对各种资源的合理综合利用,可减少运营成本 15%~30%。物流信息技术的应用对传统仓储企业带来的实效表现在:配载能力可提高 20%~30%;库存和发货准确率可超过 99%;数据输入误差减少,库存和短缺损耗减少;可降低劳动力成本约 50%,提高生产率 30%~40%,提高仓库空间利用率 20%。

第二节　跨境电子商务物流数据库技术

一、数据库基础知识

（一）数据库

数据库是关于某个特定主题的数据的集合，或者理解为用来存储和管理所需各种信息的通用"仓库"。在日常生活和工作中经常会接触到各种数据库，例如课程表和客户通讯录等都可以看作简单的"数据库"。

（二）数据库管理系统的功能

在数据处理的一系列活动中，数据的收集、存储、分类、传输等是基本操作，这些基本操作环节称为数据管理，由数据库管理系统提供。数据库管理系统的任务是对数据资源进行管理，并使之能为多个用户共享，同时还能保证数据的安全性、可靠性、完整性、一致性，还要保证数据的高度独立性。具体来说，一个数据库管理系统应该具备如下几个功能。

1. 数据库定义功能

数据库定义功能包括：定义数据库的结构和数据库的存储结构，定义数据库中数据之间的联系，定义数据的完整性约束条件和保证完整的触发机制，等等。

2. 数据库操纵功能

数据库操纵功能包括：创建、删除、修改数据，重新组织数据库的存储结构，备份和恢复数据，等等。

3. 数据库查询功能

数据库可以各种方式提供灵活的查询功能，使用户可以方便地使用数据库中的数据。

4. 数据库控制功能

数据库可以完成对数据的安全性、完整性、多用户环境下的并发等控制。

5. 数据库通信功能

在分布式数据库或提供网络操作功能的数据库中还必须提供数据库的通信功能。

使用数据库的主要目的是跟踪数据的变化。用户除了将数据放在数据库中外，还需要进行数据的编辑、排序和筛选，或者根据需要生成各种各样的报表。因此，为了更好地控制和使用数据库，应该选择一个易学易用的数据库管理系统。本书将介绍功能强大的关系型桌面数据库管理系统——中文 Access。

（三）数据库系统

简单来说，数据库系统就是基于数据库的计算机应用系统。它包括：以数据为主体的数据库；管理数据库的系统软件（DBMS）；支持数据库系统的计算机硬件环境和操作系统环境；管理和使用数据库系统的人，特别是数据库管理员；方便使用和管理系统的各种技术说明书和使用说明书。

由此可以看出，数据库、数据库管理系统和数据库系统是三个不同的概念，数据库强调的是相互关联的数据，数据库管理系统是管理数据库的系统软件，而数据库系统强调的是基于数据库的计算机应用系统。

亚马逊欧洲站跨境物流开通英德一站式清关服务

亚马逊欧洲站跨境物流服务（AGL）开通英国、德国目的港一站式清关服务。今后，亚马逊跨境物流服务能同时提供"独家向亚马逊卖家提供整箱散装直送"和"英、德两国目的港一站式清关"两项服务。

据了解，亚马逊欧洲一体化物流网络由遍布欧洲七国（英、法、德、意、西、捷克、波兰）超过40个运营中心组成。得益于欧洲的地理特点和高度智能化的物流系统，亚马逊率先在欧洲启用统一配送网络，实现商品库存在整个欧洲境内的互联共享和高效调拨。升级后的亚马逊跨境物流欧洲站服务包括欧洲五国免费锁仓、快速入仓、一站式门到门解决方案、海空运全链路跨境物流解决方案、欧洲整箱散装直送。

此外，亚马逊跨境物流借助全球供应链系统及仓储能力，可实现境内境外无缝对接，为卖家提供一站式的物流解决方案。同时，亚马逊欧洲跨境物流还可独家向卖家提供集装箱散装直入物流服务，提升卖家的集装箱利用率，加快入仓速度。

资料来源：亚马逊欧洲站跨境物流开通英德一站式清关服务[EB/OL]．（2019-11-27）．http://www.100ec.cn/detail--6535933.html. 有改动．

二、数据挖掘在跨境电子商务物流中的作用

物流是现代商品流通系统的重要组成部分，物流业的发展程度反映了一个国家和地区经济的综合配套能力与社会化服务程度，是其经济发展水平的集中体现。作为继劳动力和自然资源之后的"第三利润源泉"，现代物流产业的发展已经成为拉动我国经济发展的新增长点。与此同时，现代物流系统是一个庞大复杂的系统，特别是全程物流，包括运输、仓储、配送、搬运、包装和再加工等环节，每个环节的信息流量都非常大，导致企业很难有条理、有选择性地对这些数据进行分析。如何将企业中积累的大量的原始客户数据转化成有用的信息为决策者提供决策支持，已经成为数据库研究中一个很有应用价值的新领域，数据挖掘技术由此应运而生。数据挖掘技术能帮助企业在物流信息管理系统中及时、准确地搜集数据并对其进行分析；对客户的行为及市场趋势进行有效分析，了解不同客户的爱好，从而为客户提供有针对性的产品和服务；提升企业的客户满意度。数据挖掘技术对公司的长远发展有着极大的促进作用。

三、数据库技术在跨境电子商务物流中的应用

以下为跨境电子商务物流领域中的数据挖掘过程。

（一）定义商业问题

每一个客户关系管理应用程序都有一个或多个商业目标，为此需要建立恰当的有针对性的模型。在数据挖掘之前，应从企业角度分析要达到的目标，将物流目标转换成数据挖掘目标，给出数据挖掘问题的定义，并设计一个达到目标的初步计划。

（二）建立行销数据库

因为操作性数据库和共同的数据仓库常常不能提供所需格式的数据，因此需要建立一个行销数据库。建立行销数据库时，要对它进行净化。因为需要的数据可能在不同的数据库中，所以需要集成并合并数据到单一的行销数据库中，并调整来自多个数据源的数据，使其相协调。

（三）为建模准备数据

要根据已确定的挖掘目标选择挖掘的数据源，一般包括企业客户数据库、业务数据库、外部数据库，并对取得的各种数据源进行预处理，检查数据的完整性和一致性。

（四）数据挖掘模型的构建

模型建立是一个迭代的过程，需要研究可供选择的模型，从中找出最能解决企业商业问题的一个。根据确定的挖掘目标，选择适合的挖掘模型和挖掘算法，对数据挖掘库中的数据进行处理，对模型的参数进行调整。可综合运用几种挖掘模型，然后再对结果进行分析。

（五）模型评估

要及时对建立的模型进行解释和评估。企业的客户关系管理人员根据挖掘的结果和先确立的挖掘目标进行解释和评价，过滤出要呈现给用户的知识，并将有意义的知识以图形或逻辑可视化的形式表现出来，使其易于用户理解。如果跟挖掘目标有出入，那么需要重新对数据建模，使其改进和完善。

（六）将数据挖掘运用到客户关系管理方案中

在建立客户关系管理应用时，数据挖掘常常是整个产品中很小的但意义重大的一部分。通过数据挖掘而得出的预测模式可以和各个领域的专家知识结合在一起，构成一个可供不同类型的人使用的应用程序。我国物流企业现阶段总体上还处于向现代物流转型的时期，在客户关系管理方面，虽然企业对客户十分关注，并积累了一定的客户信息，但仍然存在许多问题。虽然客户关系管理逐步得到应用，但在客户关系管理中积累下来的海量数据并没有得到企业决策层的足够认识，尚未完全挖掘出这些数据中蕴藏的有用信息。客户关系管理以其先进理念为提高企业核心竞争力创造了条件。数据挖掘以其强大的数据分析能力为切实落实物流企业的客户管理计划提供了可能。随着经济的不断发展，数据挖掘技术与物流企业客户关系管理的结合，将为物流企业客户关系管理带来更好的应用前景和市场价值。

基于数据仓库与数据挖掘技术的现代物流体系可由采购进货管理系统、销货出货管理系统、库存仓储管理系统、财务管理和结算系统、物流客户管理系统、联机分析处理

（OLAP）、数据仓库、数据挖掘处理的物流分析系统、解释评价系统、运输配送管理系统、物流决策支持系统等组成。

在采购进货、销售出货、财务管理和结算系统中，利用数据仓库和数据挖掘技术可以改善物流业务与资金的平衡，提高资金的周转，结合物流客户管理系统，以确保把握住利润最高的商品品种、数量和可靠的物流客户，发展良好的客户关系。库存仓储管理中利用数据仓库和数据挖掘技术，可以合理安排货品的存储，有效地提高拣货效率，动态把握货品流通，最大限度实现"零库存"，降低企业成本，提高企业效益。

运输配送管理系统中，应用 GIS 技术与运筹决策模型建立的物流分析系统，通过数据挖掘中的分类树的方法，确定配送中心点的位置及各地址间的物品运输量，编制配送计划，设计和优化配送路线，确定有效配送策略，并结合物流决策支持系统，分析内外各种信息、图表；运用数据挖掘工具对历史数据进行多角度、立体的分析，建立决策支持系统，实现对物流中心的资源的综合管理，为物流决策提供科学的依据。

我们将现代物流系统按功能的不同简单分成了 5 个系统：分别是采购进货系统，进出货系统、库存仓储系统、财务结算系统和物流客户服务系统（见图 2-2）。我们分别对这 5 个系统建立自己的数据库，数据库的数据要根据各个系统的特征进行建立。在挖掘过程中，建立了物流分析系统，系统将根据不同的计算原则采用不同的挖掘算法对各个数据库进行数据挖掘，以得出理想的数据。最后将对数据进行解释和评价，归纳总结后用于支持决策的制定。

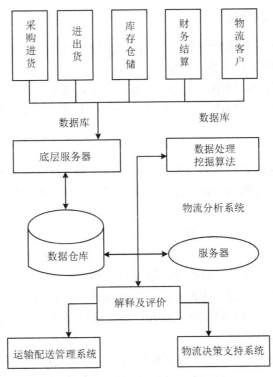

图 2-2　物流业中数据挖掘一般过程设想

第三节　跨境电子商务物流网络技术

一、计算机网络技术概述

（一）计算机网络的定义

计算机网络的精确定义目前尚未统一。关于计算机网络的最简单定义是：一些互相连接的、自治的计算机系统的集合。

不同网络的规模和复杂程度是互不相同的。当前，最复杂的网络当属因特网，它使用TCP/IP协议，由分布在世界不同地理位置的不同计算机网络通过路由器连接而成。因此，也可把因特网看成是网络的网络。无论是简单的网络还是复杂的网络，都可以对网络做如下定义：计算机网络是将分布在不同地理位置并具有独立功能的多个计算机系统通过通信设备和线路连接起来，以功能完善的网络软件（网络协议、信息交换方式及网络操作系统）实现网络资源共享的复合系统。

建立计算机网络的主要目的是实现资源共享。资源共享是指所有网络用户能够分享各计算机系统的全部或部分资源，这类资源被称为共享资源。共享资源包括硬件资源、软件资源和数据资源。

（二）计算机网络的功能

目前计算机网络在各行各业中都有着广泛的应用，具体可以归结为以下 3 点。

1. 计算机网络用户之间的通信、交往

在当前的网络应用中，网络用户之间通过网络进行通信交往是一种最常见的网络使用方法。例如，电子邮件的应用改变了人们传统的通信方式，使不同地域的人之间的通信和交流更加快捷和方便。

2. 资源共享

资源共享是建立网络的最主要目的，包括硬件资源、软件资源和数据资源的共享。例如，一个网络中的用户对网络中价值昂贵的资源进行共享，既可以降低网络的投资成本，又能极大地提高资源的利用率。

3. 计算机网络用户之间协同工作

通过网络，网络用户可以共同完成某一项工作，提高工作效率。例如，多个网络用户可以通过计算机网络联合开发应用程序，以提高工作效率。

在上述的 3 个功能中，最基本的功能就是资源共享，并由此引申出网络信息资源服务等应用，而网络用户之间的通信交往是实现网络互联的基本手段，无论任何工作都需通过网络通信来最终完成信息传输。

由于计算机网络具有通信、资源共享和协同工作 3 大功能，因而成为信息产业的基础，并得到了日益广泛的应用。常见的计算机网络应用系统有：信息检索系统（information retrieve system，IRS）；办公自动化系统（office automation，OA）；分布式控制系统

（distributed control system，DCS）；管理信息系统（management information system，MIS）。其中，MIS 被广泛应用于企事业单位的人事、财务等管理。例如，使用 MIS，企业可以实现市场经营管理、生产制造管理、物资仓储管理、财务管理和人事管理等。建设计算机网络，并且在网络上使用 MIS，可以实现各类管理活动，包括各部门之间的动态信息管理、查询和信息传递等业务，大幅改进并提高企事业单位的生产管理水平。同时，计算机网络也能为企事业单位的决策和部门规划提供决策依据。

（三）计算机网络的特点

计算机网络是一个多主机相连的复合系统，其结构与具有主机—终端结构的计算机系统不同，有其自身的特点，主要表现在以下几方面。

1. 自主性

计算机网络中可以包括多台具有独立自主功能的计算机。所谓自主是指这些计算机离开网络后仍能独立地工作和运行。通常，将这些自主工作的计算机称为主机（host），在网络中又称为节点，网络中的共享资源通常分布在这些计算机中。

2. 按协议标准连接

在组建计算机网络时，按协议标准连接就需要具有相应的网络体系结构。在一种特定的计算机网络中，要想实现网络通信，必须选用某种通信协议。

3. 具备资源共享能力

作为计算机网络，必须具备"资源共享"的能力。至于如何实现资源共享，除了要具备自动管理资源以外的网络操作系统外，更重要的是要靠计算机通信网的开放互联环境的支持。在这一点上，计算机网络与分布式计算机系统是不同的。分布式计算机系统可能是网络系统，也可能不是网络系统而仅仅是多处理机系统，整个系统的所有资源对用户完全透明，甚至连任务的分配和作业的调度都是由操作系统来自动完成的，用户完全不知道他所用的资源在什么地方。计算机网络则不同，网络操作系统固然能自动管理网络内的资源，但用户必须知道他要使用的资源在哪里，然后，通过网络操作系统提供的手段，先把用户计算机登录到资源点上，才能共享该资源。如果分布式计算机系统也采用网络形态，那么可以认为分布式计算机系统是计算机网络的一种特例。

（四）计算机网络的分类

根据计算机网络的覆盖范围，可以将计算机网络分为局域网（local area network，LAN）、城域网（metropolitan area network，MAN）和广域网（wide area network，WAN）。

1. 局域网

局域网是分布在有限地理范围内的网络。由于地理范围较小，因此，局域网通常用专用通信线路连接，故而数据传输速率较高。局域网的本质特征是覆盖范围小、数据传输速度快，一般由具体单位管理。

局域网的覆盖范围一般在几千米之内，它通常由一个部门或一个单位组建。局域网是在微型机得到广泛应用后迅速发展起来的。局域网易于组建和管理。同时，局域网具有简单的拓扑结构、较高的数据传输速率，传输延时小，另外还具有成本低、应用广泛、组网灵活和使用方便等优点。

2. 城域网

城域网是一种介于广域网和局域网之间的范围较大的网络，覆盖范围通常是一个城市的规模，从几千米到几十千米甚至几百千米。城域网设计的目标是满足一个地区内的计算机互联的要求，其是以实现大量用户、多种信息传输为目标的综合信息传输网络。而在实际的应用中，几乎没有专门的城域网，通常使用局域网或广域网的技术去构建城域网，这样，反而显得更实用和方便。

3. 广域网

广域网也称为远程网。广域网通常是指分布范围较大，覆盖一个地区、国家甚至全球范围的局域网、主机系统等互联而成的大型计算机通信网络。广域网的特点是采用的协议和网络拓扑结构多样化、数据传输速率较低、传输延时较长。通常采用公共通信网作为通信子网，整个网络的管理不归属一个单位或部门。广域网通常是连接不同地区的大型主机的局域网，如 Internet 就是一种最重要的广域网。

案例 2-3

DPD 收购 Lenton 多数股份，提升跨境物流能力

法国邮政旗下德普达快运（DPD）集团近日宣布获得中国香港的 Lenton 控股集团公司多数股份。此次交易的金额尚未披露，DPD 集团目前持有的 Lenton 的确切股份也未透露。资料显示，Lenton 是一家国际包裹物流运输公司。

据悉，早在 2009 年 12 月，DPD 集团就获得了 Lenton 公司 25% 的股份。除了 DPD 集团，自 2014 年以来，日本邮政也一直是 Lenton 集团的战略股东。DPD 集团总裁兼首席执行官 Paul-Marie Chavanne 表示，作为"最后一千米"配送领域的领导者，DPD 集团通过收购 Lenton 的多数股份将加强集团跨境业务管理的能力。2019 年以来，DPD 集团动作频频，不断提升履单能力。

2019 年 10 月，DPD 集团与越南 IT 公司 FPT 签订合作协议，由 FPT 帮助 DPD 集团完成数字化转型。根据双方的合作协议，FPT 将首先检测 DPD 集团现有的 IT 系统，随后再部署新的数字技术平台 IT4EM2，以此改善公司经营效益。9 月底，DPD 在德国北部城市哈姆建设的仓储设施正式投入使用。这个仓库也是 DPD 在德国建设的最大分拣中心，总投资 5 000 万欧元，占地 1.7 万平方米。

资料来源：DPD 收购 Lenton 多数股份，提升跨境物流能力[EB/OL].（2019-11-04）. http://www.100ec.cn/detail--6532722.html. 有改动.

二、跨境电子商务物流网络技术和应用

（一）物流网络技术

物流网络是依托现代网络技术，实现物流企业之间以及与社会资源的共享和集成，支持企业群体协同运作和管理的集成支撑环境。

物流网络基于网络和相关的先进的计算机与信息技术，通过网络将分散在不同企业和社会群体的物流基础设施，物流管理、信息、技术、智力和软件资源进行封装和集成，屏蔽资源的异构性和地理分布性，以透明的方式为用户提供各类物流服务（如多种运输方式的门到门的透明式物流服务），从而实现各类资源的集成和优化运行，进而降低整个物流网络中的运营成本。物流网络是一种新型物流企业的组织及服务形式。

物流网络技术提供的支撑环境能够克服空间上的距离和异构性给企业内部及企业间协同带来的障碍，为实现物流的快速反应和个性化服务提供支持，使企业之间形成具有数字化、柔性化和敏捷化等基本特征的优势互补的协同关系。物流网络通过网络环境下企业间信息、资源的集成，实现了网络虚拟环境下的资源共享和协同工作，以及物流、信息流和价值流的高度统一和优化运行。物流网络实施的最终目标是将分散在不同区域、不同企业、不同组织和个体中的各类资源有效组织起来，形成一个网络，通过这个网络使用户能够像目前从 Internet 上获得信息那样方便地获取各种物流服务，并在物流网络的支持下方便地形成面向特定用户物流需求的专业化服务方案。

（二）物流网络的体系结构

物流网络体系结构主要分为网络请求代理、网络中间件层与网络资源域三个层次，整个网络对相关企业用户提供标准接口，其基本体系结构如下。

1. 网络请求代理

网络请求代理指整个物流网络上所有资源的统筹管理者对全局资源进行统一管理和分配，并通过中间件层提供的服务将用户和网络上的资源联合起来。

2. 网络中间件层

网络中间件层包括认证和安全服务、信息服务、贸易服务、作业服务等。认证和安全服务模块对服务或资源提供方提供注册功能，对客户提供认证访问的功能，同时保证用户作业在资源提供方安全运行；信息服务动态收集各个资源节点的信息，并反映到全局数据库中；贸易服务提供网络请求代理和资源域内节点协商价格的功能。

3. 网络资源域

网络资源域负责本节点域的创建、属性的收集，并动态监测、调度本地资源且及时地将本地网络资源的信息传送给中间件的信息服务模块。此外，负责接收从网络请求代理提交的任务，并根据其特点进行处理机的分配。资源节点主要指物流运作中涉及的运输工具、仓储设施、计算机系统、物流信息的采集及发布设备等软硬件资源。

（三）物流网络的组成模块

1. 信息资源网络

信息资源网络是物流网络的重要组成部分。该层对于来自数据网络的数据和计算网络的计算结果进行处理，形成信息资源，并将信息资源提供给服务网络层。

2. 服务网络

服务网络提供物流网络系统所支持的各种服务，对各企业的应用系统提供支持，这种服务支持包括信息服务、知识服务、计算服务和智能信息服务等。服务网络提供的服务大多是单台机器或单个子系统无法提供的，如协作计算、大规模实时多媒体应用等，同时可用于建立虚拟环境，使不同组织的人、系统可以协同和交互。

3. 系统建模与应用模板

专有的系统模型和应用模板根据来自应用系统和个性化服务访问接口的不同要求生成。服务网络根据其生成的系统模型和应用模板，向应用系统或用户提供符合要求的服务。

4. 个性化服务访问接口

个性化服务访问接口是物流网络通用性、交互性、实用性的重要表现部分。针对各企业的不同应用要求，用户的各个应用系统通过该接口可以很好地与物流网络进行交互，进而获取量身定做的个性化服务。

（四）企业集团网络化物流模式

在大企业组织结构形态网络化趋势下，物流不但是企业的"第三利润源"，而且是企业集团增强竞争优势的有效渠道。在产业制造模式变革的形势下，随着物流组织与实施形式的变化，企业集团需要建立物流网络，实施网络化物流运作模式。所谓企业集团网络化物流模式，指对各成员企业物流职能进行集中运作，通过信息技术和关系网络等联网形式整合各成员企业物流组织和设施等资源，建立相对独立的物流运作实体，使各成员企业通过共享物流技术和资源获得规模化的成本优势与专业化的物流效率，提高核心竞争力。企业集团网络化物流模式通过企业集团内部这个相对独立的运作实体——共享物流实体，以团队作业的形式实现集团内不同企业物流组织、资源的整合，具有整体性、关联性、稳定性和目的性等系统特征。

第四节　跨境电子商务物流条码技术

一、条码基础

（一）条码的概念和构成

《中华人民共和国国家标准物流术语》（（以下简称《物流术语》）GB/T 18354—2006）中定义：条码（bar code）是由一组规则排列的条、空以及对应的字符组成的，用以表示一定信息的标识。

（二）条码的构成

条码是利用光扫描阅读并实现数据输入计算机的一种特殊代码，它是由一组粗细不同、黑白或彩色相间的条、空及其相应的字符、数字、字母组成的标记，用以表示一定的信息。"条"指对光线反射率较低的部分，"空"指对光线反射率较高的部分。这些条和空组成的数据表达一定的信息，并能够用特定的设备识读，转换成与计算机兼容的二进制和十进制信息。

> 知识扩展
>
> **有关条码的基本术语**
>
>

二、条码识别技术

条形码是由美国的 NT.Woodland 在 1949 年首先提出的。近年来，随着计算机应用的不断普及，条形码的应用得到了很大的发展。条形码可以标出商品的生产国、制造厂家、商品名称、生产日期、图书分类号、邮件起止地点、类别、日期等信息，因而在商品流通、图书管理、邮电管理、银行系统等许多领域都得到了广泛的应用。

条码识别技术主要由条码扫描和译码两部分构成：扫描是利用光束扫读条码符号，将光信号转换为电信号，这部分功能由扫描器完成。译码是将扫描器获得的电信号按一定的规则翻译成相应的数据代码，然后输入计算机（或存储器），这个过程由译码器完成。

条码识别技术是实现 POS 系统、EDI、电子商务、供应链管理的技术基础，是物流管理现代化的重要技术手段。条码技术包括条码的编码技术、条码标识符号的设计、快速识别技术和计算机管理技术，它是实现计算机管理和电子数据交换不可缺少的前端采集技术。常见的条码识别技术分为一维条码识别技术和二维条码识别技术。

（一）一维条码

条码技术是在计算机应用和实践中产生并发展起来的，广泛应用于工业生产过程控制、商业、邮政、图书管理、仓储、交通等领域的一种自动识别技术，具有输入速度快、准确度高、成本低、可靠性强等优点，在当今的自动识别技术中占有重要的地位。通常对于每一种物品来说，它的编码是唯一的；普通的一维条码，还要通过数据库建立条码与商品信息的对应关系；当条码的数据传到计算机上时，由计算机上的应用程序对数据进行操作和处理。因此，普通的一维条码在使用过程中仅作为识别信息，它是通过在计算机系统的数据库中提取相应的信息而实现的。条码的码制即条码条和空的排列规则，常用的一维码的码制包括：EAN 码、39 码、交叉 25 码、UPC 码、128 码、93 码、ISBN 码及 Codabar（库德巴码）等。一维条码示意如图 2-3 所示。

图 2-3　一维条码示意图

不同的码制有它们各自的应用领域：

EAN 码（european article number）是国际通用的符号体系，是一种长度固定、无含义的条码，所表达的信息全部为数字，主要用于商品标识。

39 码和 128 码为目前国内企业内部自定义码制，可以根据需要确定条码的长度和信息，它编码的信息可以是数字，也可以包含字母，主要应用于工业生产线领域、图书管理等。

25 码主要应用于包装、运输以及国际航空系统的机票顺序编号或几何尺寸较小的物品。

库德巴码（Codabar 码）主要应用于血库、图书馆、包裹等的跟踪管理。

（二）二维条码

二维条码能够在横向和纵向两个方位同时表达信息，不仅能在很小的面积内表达大量的信息，而且能够表达汉字和存储图像，适用于没有网络及数据库支持的场合。

二维条码的出现拓展了条码的应用领域。二维条码的缺陷是识读速度比一维条码慢，设备价格高，选用的标准较少。

目前二维条码主要有 PDF 417、QR Code、Data Matrix 等编码规则，其中 PDF 417 码在国际和国内用得较为广泛，二维条码如图 2-4 所示。

矩阵式二维条码带有更高的信息密度（如 Data Matrix、Maxicode、Aztec、QR 码），可以作为包装箱的信息表达符号，在电子半导体工业中，人们将 Data Matrix 用于标识小型的零部件。矩阵式二维条码只能被二维的 CCD 图像式阅读器识读，并能以全向的方式扫描。

图 2-4 二维码示意图

新制定的二维条码标准能够将任何语言（包括汉字）和二进制信息（如签字、照片）进行编码，并具有可以由用户选择程度不同的纠错级别以及在符号残损的情况下恢复所有信息的能力。

一维条码与二维条码的比较如表 2-1 所示。

表 2-1 一维条码与二维条码比较

项目	两者的区别	
	一维码	二维码
识别速度	快	慢
识别难度	低	高
保密防伪性能	弱	强
识别首读率	高	低
除纸张以外材质的生成难度	较容易	较难
识读可靠性	高	低
信息容量	少，一个条码图型只能表示 20 个左右的数字、字符或者特殊符号	多，一个条码图型可以容纳约 4296 个文本字符，或 7089 个数字
识读设备品种	多	较少
使用难易程度	简单方便	较难
对于数据库和计算机的依赖	依赖	可以不依赖
使用的行业	工业生产控制及管理、商业、邮政、图书管理、仓储、交通等领域	国防、公共安全、交通运输、医疗保健、商业、金融保险、海关及政府管理等领域

续表

项 目	两者的区别	
	一维码	二维码
使用范围	产（商）品标识与流通	证件管理、执照年检、报表管理、新闻出版、货物的集装运输和包裹邮递等
编码的范围	数字、字符或特殊符号	照片、指纹、掌纹、签字、声音、文字等一切可数字化的信息
识读设备价格	低	高

根据表 2-1 的对比可以看出，一维条码的用途主要以产品的标识为主，用于有计算机网络和数据库支持的场合，识读的速度快，操作简单，扫描设备选择余地大，价位较低。其缺点是：表示的字符较少；在没有数据库的地方，一维条码的使用受到限制。一维条码在生产线物料识别和在制品跟踪管理中，特别是有计算机网络和数据库支持的使用环境下，是一种比较好的选择。

二维条码的优点是：信息容量大；可以部分地描述产品的特点（阅读后通过终端显示屏看到相关信息）；在有限的范围内可以脱离计算机网络和数据库的支持，使用便携终端工作。二维条码的缺点是：识读速度较慢，识读的首读率低，不太适用于操作节拍较快的工业生产线的环境，另外在非纸制品上的条码生成难度也较高。二维条码比较适用于证件管理、执照年检、货物的集装运输和包裹邮递等要求信息含量大又不太容易建立网络连接的场合。

☆ 知识扩展

条码符号的构成

三、条码识别技术在跨境物流中的应用

（一）仓储管理与物流跟踪

对于大量物品流动的场合，用传统的手工记录方式记录物品的流动状况，费时费力，准确度也低，在一些特殊场合，手工记录是不现实的。况且这些手工记录的数据在统计、查询过程中的应用效率也相当低。应用条码技术，可以快速、准确地记录每一件物品，采集到的各种数据可实时地由计算机系统进行处理，使得各种统计数据能够准确、及时地反映物品的状态。

（二）数据自动录入（二维条码）

大量格式化单据的录入问题是一件很烦琐的事，浪费大量的人力不说，正确率也难以保障。现在有了二维条码技术，可以把上千个字母或几百个汉字放入名片大小的一个二维条码中，并可用专用的扫描器在几秒钟内正确地输入这些内容。目前电脑和打印机作为一种必备的办公用品已相当普及，可以开发一些软件，将格式化报表的内容同时打印在一个二维条码中，在需要输入这些报表内容的地方扫描二维条码，报表的内容就自动录入完成了。同时还可对数据进行加密，确保报表数据的真实性。

第五节　跨境电子商务物流 RFID 技术

一、RFID 基础

（一）射频（RF）

射频（radio frequency，RF），是指可传播的电磁波，每秒变化小于 1000 次的交流电称为低频电流，大于 10 000 次的称为高频电流，而射频就是这样一种高频电流。医学上把频率为 0.5～8 MHz 的交流高频电流称为射频电波。

（二）无线射频识别技术（RFID）

无线射频识别技术（radio frequency identification，RFID）是一种非接触的自动识别技术，其基本原理是利用射频信号和空间耦合（电感或电磁耦合）或雷达反射的传输特性，实现对被识别物体的自动识别。射频技术利用无线电波对记录媒体进行读写。射频识别的距离可达几十厘米至几米，且根据读写的方式，可以输入数千字节的信息，同时，还具有极高的保密性。射频识别技术适用的领域：物料跟踪、运载工具和货架识别等要求非接触数据采集和交换的场合，要求频繁改变数据内容的场合尤为适用。如我国香港的车辆自动识别系统——驾易通，采用的主要技术就是射频技术。目前香港已经有约 8 万辆汽车装上了电子标签，装有电子标签的车辆通过装有射频扫描器的专用隧道、停车场或高速公路路口时，无须停车缴费，大大提高了行车速度，提高了效率。射频技术在其他物品的识别及自动化管理方面也得到了较广泛的应用。

（三）RFID 技术的优势

RFID 具有以下几方面优势。

1. 扫描识别方面

RFID 识别更准确，识别的距离更灵活，可以做到有穿透性和无屏障阅读。

2. 数据的记忆体容量

RFID 最大的容量有数兆字节，随着记忆载体的发展，数据容量也有不断扩大的趋势。

3. 抗污染能力和耐久性

RFID 对水、油和化学药品等物质具有很强的抵抗力；RFID 卷标是将数据存在芯片中，因此可以免受污损。

4. 可重复使用

RFID 标签可以重复地新增、修改、删除 RFID 卷标内储存的数据，方便信息的更新。

5. 体积小型化、形状多样化

RFID 在读取上并不受尺寸大小与形状的限制，不需要为了读取精确度而配合纸张的固定尺寸和印刷品质。此外，RFID 标签可往小型化与多样形态发展，以应用于不同产品。

6. 安全性

RFID 承载的是电子式信息，其数据内容可经由密码保护，不易被伪造及变造。

近年来，RFID 因其所具备的远距离读取、高储存量等特性而倍受瞩目。它不仅可以帮助一个企业大幅提高货物、信息管理的效率，还可以让销售企业和制造企业互联，从而更加准确地接收反馈信息，控制需求信息，优化整个供应链。

案例 2-4

无人机+RFID 整车物流盘点用上"黑科技"

2018 年 12 月 10 日，记者从两江新区获悉，长安民生物流整车无人机盘点系统正式上线发布。据悉，运用无人机+RFID（无线射频识别）技术进行整车盘点尚属全国首例。

"无人机+RFID 整车盘点实现了对整车场商品车的实时动态显示与管理，效率提升 300%，既缩短了整车场内盘点所需时间，又提升了盘点数据的准确性和可靠性。"长安民生物流相关负责人介绍。而现在通过无人机巡检，不到 5 个小时即可完成盘点，盘点准确率达到 100%。

资料来源：无人机+RFID 整车物流盘点用上"黑科技"[EB/OL].（2018-12-11）.http://www.100ec.cn/detail--6485842.html. 有改动.

二、RFID 技术在跨境电子商务物流中的应用

（一）RFID 在仓储管理环节中的应用

传统仓储管理中的许多操作都依赖于实时的手工输入操作，需要人根据 WMS（仓库管理系统）的指示做出响应，采用手工输入条形码甚至语音来验证 SKU、数量或者库存位置等数据。尽管 SKU 能够通过条形码准确获得，但大多数情况下，数量信息还是需要通过操作员目测得到，从订单接收到库存盘点都需要依赖人工操作。现在可以利用 RFID 技术所提供的信息，在仓储管理的以下几个场合减少对人的依赖。

1. 收货

读取每个货箱和托盘上的电子标签，将获取的信息自动与供应商提供的信息进行比较，从而使耗损、货物替换、数量不符以及运送错误都可以检查出来。

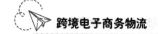

2. 位置

产品的存储位置信息在堆放过程中已经被探测并保存下来，保证在任何时候都可以知道每个货箱实际的堆放位置，特别是在实际位置和预设的堆放位置不同的时候。通过 RFID 技术，某个特定库存物品可以通过手持式读写器来快速定位，语音或其他提示功能可以向操作员指明库存物品在众多相同物品中的确切位置。

3. 备料

RFID 数据可以通过在备料操作中为成套业务自动核实实际内容与计划之间的差异来提高精度，并减少备料。确认缩量、不正确的组件以及过剩或者不足的实时引导，以便更好地控制库存和质量。此外，从组件产品到成品组件制造推广，RFID 数据能够提高召回管理和退货处理的能力。

4. 运输

利用 RFID 信息可以确保数量、产品和运输工具的正确，有助于精细化管理运输业务。在客户收货发现错误的时候，运输过程中所获取的所有 RFID 信息就可以用来查找错误的环节。

5. 退货

理想化的情况下，根据 RFID 技术提供的信息，跟踪检查可以追溯到生产过程，仓储管理中的退货步骤将更加有效和快速。损坏的货物和需要退回工厂的货物可以安全地与其他库存隔离并被记录，通过分析 RFID 信息，可以找出损坏发生的位置，还可以退回原产地。

6. 货场管理

目前，集成到 WMS 中的货物管理软件可以优化出货的步骤和调度交通工具。基于 RFID 技术可以很容易地完成货场管理和跟踪、移动库存货柜（即拖车）的管理和优化。货场出入口的 RFID 读写器可以提供可视化操作，拖车使用电子标签可由手持式读写器读取。例如，货场管理系统可以指示司机哪里有空地；安排离码头最近的拖车去装货；利用基于 RFID 技术的实时定位系统可即时跟踪货场中拖车的位置、设备甚至是人。采用 RFID 技术的货场管理软件可以充分利用场地空间，准确实时地将货物运送到仓库的入货处。

RFID 技术所提供的信息能够给仓储业务的配送效率、性能和精度带来巨大的影响。仓储管理最终会直接影响位于供应链物流中的上游或下游贸易伙伴，通过 RFID 信息可以改善流通、提高质量、准确地采购物品和运送货物，最终改善整个供应链物流管理。

（二）RFID 在配送中心环节中的应用

目前，国内配送中心大多数采用的是条形码技术作为仓库管理中货物流和信息流同步的主要载体。但是随着企业对信息化要求的不断提高，条形码技术在应用中存在着许多无法克服的缺点。RFID 优于条形码技术之处在于可以动态地同时识别多个数据，识别距离大，信息可以改写，能适应恶劣环境。由于电子标签可以唯一地标识商品，所以可以在整个供应链上跟踪货物，实时地掌握商品处于供应链上的哪个节点上，并将信息及时反馈给配送中心。RFID 技术在配送中心主要应用在以下几方面。

1. 入库和检验

当贴有电子标签的货物运抵配送中心时，入口处的读写器将自动识读标签，根据得到的信息，配送中心信息管理系统会自动更新存货清单，同时，根据订单的需要，将相应货品发往正确的地点。这一过程将传统的货物验收入库程序大大简化，省去了烦琐的检验、记录、清点等大量需要人力的工作。

2. 整理和补充货物

装有移动读写器的运送车自动对货物进行整理，根据计算机管理中心的指示自动将货物运送到正确的位置，同时将计算机管理中心的存货清单更新，记录最新的货品位置。存货补充系统将在存货不足指定数量时自动向管理中心发出申请，根据管理中心的命令，在适当的时间补充相应数量的货物。在整理货物和补充存货时，如果发现有货物堆放到了错误位置，读写器将随时向管理中心报警，根据指示，运送车将把这些货物重新堆放到指定的正确位置。

3. 订单填写

通过 RFID 系统，存货和管理中心紧密联系在一起，而在管理中心的订单填写过程中，将发货、出库、验货、更新存货目录整合成一个整体，最大限度地减少了错误的发生，同时也大大节省了人力。

4. 货物出库运输

应用 RFID 技术后，货物运输将实现高度自动化。当货品在配送中心出库，经过仓库出口处读写器有效范围时，读写器自动读取货品标签上的信息，不需要扫描，可以直接将出库的货物运输到零售商手中，而且由于前述的自动操作，整个运输过程速度大为提高，同时所有货物都避免了条形码不可读和存放到错误位置等情况的出现，准确率大大提高。

第六节　跨境电子商务物流 EDI、GPS 和 GIS 技术

一、跨境电子商务物流 EDI 技术

（一）物流 EDI 概念

《中华人民共和国国家标准物流术语》（GB/T 18354—2006）定义：EDI（electronic data interchange，电子数据交换），采用标准化格式，利用计算机网络进行结构数据传输和处理。

在物流领域，企业间往来的单证都属于物流 EDI 报文所适用的范围。相关作业包括订购、进货、接单、出货、送货、配送、对账及转账作业等。近年来，EDI 在物流中被广泛应用，被称为物流 EDI。所谓物流 EDI，是指货主、承运业主以及其他相关的单位之间，通过 EDI 系统进行物流数据交换，并以此为基础实施物流作业活动的方法。物流 EDI 参与单位有货主（如生产厂家、贸易商、批发商、零售商等）、承运业主（如独立的物流承运企业等）、实际运送货物的交通运输企业（如铁路企业、水运企业、航空企业、公路运输企业等）、协助单位（如政府有关部门、金融企业等）和其他物流相关单位（如仓库业者、专业报关业者等）。数据标准化、EDI 软件及硬件、通信网络是构成 EDI 系统的三要素。

（二）物流 EDI 的特点

EDI 最大的特点就是利用计算机与通信网络来完成标准格式的数据传输，不需要人为的数据重复输入。也就是说，数据是在物流公司的应用程序（如采购系统）与货物业主的应用程序（如订单输入系统）之间电子化转移的，没有另外的人为干预或重复输入。

数据不仅在物流公司与货物业主之间电子化流通，还在每一个物流公司和货物业主内部的应用程序之间电子化流通，同样不需要重新从键盘输入。如物流公司的订单进入货物业主的订单输入系统后，同样的数据就会传递到货物业主的仓储、运输、加工、财会等应用程序，并由各程序自动相应产生加工安排表、库存记录更新、货运单、发票等。数据在一个组织内部的应用程序之间的电子化流通称为"搭桥"。

由于报文结构与报文含义有公共的标准，交易双方所往来的数据能够由对方的计算机系统识别与处理，因此大幅度提高了数据传输与交易的效率。

EDI 具有以下特点：EDI 的使用对象是具有固定格式的业务信息和具有经常性业务联系的单位；EDI 所传送的资料是一般业务资料，如发票、订单等，而不是指一般性的通知；采用共同标准化的格式，这也是与一般 E-mail 的区别，例如联合国 EDI-FACT 标准；尽量避免人工的介入操作，由收送双方的计算机系统直接传送，交换资料；EDI 与传真或电子邮件存在显著区别：传真与电子邮件需要人工的阅读判断处理才能进入计算机系统；传真与电子邮件需要人工将资料重复输入计算机系统中，浪费人力资源，也容易发生错误。

（三）EDI 的分类

根据功能，EDI 可分为以下四类。

第一类是前面所述的订货信息系统，是最基本的，也是最知名的 EDI 系统。它又可称为贸易数据互换系统（trade data interchange，TDI），它用电子数据文件来传输订单、发货票和各类通知。

第二类常用的 EDI 系统是电子金融汇兑系统（electronic fund transfer，EFT），即在银行和其他组织之间实行电子费用汇兑。EFT 已使用多年，但它仍在不断改进中。最大的改进是同订货系统联系起来，形成一个自动化水平更高的系统。

第三类常见的 EDI 系统是交互式应答系统（interactive query response）。它可应用在旅行社或航空公司作为机票预定系统。这种 EDI 在应用时要询问到达某一目的地的航班，要求显示航班的时间、票价或其他信息，然后根据旅客的要求确定所要的航班，并打印机票。

第四类是带有图形资料自动传输的 EDI。最常见的是计算机辅助设计（computer aided design，CAD）图形的自动传输。如美国一个厨房用品制造公司——Kraft Maid 公司，在 PC 机上用 CAD 设计厨房的平面布置图，再用 EDI 传输设计图纸、订货、收据等。

（四）EDI 在跨境物流中的应用

在区域、全国乃至国际物流系统及物流与供应链管理中应用 EDI 的目的主要是：简化工作程序和信息流，大量削减纸质单证、单据工作量，实现无纸化贸易；消除重复和交接作业中可能造成的错误，提高单证、单据作业质量。EDI 通过把商务文件的数据标准化使它具有统一的格式和规定的顺序,从而使各个单位的计算机都能识别和处理,并使物流业务程序与贸易、运输和后勤保障等方面更加紧密地联系起来,满足便利性、快捷性、可靠性等要求。

EDI 将信息需求限制到基本数据,减少了不必要的冗余操作,满足了低成本、高效率运作要求,从而降低了物流全过程的作业成本,并可将不可避免的政府机关监控措施,如"一关三检"和其他时间间隔所造成的延误尽可能地降到最低。EDI 可以帮助物流企业与用户之间建立长期贸易伙伴关系,从而使物流经营者与供应商、生产商、消费者(用户)的关系变得相对稳定,使得货源和市场有了一定程度的保障。这点对于不掌握货主,也不掌握消费用户的第三方物流经营者是极为重要的。

EDI 建立和使用全球范围的统一标准,它的用户不用支持多种标准,就能进行国际的电子数据交换。目前世界上影响最大的跨行业 EDI 标准组织是 X2 组织和 EDIFACT 组织。EDIFACT 为 EDI 提供了系列综合性标准,并得到了全世界广泛的认可。EDI 中心能提供电子数据交换的主要服务。电子邮箱功能是 EDI 中心的核心内容,它可以报文进行存储、转发和处理。另外,EDI 中心可以提供从电子信箱到专门的 EDI 服务及网关功能。任何一个增值网系统原则上都是一个 EDI 中心,因为所有增值网系统都可以为 EDI 提供延伸服务。从最终用户来看,EDI 中心的最大优点是提供一系列可选用的服务,以便更好地满足用户的具体要求。

EDI 中心可以是公共型的,面向各类用户服务;也可以是封闭型的,为某一特定团体服务。在中国,许多部门已经做好准备或者已经开始进行建设 EDI 中心,所以我国引进 EDI 中心的条件是非常充分的,但应注意的是,EDI 中心应与国际上类似的系统兼容。

工信部:P2P 平台必须申请 B21 许可,但非 EDI 证

2016 年 9 月 28 日,中国互金协会组织会员单位进行政策解读培训,工信部有关负责人透露,P2P 平台必须要申请的许可是《电信业务分类目录(2015 年版)》中 B21 项,即"在线数据处理与交易处理业务",对应的是 B21 类别中的"交易处理业务",而非之前业内解读的 EDI 证,即"电子数据交换业务"经营许可。

此外,该人士还表示,此前业内传言 P2P 平台要持 ICP 许可的解读也不准确,ICP 许可不是 P2P 必须要申请的,属于 B25 信息服务业务类别,平台可根据自身情况申请,如有些平台功能较丰富,有论坛、外部搜索、即时交互等内容和功能则需要申请 ICP 许可,如只是做单纯功能的网贷信息中介业务,可不申请。

在申请流程方面,P2P 平台要在地方金融监管部门备案前提下,再向各省(自治区、直辖市)通信管理局申请 B21 交易处理业务经营许可,审批时限为受理后 60 日,具体可参照《电信业务经营许可管理办法》(工信部令第 5 号)。

资料来源:工信部:P2P 平台必须申请 B21 许可,但非 EDI 证[EB/OL].(2016-09-29). http://www.100ec.cn/detail--6361219.html. 有改动。

二、跨境电子商务物流 GPS 技术

（一）GPS 的概念

GPS 是 global positioning system 的简称，称为全球卫星定位系统。《中华人民共和国国家标准物流术语》（GB/T 18354—2006）定义为：由美国建设和控制的一组卫星所组成的 24 小时提供高精度的全球范围的定位和导航信息的系统。

GPS 能对静态、动态对象进行动态空间信息的获取，快速，精度均匀，不受天气和时间的限制。

全球卫星定位系统主要用于船舶和飞机导航、对地面目标的精确定时和精密定位、地面及空中交通管制、空间与地面灾害监测等。进入 20 世纪 90 年代，全球卫星定位系统在物流领域得到了越来越广泛的应用。

（二）GPS 的主要特点

GPS 是当今世界精度最高的一种星基无线电导航系统，是利用分布在约 2 万千米高空的 24 颗卫星对地面目标的状况进行精确测定以进行定位、导航的系统，它可以全天候在全球范围内为海、陆、空各类用户连续提供高精度的三维位置、三维速度与时间信息，是近年来国内使用的一项高新技术。GPS 具有下面几个主要特点。

1. 定位精度高

GPS 的定位精度很高，其精度由许多因素决定。单机定位精度优于 10 米，采用差分定位，精度可达厘米级和毫米级。应用实践证明，GPS 相对定位精度在 50 千米范围内可达 10~6 米，100~500 千米范围可达 10~7 米，1000 千米范围以内可达 10~9 米。

2. 全球、全天候工作

GPS 可以在任何时间、任何地点、任何气候条件下连续地覆盖全球范围，从而大大提高了 GPS 的使用价值。

3. 导航定位能力强

用户被动接受 GPS 信号，导航定位方式隐蔽性好，不会暴露用户位置，用户数也不受限制，接收机可以在各种气候条件下工作，系统的机动性强。

4. 定位快、价格低

用户接收机价格较低，从 2000~5000 元不等。

5. 定位时间短

随着 GPS 系统的不断完善，软件的不断更新，目前，20 千米以内相对静态定位仅需 15~20 分钟；快速静态相对定位测量时，当每个流动站与基准站相距在 15 千米以内时，流动站观测时间只需 1~2 分钟，然后可随时定位，每站观测只需几秒钟。

6. 操作简便

随着 GPS 接收机的不断改进，自动化程度越来越高，有的已达"傻瓜化"的程度；接收机的体积越来越小，重量越来越轻，极大地减轻了测量工作者的工作紧张程度和劳动强度，使野外工作变得轻松愉快。

7. 功能多、应用广

当初,设计 GPS 系统的主要目的是用于导航、收集情报等军事目的。随着商用和民用的普及,GPS 系统不仅可用于测量、导航,还可用于测速、测时。

(三)GPS 在物流中的应用

全球卫星定位系统主要用于定位导航授时校频以及高精度测量等,特别是在物流领域,可以广泛用于导航、实时监控、动态调度、运输线路的规划与优化分析等。

1. 海空导航

GPS 系统的出现克服 TRANSIT 和路基无线电航海导航系统的局限性,用户利用其精度高、可连续导航、有很强的抗干扰能力的特点,可有效地开展海洋、内河以及湖泊的自主导航、港口管理、进港引导、航路交通管理等。而在航空导航方面,GPS 的精度远优于现有任何航空航路用导航系统,可实现最佳的空域划分和管理、空中交通流量管理以及飞行路径管理,为空中运输服务开辟了广阔的应用前景,同时也降低了营运成本,保证了空中交通管制的灵活性。可以说从航空进场或着陆、场面监视和管理、航路监视、飞行试验与测试到航测等各个领域,GPS 发挥着巨大的作用。

2. 实时监控

应用 GPS 技术,可以建立起运输监控系统,在任何时刻都能查询运输工具所在地理位置和运行状况(经度、纬度、速度等)信息,并将其在电子地图上显示出来,同时系统还可自动将信息传到运输作业的相关单位,如中转站、接车单位、物流中心、加油站等,以便工作人员做好相关工作准备,提高运输效率。应用它还可监控运输工具的运行状态,了解运输工具是否有故障先兆并及时发出警告,是否需要较大的修理并安排修理计划,等等。

3. 动态调度

通过应用 GPS 技术,调度人员能在任意时刻发出调度指令,并得到确认信息。可进行运输工具待命计划管理,操作人员通过在途信息的反馈,能在运输工具未返回车队前即做好待命计划,提前下达运输任务,减少等待时间,加快运输工具周转速度。应用 GPS 技术,调度人员还可将运输工具的运能信息、维修记录信息、车辆运行状况登记信息、司机人员信息、运输工具的在途信息等多种信息进行采集,并进行分析,辅助调度决策,以提高重车率,尽量减少空车时间和空车距离,充分利用运输工具的运能。

4. 路线优化

根据 GPS 数据获取路网状况,如通畅情况、是否有交通事故等,应用运输数学模型和计算机技术,进行路线规划及优化,设计出车辆的优化运行路线、运行区域和运行时段,合理安排车辆运行通路。

5. 智能运输

智能运输(ITS)就是通过采用先进的电子技术、信息技术、通信技术等高新技术,对传统的交通运输系统及管理体制进行改造,从而形成一种信息化、智能化、社会化的新型现代交通系统。ITS 强调运输设备的系统性、信息交流的交互性以及服务的广泛性。在智能交通系统中,应用 GPS 技术可以建立起视觉增强系统、汽车电子系统、车道跟踪/变更/交汇系统、精确停车系统、车牌自动识别系统、实时交通/气象信息服务系统、碰撞告警系统等。

案例 2-6

全球时代：GPS 或将再见，快递业迎来"中国北斗"

近日，随着官方宣布"中国北斗正式迈入全球时代"，我国自主研发的卫星导航系统"北斗"彻底火了。

刚刚结束的全国邮政管理工作会议提出，2019 年要加快推进高质量发展，引导企业应用物联网、大数据、北斗导航等技术，创新提供即时下单、电子报关和跟踪查询等便捷服务。

看来，北斗系统在快递业要大显身手了。近日，"三通一达"、顺丰联合投资的蜂网公司与一家北斗技术提供商签约，快递车辆迎来搭载北斗高精度定位服务的车载终端，精度达到亚米级，实现车道级导航和精准位置追踪，使物流平台能更准确地判断车辆离开和到达指定区域的时间，从而精准引导车辆到达指定停车点装卸货物。

众所周知，我国现有卫星导航定位基准站网主要依靠美国的 GPS 系统，技术及装备受制于国外，更重要的是存在国家战略安全隐患。中国"智造"北斗系统的应用，意味着整个传统的位置导航服务将迎来巨变。

按照计划，2019 年年底，北斗系统将面向"一带一路"国家和地区开通服务。2019—2020 年，我国还将发射 11 颗"北斗三号"卫星，2020 年服务范围覆盖全球。

自建成以来，北斗系统已经在交通运输、国土资源、防灾减灾、测绘勘探、应急搜救等多个行业领域和大众消费领域得到应用。

据报道，在交通运输领域，超过 617 万辆道路营运车辆、3.5 万辆邮政和快递运输车辆都已安装使用或兼容北斗系统，国产民航运输飞机也首次搭载了北斗系统。

目前，德邦等企业的快递车辆已经用上了北斗系统。其应用的 GIS 系统，采用 GPS 和北斗双模运行的方式，在系统后台对车辆和快递员轨迹进行实时追踪。

快递物流咨询网首席顾问徐勇指出，北斗系统的应用是国家的重要发展战略，也是快递业的一大发展方向。目前，GPS 和北斗一般是双模式运行，北斗系统在应用场景中将不断完善，最终将超越 GPS 成为我国导航定位领域的支柱。对于快递业来说，北斗系统的应用将使行业管理更加智能化。特别是北斗系统与 5G 对接后，运行速度更快，使用也将更加便捷。除了为快递车辆提供导航定位、跟踪防丢、远程操作、人机对话等服务外，北斗还可以对重要快件进行跟踪定位，高端快递可以借此得到进一步发展。

资料来源：全球时代：GPS 或将再见，快递业迎来"中国北斗" [EB/OL]．（2019-01-10）．http://www.100ec.cn/detail--6490706.html. 有改动。

三、跨境电子商务物流 GIS 技术

（一）地理信息

地理信息是指与研究对象的空间地理分布有关的信息。它表示地球表层物体及环境所

固有的数量、质量、分布特征、相互联系和变化规律。从地理实体到地理数据,再到地理信息的发展,反映了人类认识的巨大飞跃。

(二)地理信息的特征

地理信息除了具有信息的一般特性外,还具有以下几个特性。

1. 地域性

地理信息属于空间信息,即空间分布特性,这是地理信息系统区别于其他类型信息最显著的标志。地理信息具有空间定位的特点,先定位后定性,并在区域上表现出分布式特点,其属性表现为多层次海量的信息。

2. 多维性

多维性是指在二维空间的基础上,实现多个专题的信息结构,即在一个坐标位置上具有多个专题和属性信息。这为多元信息的复合研究和地理现象间内在规律的探索奠定了基础。

3. 动态性

动态性主要指地理信息的动态变化特征,即时序特征。可以按照时间尺度将地球信息划分为超短期的(如台风、地震)、短期的(如江河洪水、秋季低温)、中期的(如土地利用、作物估产)、长期的(如城市化、水土流失)、超长期的(如地壳变动、气候变化)等。为了使地理信息常以时间尺度划分成不同时间段信息,要求及时采集和更新地理信息,并根据多时相区域性指定特定的区域得到的数据和信息来寻找时间分布规律,进而对未来做出预测和预报。

(三)GIS 在跨境物流中的应用

GIS 应用于物流分析,主要是指利用 GIS 强大的地理数据功能来完善物流分析技术。国外公司已经利用 GIS 为物流分析提供专门的分析工具软件。

完整的 GIS 物流分析软件集成了车辆路线模型、最短路径模型、网络物流模型、分配集合物流模型和设施定位模型。

1. 车辆路线模型

用于解决一个起始点、多个终点的货物运输中,如何降低物流作业费用,并保证服务质量的问题,包括决定使用多少车辆,每辆车的行驶路线,等等。

2. 网络物流模型

用于解决寻求最有效的分配货物路径问题,也就是物流网点布局问题。如将若干货物从 N 个仓库运往 M 个商店,每个商店都有固定的需求量,因此需要研究确定由哪个仓库提货送给哪个商店运输代价小。

3. 分配集合模型

可以根据各个要素的相似点把同一层的所有或部分要素分为几个组,用以解决服务范围和销售市场范围等问题。如某一公司要设立 X 个分销点,要求这些分销点要覆盖某一个地区,而且要使每个分销点的顾客数目大致相同。

4. 设施定位模型

用于研究一个或多个设施的位置。在物流系统中,仓库和运输线共同组成了物流网络,仓库处于网络的节点上，节点决定着路线。根据供求的实际需要并结合经济效益等原则在既定区域内设立多少个仓库，每个仓库的位置、规模以及仓库之间的物流关系如何，等等，运用此模型均能很容易地得到解决。我国将 GIS 应用于物流分析和物流研究中迄今为止还处于起步阶段。

第七节　物联网、大数据和云计算技术

一、物联网技术

物联网是新一代信息技术的重要组成部分，也是"信息化时代的重要发展阶段"。其英文名称为"Internet of things"。顾名思义，物联网就是物物相连的互联网。这有两层意思：其一，物联网的核心和基础仍然是互联网，是在互联网基础上的延伸和扩展的网络；其二，其用户端延伸和扩展到了任何物品与物品之间以进行信息交换和通信，也就是物物相息。物联网通过智能感知、识别技术与普适计算等通信感知技术，广泛应用于网络的融合中，也因此被称为继计算机、互联网之后世界信息产业发展的第三次浪潮。物联网是互联网的应用拓展，与其说物联网是网络，不如说物联网是业务和应用。

（一）关键技术

物联网在应用中有 3 项关键技术。

1. 传感器技术

传感器技术也是计算机应用中的关键技术。众所周知，到目前为止绝大部分计算机处理的都是数字信号，这要求传感器把模拟信号转换成数字信号。

2. RFID 标签

RFID 标签是一种传感器技术，RFID 技术是把无线射频技术和嵌入式技术融为一体的综合技术，RFID 在自动识别、物品物流管理领域有着广阔的应用前景。

3. 嵌入式系统技术

嵌入式系统技术是把计算机软硬件、传感器技术、集成电路技术、电子应用技术融为一体的复杂技术。经过几十年的演变，以嵌入式系统为特征的智能终端产品随处可见：小到人们身边的 MP3，大到航天航空的卫星系统。嵌入式系统正在改变着人们的生活，推动着工业生产以及国防工业的发展。如果把物联网比作人体，那么传感器就相当于人的眼睛、鼻子、皮肤等感觉器官，网络就是用来传递信息的神经系统，嵌入式系统则是人的大脑，其会在接收到信息后，对信息进行分类处理。这个例子形象地描述了传感器、嵌入式系统在物联网中的位置与作用。

物联网在实际应用方面的开展需要各行各业的参与，并且需要政府的主导以及相关法规与政策上的扶助，具有规模性、广泛参与性、管理性、技术性、物的属性等特征。其中，技术上的问题是物联网最为关键的问题。物联网技术是一项综合技术，是一个系统；至今，国内还没有哪家公司可以全面负责物联网的整个系统规划和建设，虽然理论上的研究已经

在各行各业展开，但实际应用还仅局限于行业内部。物联网的规划和设计以及研发的关键在 RFID、传感器、嵌入式软件以及传输数据计算等领域的研究。

一般来说，物联网的开展包括以下几个步骤。

（1）对物体属性进行标识，属性包括静态属性和动态属性，静态属性可以直接存储在标签中，动态属性需要先由传感器实时探测，然后在标签中存储。

（2）需要识别设备完成对物体属性的读取，并将信息转换为适合网络传输的数据格式。

（3）将物体的信息通过网络传输到信息处理中心，由处理中心完成物体通信的相关计算。

（二）物联网技术在物流中的应用

物流是物联网较早落地的行业之一，物联网技术在物流产业的应用对物流产业的发展有着极大的促进作用。物联网的应用从根本上提高了物流企业对物品生产、配送、仓储、销售等环节的监控水平，改变了供应链流程和管理手段，对降低物流成本和提高物流效率具有重要意义。物联网在物流业中主要应用于以下几方面。

1. 物流过程的可视化智能管理

运用基于 GPS 卫星导航定位、RFID、传感等多种技术，在物流活动过程中实时实现对车辆定位、运输物品监控、在线调度与配送的可视化管理。目前，有些技术比较先进的物流公司或企业大都建立与配备了 GPS 智能物流管理网络系统，可以实现对食品冷链的车辆定位与食品温度实时监控等，初步实现物流作业的透明化、可视化管理。

2. 产品的智能可追溯网络系统

基于 RFID 等技术建立的产品智能可追溯网络系统的技术与政策等条件都已经成熟。目前，这些智能产品的可追溯系统在医药、农产品、食品、烟草等行业和领域已有很多成功应用，在货物追踪、识别、查询、信息采集与管理等方面发挥着巨大作用，为保障食品、药品安全提供了坚实的物流保障。

3. 全自动化的物流配送管理

运用基于传感、RFID、声、光、电、机、移动计算等各项先进技术，在物流配送中心实现全自动化管理，建立配送中心智能控制、自动化操作网络，从而实现物流、商流、信息流、资金流的全面管理。目前，有些配送中心已经在货物拆卸与码垛操作中采用码垛机器人、激光或电磁无人搬运车进行物料搬运，而在自动化输送分拣线作业和出入库作业中也由自动化的堆垛机操作，整个物流配送作业系统完全实现了自动化、智能化。

4. 企业的智慧供应链

全球化背景下的企业竞争将是供应链之间的竞争，这对企业的物流系统、生产系统、采购系统与销售系统提出了较高的要求。面对大量的个性化需求与订单，能否准确预测客户需求是企业经常遇到的问题，这就需要智慧物流和智慧供应链的后勤保障网络系统的支持。物联网在物流业中的应用将使智慧生产与智慧供应链相融合，各个物流供应链的参与者可以按照预定的权限和流程各自开展工作，企业物流完全智慧地融入企业经营之中，信息流无缝链接，既可分工协作，又具有相对独立性。

（三）物联网在物流业中应用的发展趋势

物联网是物流业发展的助推剂，物联网理念的引入、技术的提升和政策的支持将会推动物流业的飞速发展。未来的物联网在物流业的应用将会出现如下发展趋势。

1. 统一的物联网平台的建立

统一的物联网基础体系是物联网运行的前提，只有在统一的体系基础上建立的物联网才能真正做到信息共享和智慧应用，就像互联网体系一样。建立统一的标准是物联网发展的趋势，更是物流行业应用市场的需求。不论从需求、上下层连接基础设施建设，还是市场的发展状况来看，基于 EPC（4G 核心网络）的物流领域的物联网将最先形成。

2. 智慧物流网络开放共享，融入社会物联网

物联网是聚合型的系统创新，必将带来跨行业的应用。如产品的可追溯智能网络就可以方便地融入社会物联网，开放追溯信息可以让人们方便地实时查询、追溯产品信息。今后，其他的物流系统也将根据需要融入社会物联网络或与专业智慧网络互通，智慧物流也将成为人们智慧生活的一部分。

3. 多种物联网技术集成应用于智慧物流

目前，在物流业应用较多的感知手段主要是 RFID 和 GPS 技术。今后，随着物联网技术的发展，传感技术、蓝牙技术、视频识别技术、数据算法模型（M2M）技术等多种技术也将逐步集成应用于现代物流领域，用于现代物流作业中的各种感知与操作。如温度的感知用于冷链，侵入系统的感知用于物流安全防盗，视频的感知用于各种控制环节与物流作业引导，等等。

4. 物流领域物联网创新应用模式将不断涌现

物联网带来的智慧物流革命远不止我们能够想到的以上几种模式。目前，就有很多公司在探索物联网在物流领域应用的新模式。随着物联网的发展，更多的创新模式将会不断涌现，这是未来智慧物流大发展的基础。

案例 2-7

"京东智联云"事业部成立，整合 AI、云和物联网业务

京东集团表示，为了统一品牌形象，整合技术能力以更好地服务内外部客户，京东云与 AI 事业部正式将原京东云、京东人工智能、京东物联三个品牌统一为"京东智联云"，并于 2020 年 3 月 5 日正式启用。

京东表示，"新事业部的成立，将极大提升京东集团在技术服务板块的竞争力，与零售、物流、数字科技组成京东四大核心业务版图。"京东集团技术委员会主席、京东云与 AI 总裁、IEEE Fellow 周伯文表示，"京东智联云的品牌形象传承着京东'红'，代表可信赖；搭配世界通用的科技'蓝'，代表在京东价值观下对技术与创新的坚持；交互融合组成的无限符号，代表互联互通的智联世界，也代表更多不断发展变化的前沿科技。"

目前，京东智联云取得了一系列的成果。在人工智能领域，2019 年，京东 AI 研究院在众多国际性赛事中共获得 8 项世界排名第一，4 项世界排名第二。

2017 年初，京东集团即宣布全面加速向技术转型。京东集团日前发布的 2019 年第四

季度及全年财报显示，全年净服务收入为 662 亿元人民币，同比大幅增长 44.1%，总收入占比超过 10%。京东表示，京东集团将加大对技术的投入，将原京东云、人工智能、物联网整合成为京东云与 AI 事业部，融合三类技术，为客户提供丰富的云计算、人工智能、物联网服务和一站式解决方案。

资料来源："京东智联云"事业部成立，整合 AI、云和物联网业务[EB/OL]．（2020-03-05）．http://www.100ec.cn/detail--6547610.html. 有改动．

二、大数据技术

（一）大数据的概念

大数据（big data），IT 行业术语，是指无法在一定时间范围内用常规软件工具进行捕捉、管理和处理的数据集合，是需要在新处理模式下才能具有更强的决策力、洞察发现力和流程优化能力的海量、高增长率和多样化的信息资产。

（二）大数据在跨境电子商务物流的应用

在信息时代，越来越多的数据成为资产，成为具有竞争性的因素。大数据使企业直接了解和掌握物流活动，能够消除物流领域所谓的"黑大陆"。充分分析和挖掘海量数据的价值，就能够找到物流市场的潜力所在，也就是未来物流领域的新蓝海。大数据的特点是：数据体量（volumes）大、数据级别（variety）繁多、价值（value）密度低、处理速度（velocity）快，即"4V"。

"大数据"的价值在于从海量的数据中发现新的知识，创造新的价值。将数据转化为信息，并通过信息的提炼总结规律，运用规律预测未来状态或事件，便于采取相应的措施为企业创造利润。这使得市场对数据分析与挖掘的需求与日俱增。数据分析还能帮助企业做出正确的决策。通过数据分析，企业可以看到具体的业务运行情况，能够看清楚哪些业务利润率较高、增长较快，进而把主要精力放在真正能够给企业带来高回报的业务上，避免无端的浪费，从而实现高效的运营。

电子商务物流与大数据结合是电子商务物流发展的必然趋势。在大数据时代，因为物流业的应用特点与大数据技术有较高的契合度，在主客观条件上也有较高的应用可能性。因此，物流企业特别是电子商务物流企业要高度关注大数据时代的机遇。

跨境电子商务物流企业在大数据时代想有更好的发展，需要关注两个方面的建设：

（1）物流仓储平台建设。在国际产业布局调整完以后，物流仓储平台在国际上如何布局将成为提高企业竞争力的决定性因素。

（2）物流信息平台建设。物流信息平台将成为基于大数据的中转中心或调度中心、结算中心。物流信息平台会根据以往快递公司的表现、各个阶段的报价、即时运力等信息，进行相关的"大数据分析，得到优化线路选项，并对集成物流商主导的物流链进行优化组合配置，系统将订单数据发送到各个环节，由相应的物流企业去完成"。

电子商务，快速准确及时的物流服务，突发事件的预测、评估和处理，这些都需要大数据技术的支持。因此如何获得所需要的数据、如何处理所获得的数据、如何应用所处理的数据，是大数据应用于物流与供应链的重要问题。

三、云计算技术

（一）云计算的概念

云计算（cloud computing）是分布式计算的一种，指的是通过网络"云"将巨大的数据计算处理程序分解成无数个小程序，然后通过多部服务器组成的系统对这些小程序进行处理和分析，得到结果以后返回给用户。云计算早期，简单地说，就是简单的分布式计算，解决任务分发问题，并进行计算结果的合并。因而，云计算又称为网格计算。这项技术可以在很短的时间内（几秒钟）完成对数以万计的数据的处理，从而达到强大的网络服务。

（二）云计算服务

云计算是基于互联网的相关服务的增加、使用和交付模式，通常涉及通过互联网来提供动态易扩展且经常是虚拟化的资源。"云"是网络、互联网的一种比喻说法。过去往往用云来表示电信网，后来也用来表示互联网和底层基础设施的抽象。因此，云计算甚至可以让你体验每秒10万亿次的运算能力，拥有这么强大的计算能力可以模拟核爆炸、预测气候变化和市场发展趋势。用户可以通过计算机、手机等方式接入数据中心，按自己的需求进行运算。

云计算包括以下几个层次的服务：基础设施即服务、平台即服务和软件即服务。

基础设施即服务是指消费者通过互联网可以从完善的计算机基础设施中获得服务。例如，硬件服务器租用。

平台即服务（PaaS）实际上是指将软件研发的平台作为一种服务，以SaaS的模式提交给用户。因此，PaaS也是SaaS模式的一种应用。但是PaaS的出现可以加快SaaS的发展，尤其是加快SaaS应用的开发速度，如软件的个性化定制开发。

软件即服务是一种通过Internet提供软件的模式，用户无须购买软件，而是向提供商租用基于Web的软件，来管理企业经营活动，如阳光云服务器。

通过云计算技术，物流企业不必自己购买并建立独自的服务器和配置软件，也不需要按照自己的规划来建立自己的数据处理中心、信息安全管理中心和服务运营的服务器中心，而是向云服务商来购买自己所需要的服务，具体的服务搭建都由云服务提供商来解决。这种服务模式在很大程度上降低了物流企业因信息建设、管理、维护所花费的成本。

云计算属于一种变化的、动态的计算服务体系，通过动态的服务要求，部署并按一定的要求分配服务资源，可实时监控资源的使用状况。这样的一种云计算服务避免了重复建设及高成本的维护，物流企业只需支付较低的服务费用就能够获得这一服务，提高了信息处理的效率。云计算的计算机集群能够提供强大的在线计算和数据处理服务，并根据计算来存储计算结果，而且速度快、稳定性高。与物流企业原有的服务信息一体化系统相比，在信息的计算处理、数据的安全维护和成本的消耗等方面，云计算具有显著的优势。云计算从炙手可热的概念已经大步走向了实际应用，技术变革正在给物流行业的发展带来深远影响。

（三）云计算在跨境物流中的运用

1. 云计算为物流行业有效整合信息资源

我国物流企业资源整合是实现物流企业的规模化与集约化的重要途径，可有效提高企业资源利用率，服务于社会。物流企业的资源整合包括物流企业的客户资源、信息资源、物流流程、能力资源、组织资源等整合内容。

云计算对信息资源的统一整合，提高了物流企业对整个系统信息资源的有效管理，同时也大大提高了对业务支撑的可用性。云计算架构灵活的扩展性随着整个系统资源和需求的部署而动态进行。云计算的基础本身就是虚拟化，能够把单个的物理资源整合起来划分给更多用户使用。云计算高效的资源整合为物流企业带来的成本优势也是非常明显的。物流企业由于 IT 设备的淘汰率比较高，更新周期缩短，导致后期的运维费用也较高。采用云计算的理念来整合资源后，其投资会相对减少很多，不需多占建筑资源，设备更新也相对节省，人员的配置也将减少。

2. 云计算为物流行业构建云平台

物流行业具有全球化的特点，其以服务为核心业务的网络遍布全球。其中，国际货代、报关行、仓储和集卡运输等物流公司以及相关链条上的公司，由于与国外机构的紧密合作，平均信息化水平已经有了较大提高，但是企业间的信息服务尚未能通过互联网来实现全程流程化、标准化协同。

云计算平台可以帮助解决这样的问题。云计算平台采用云计算核心集成技术"单点登录、统一认证、数据同步、资源集成"和云计算物联网互融技术"端、传、网、计、控五联"，将一切变得简单、便捷、高质、低价、有效、安全；实现物流企业生意全程电子化，实现在线询价、在线委托、在线交易、在线对账和在线支付等服务，让物流生意中的买卖双方尽享电子商务门到门服务的便捷，并可降低成本，提升效率，降低差错率，还可实现国际物流各类服务商和供应商之间订单的数据交换、物流信息的及时共享，以及交易的支付和信贷融资等完整的一条龙服务。

3. 云计算为物流行业提供云存储

云存储为物流企业提供空间租赁服务。随着物流企业自身的不断发展，企业的数据量也会不断增长。数据量的增长意味着更多硬件设备、机房环境设备、运行维护成本和人力成本的投入。通过使用高性能、大容量云存储系统，可以满足物流企业不断增加的业务数据存储和管理服务；同时，大量专业技术人员的日常管理和维护可以有效地保障云存储系统的运行安全，确保数据不会丢失。

云存储为物流企业提供远程数据备份和容灾。数据安全对于物流行业来说是至关重要的，大量的客户资源、平台资源、应用资源、管理资源、服务资源、人力资源不仅要有足够的容量空间去存储，还需要实现数据的安全备份和远程容灾。它不仅要保证本地数据的安全性，还要保证当本地发生重大的灾难时，可通过远程备份或远程容灾系统进行快速恢复。高性能、大容量的云存储系统和远程数据备份软件可以为物流企业提供空间租赁和备份业务租赁服务，物流企业也可租用 IDC 数据中心提供的空间服务和远程数据备份服务功能，建立自己的远程备份和容灾系统。

云存储为物流企业提供视频监控系统。通过云存储、物联网等技术建立的视频监控平台，所有监控视频集中托管在数据中心，在远程服务器上运行应用程序，应用客户端通过互联网访问它，并在服务器层级通过数据处理的计算能力和存储端的海量数据承载能力将其整合到单一的监控中心或多个分级监控中心。客户通过网络登录管理网页，即可及时、全面、准确地掌握物品的可视化数据和信息，远程、随时查看已录好的监控录像。

条码识别技术在跨境物流中的应用

实训目标

1. 加强团队合作，发挥每一个团队成员的能力，学习小组讨论、分析的方法。
2. 培养自主学习和独立思考的能力。

实训内容

假如你在 eBay 开了一家手工饰品的店铺，那么你需要对跨境电子商务的物流有一个初步的了解，以便日后更加有效地节约成本。以条码识别技术在跨境物流中的应用为例，写一篇报告。

实训步骤

1. 教师带领学生学习相关知识，按照 3 人一组进行教学分组，每个小组设组长一名，负责确认每个团队成员的任务。
2. 根据教师教授的内容，整理出条码识别技术的相关知识点。
3. 上网或者去图书馆查询条码识别技术的课外知识。
4. 每个小组派一个组员根据自己的报告上台演讲，教师和其他小组成员对其演讲进行评价、讨论。

1. 数据库管理系统的功能有哪些？
2. 关系数据库系统有哪三层模式结构？
3. 计算机网络的功能有哪些？
4. 物流网络的组成模块有哪些？
5. RFID 技术可以在跨境物流中的哪些方面应用？
6. GPS 在物流中的应用有哪些？
7. 物联网技术在物流中的应用主要体现在哪几方面？
8. 云计算在跨境物流中的运用体现在哪几个方面？

第三章 跨境电子商务物流服务成本及产品定价

📚 知识目标

- ❑ 了解跨境电子商务物流服务；
- ❑ 了解跨境电子商务物流成本的概念；
- ❑ 掌握出口跨境电子商务的运营成本；
- ❑ 了解跨境电子商务产品定价的误区。

✎ 学习重点、难点

重点：

- ❑ 跨境电子商务产品合理定价；
- ❑ 跨境电子商务物流成本控制的途径与方法；
- ❑ 跨境电子商务物流成本的构成。

难点：

- ❑ 跨境电子商务产品定价技巧；
- ❑ 跨境电子商务物流成本的分类；
- ❑ 跨境电子商务物流成本控制的原则与步骤。

📖 本章思维导图

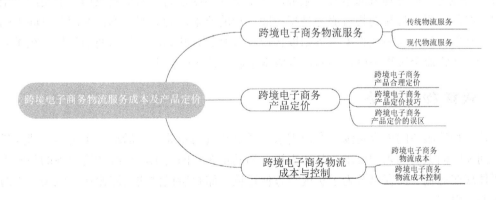

案例导入

减少卖家物流成本，亚马逊新增一键订舱功能

亚马逊在卖家平台上线了"一键订舱"的新功能，即全球配送服务（GSS），致力于帮助卖家减少物流成本，提升商品销量。

据了解，亚马逊全球配送服务可帮助商家将亚马逊物流库存发往世界各地的亚马逊运营中心。

一方面，通过一键订舱创建的亚马逊物流货件可为卖家免费开通和提供锁仓服务，致力于减少因分仓造成的额外成本（运输费用和管理成本）和提升入库效率。

另一方面，在卖家平台直接完成向亚马逊订舱，可以省去跳转到不同物流平台二次下单的不便。此外，在卖家平台可以体验运费货到付款的便利，并且使用亚马逊销售账户可以让美元账户直接扣款以减少汇损。

具体来看，当商家在平台创建亚马逊物流货件后，需要先预约亚马逊全球物流国际货运，随后安排收取库存货件的时间，或将其送到指定位置；通过账户支付运费、关税和相关费用；最后，从发货地开始追踪货件，直至其抵达亚马逊运营中心。

在目的地运营后台收到相关货件后，亚马逊将向商家发送账单并在卖家平台账户收取全球配送服务费用。目前，亚马逊全球配送服务覆盖海运整箱货件（FCL）、海运拼箱货件（LCL）以及空运模式。

资料来源：减少卖家物流成本，亚马逊新增一键订舱功能[EB/OL].（2019-05-14）.http://www.100ec.cn/detail--6508577.html. 有改动.

第一节 跨境电子商务物流服务

跨境电子商务物流服务包含为满足用户需求所实施的一系列物流活动过程及其产生的结果。跨境电子商务物流的本质是服务，它本身并不创造商品的形质效用，而是产生空间效用和时间效用。传统的物流服务是指按照用户的要求，为克服货物在空间和时间上的间隔而进行的劳动；而现代物流服务则以传统物流服务为基础，尽量向两端延伸并赋予其新的内涵，在物流全过程中以最小的综合成本来满足顾客的需求。

一、传统物流服务

传统物流服务的内容是满足客户需求，通过物流的相关功能活动，满足客户消除货物在空间和时间上的间隔的要求。具体来说，为满足客户的需求，传统物流服务的基本内容主要体现在运输、储存以及为了实现和方便运输、储存所提供的装卸搬运、包装、流通加工等服务内容。

1. 运输服务

在社会分工和商品生产条件下，企业生产的产品作为商品销售给其他企业或消费者使

用,但商品生产者与其消费者在空间距离上常是相互分离的。运输就在于完成商品在空间上的实体转移,克服商品生产者(或供给者)与消费者(或需求者)之间的空间距离,创造商品的空间效用。运输是物流职能的核心环节,无论企业的输入物流还是输出物流,都依靠运输来实现商品的空间转移。可以这样说:没有运输,就没有物流,也就没有物流服务。为了适应物流服务的需要,企业应具有一个四通八达、畅通无阻的运输线路网系统作为支持。

2. 储存服务

产品的生产完成时间与其消费时间之间总有一段时间间隔,特别是季节性生产和季节性消费的产品。此外,为了保证再生产过程的顺利进行,企业也需要在供、产、销各个环节中保持一定的储备。储存就是将商品的使用价值和价值保存起来,克服商品生产与消费在时间上的差异,创造商品的时间效用。储存是物流服务的一项重要内容。企业为储存商品,需要建立相应的仓库设施。在产品销售集中地区所设置的作为商品集聚和分散基地和进行短期保管的流通仓库就是配送中心。

3. 装卸搬运服务

装卸搬运是伴随运输和保管而附带产生的物流服务活动,如装车(船)、卸车(船)、入库堆码、拣选出库以及联结以上各项活动的短距离搬运。在企业生产过程中,材料、零部件、产成品等在各仓库、车间、工序之间的传递转移也包括在物料搬运的范畴。为了提高装卸搬运作业的效率,减轻体力劳动强度,企业应配备一定的装卸搬运设备。

4. 包装服务

包装商品是为了方便销售和运输保管,并保护商品在流通过程中不受毁损,保持完好。为便利运输和保管将商品分装为一定的包装单位以及为保护商品免受损毁而进行包装,这都是物流服务的内容。

5. 流通加工服务

流通加工服务是指在流通过程中为满足用户需要对商品进行必要的加工、切割、套裁、配套等。

运输与储存是传统物流服务的主要内容,其中运输是物流服务体系中所有动态内容的核心,而储存则是唯一的静态内容。物流服务的装卸搬运、包装、流通加工与物流信息则是物流的辅助内容。它们的有机结合构成了一个完整的物流服务系统。

二、现代物流服务

现代物流服务离不开传统的物流服务活动,但现代物流服务在传统物流服务的基础上,通过向两端延伸被赋予了新的内涵,是各种新的服务理念的体现。具体来说,现代物流服务主要体现在一体化物流服务、增值物流服务、虚拟物流服务、差异化物流服务、绿色物流服务和物流创新服务等方面。

1. 一体化物流服务

一体化物流服务(integrated logistics service)亦称集成式物流服务或综合物流服务。《物流术语》对一体化物流服务的定义是"根据客户需求所提供的多功能、全过程的物流服务"。一体化物流服务是一种集成各种物流功能,为最大限度地方便客户、服务客户而推出的一种服务模式。一体化物流服务不是对物流功能的简单组合,它体现的是"一站式服务",是以顾客为中心的物流服务理念。客户只需在一个物流服务点办理一次手续,其物流业务就可得到办理。也就是说,客户只需要找一位物流企业的业务员,或进一家物流公司的一个部门、一道门,办理一次委托,就可以将极其繁杂的物流业务交付给物流企业处理,物流企业便可以按客户的要求完成这笔业务。"一站式服务"的最大优点是方便客户,其追求的目标是"让客户找的人越少越好,让客户等的时间越短越好,让客户来企业的次数越少越好"。为实现这一目标,物流企业全球营销网络中的每一个服务窗口全部接受业务,并完成客户原先需在几个企业或几个部门、几个窗口才能完成的操作手续。这些都对现代物流企业的服务能力、服务体系提出了很高的要求。

2. 增值物流服务

增值物流服务(value-added-logistics service)是随着第三方物流的兴起而逐渐引起人们注意的一个词。《物流术语》对增值物流服务的定义为"是在完成物流基本功能的基础上,根据客户需求提供的各种延伸业务活动"。也就是说,增值物流服务是根据客户需要,为客户提供的超出常规服务范围的服务,或者采用超出常规的服务方法提供的服务创新。超出常规、满足客户需要是增值物流服务的本质特征。它主要包括以下几种类型的服务。

(1)增加便利性的服务。尽可能地简化手续、简化作业,方便客户,让客户满意。推行一条龙、门到门服务,提供完备的操作或作业提示,包括免培训、免维护、省力设计或安装、代办业务、一张面孔接待客户、24小时营业、自动订货、传递信息和转账(利用EOS、EDI、EFT)、物流全过程追踪等。

(2)加快反应速度的服务。快速响应是让客户满意的重要服务内容。与传统的单纯追求快速运输的方式不同,现代物流是通过优化物流服务网络系统、配送中心或重新设计流通渠道来减少物流环节,简化物流过程,提高物流系统的快速响应能力的。

(3)降低成本的服务。帮助客户发掘第三利润源泉,降低物流成本,如通过采用比较适用但投资比较少的物流技术和设施设备等。

其他延伸服务。物流企业的服务范围在为客户提供物流服务的同时,向上可以延伸到市场调查与预测、采购及订单处理,向下可以延伸到配送与客户服务等,横向可以延伸到物流咨询与教育培训以及为客户提供物流系统的规划设计服务、代客结算收费等。

3. 虚拟物流服务

《物流术语》对虚拟物流(virtual logistics)的定义是"以计算机网络技术进行物流运作与管理,实现企业间物流资源共享和优化配置的物流方式"。虚拟物流的实现形式从一般意义上讲就是构建虚拟物流组织,通过这种方式将物流企业、承运人、仓库运营商、产品供应商以及配送商等通过计算机网络技术集成到一起,提供"一站式"的物流服务,从而有效改善单个企业在物流市场竞争中的弱势地位。

虚拟物流的技术基础是信息技术,以信息技术为手段为客户提供虚拟物流服务。虚拟物流的组织基础是虚拟物流企业,通过电子商务、信息网络化将分散在各地的分属不同所有者的仓库、车队、码头、路线通过网络系统地联结起来,使之成为"虚拟仓库""虚拟配送中心",进行统一管理和配套使用。

虚拟物流及其物流服务内容是一个前沿课题，其服务目标就是通过虚拟物流组织为客户提供一体化的物流服务。

4. 差异化物流服务

现代物流的差异化服务包括两方面的含义。第一层含义是物流企业根据各类客户的不同要求提供个性化的需求服务。它又可以分两种情况：一种是同行业中不同企业的情况有差别，因而其各自所需的物流服务内容与水平要求就有区别；另一种是不同行业的企业的物流服务需求差别很大，这形成了现在所细分出的家电物流、医药物流、食品物流、汽车物流、烟草物流、农产品物流等不同的物流服务形式，其要求必须依据各行业的实际情况区别对待。第二层含义是物流企业为客户提供某些专营或特种物流服务，如对化工品、石油、液化气及其他危险物品、鲜活易腐品、贵重物品等，开展专营或特种的物流服务。与一般的物流服务相比，此类服务对物流企业提出了一些比较特殊的要求，一般需要企业具备相应的经营资质和实力，否则就难以承担此类服务。

差异化服务是现代物流企业对市场柔性反应的集中体现，也是现代物流企业综合素质和竞争能力的体现，一般情况下它将为物流企业带来比普通物流服务更高的利润回报。现代物流企业如果能根据市场需求和自身实际开发出更多适销对路的差异化物流服务产品，便可确保获得更多的收入与利润，并在激烈的市场竞争中处于有利地位。

5. 绿色物流服务

绿色物流是融入环境可持续发展理念的物流活动，是指在物流过程中抑制物流对环境造成危害的同时，实现对物流环境的净化，使物流资源得到充分利用，创造更多的价值，具体包括集约资源、绿色运输、绿色仓储、绿色包装、逆向物流等。

绿色物流的目标之一是以最小能耗和最少的资源投入，最大化地创造利润；目标之二是在物流系统优化的同时将物流体系对环境的污染进行控制。现代物流中的绿色服务要求企业在给客户提供物流服务时遵循"绿色化"原则，采用绿色化的作业方式，尽力减少物流过程对环境造成的危害，同时把"效率化放在首位，尽量降低物流作业成本，力争以最小的能耗和最少的资源投入为客户提供满意的服务，为企业和客户最大化地创造出利润"。

6. 物流创新服务

现代物流的创新服务就是现代物流服务提供者运用新的物流生产组织方式或采用新的技术，开辟新的物流服务市场或为物流服务需求者提供新的物流服务内容。创新是现代企业生存与发展的永恒主题，现代物流企业必须树立这一理念，具备创新服务能力，从而提高企业的竞争能力，使企业获得生存与发展的动力。

因此，创新服务理念也是现代物流最重要的新理念服务。物流公司提供的维修服务、电子跟踪和其他具有附加值的服务日益增加。物流服务商正在变为客户服务中心、加工和维修中心、信息处理中心和金融中心，根据顾客需要而增加新的服务是一个不断发展的主题。

案例 3-1

运价走低导致物流成本高，货运信息化迫在眉睫

"2018年以来，货运需求明显减少。"在江苏无锡，长年为货运司机提供信息的徐明康说。

"社会运输车辆减少了三分之一。"运价走低导致司机退出,作为货主的邯郸市正大制管有限公司物流科科长张安有直观感受。今年的运价比前两年低不少,行业里很多车老板和司机因为运费低已经把车卖了。然而,张安没有想到,运价低了但公司的运输成本却不降反升。因为限载等多方面原因,原来两辆车拉的货,现在需要三辆车来拉,作为货主为保证利润只能拼命压低进价,形成了恶性循环。

运价陷入恶性竞争,严重威胁着服务品质。

中储智运副总经理韦晓关注到,从上海到成都的货运,有的车要1.4万元,有的要1.2万元,有的8000元也走,但8000元显然保证不了货运质量。

海航冷链供应链事业部总经理苓建说:"当前,新零售企业在努力保证产品品质,但货运市场的低价竞争让有质量的物流服务稀缺,加剧了物流成本的上升。"

"为了找到合适的车,运费最多时能涨50%。"内蒙古德晟金属制品有限公司财务主管代玲说,车不好找的时候企业经常遭遇运费乱涨价,极大地增加了财务成本,降低了企业产品的竞争力。

运力和社会需求的错配加剧了物流行业的生存压力。中国物流与采购联合会对全国5 000多名货车司机的调查显示,92.62%的司机反映2018年上半年收入同比下滑严重,收入与往年持平或有所上涨的仅有7.38%。影响收入的主要因素是运价恶性竞争、油价上涨过快、货车环保限行政策和货运量减少带来的找货时间增加。

复杂的市场形势下,部分货运互联网平台的不规范经营也加重了物流行业的弊病。中国物流与采购联合会的调查显示,66.93%的司机受困于互联网货运平台一味强调"低价抢单",货主随意压价、无序竞争。此外,因为平台审核不严,货源信息不真实,平台拖欠、克扣运费,导致大量纠纷难以解决。

业内人士认为,造成"货运低运价,物流高成本"这一鲜明反差的主要原因有两方面:一是物流行业的传统症结难以化解,运输效率不高,空驶率高,司机在停车场找货时间长;二是物流信息化交易模式建设滞后于市场发展需求,新市场新需求难以满足。

"传统运输由于货、车不能做到智能匹配,造成运能相对过剩、效率低下、组织程度低等问题,这仍是制约物流成本下降的核心症结。"

专家认为,以占我国货运量七成以上的公路货运为例,困扰市场多年的"多、小、散、乱"问题仍未得到根本破解。公路货运市场虽大,但有组织、有规模、专业化程度高的大中型运输企业并不多,中小货运企业以及个体运输业户仍占90%以上,难以做到运输资源合理配置,更难以实现合理运输(对流运输、循环运输、拖挂运输)。这些问题直接导致货运行业社会化组织化程度低,合理运输无法形成,车辆空载率高;货运市场主体的物流专业化水平低,多数物流业户仅能提供传统仓储、运输服务,缺少增值服务集成功能;货运行业信用体系不健全,信用成本高。超限超载、违法营运、违规开票、利用油卡逃税仍然普遍,造成整个市场违规运作,服务质量低,市场风险较大。

以信息化为核心的智慧物流是破解上述瓶颈的手段之一,但物流业信息化建设依然滞后。

中国物流与采购联合会副会长贺登才说,全国物流园区总数超过1600家,50%的园区信息化及设备投资占比在5%以下,平均值仅为8.2%。10家"国家智能化仓储物流示范基地"信息化及设备投资占比均值只在25%左右。70.4%的园区有公共信息平台,50%的平台服务功能欠缺。

"零售行业在不断细分,货运内容在不断丰富,需要货和车更精准的匹配。"苏宁物流部长姜良风认为,信息化程度不足让物流成本居高不下。驹马配送联合创始人陈黎也表示,当前许多互联网货运平台都说共享运力,但其实是在共享货运游击队。

如果做不到信息化、网络化、智慧化,如果不对人和车进行有效整合、分类、管理,就无法驱动物流行业的变革。"很多企业已经深入原产地,为何到消费者手里的产品无法物美价廉?问题出在物流链上。"海航冷链供应链事业部总经理苓建表示,传统物流难以适应供给侧结构性改革的需求。供应链不好,消费品的品质就难以保证。当前各地都在打造专业的物流体系和当前物流市场多小散乱的现状形成对比。如何形成有效而高品质的运力服务,是降低成本、提高收益、保证行业健康可持续发展的关键。

业内人士和专家认为,要化解物流行业车货不匹配、运价低成本高的矛盾,应当以物流数据、信息化为重点,加大力度鼓励无车承运人的发展,支持无车承运人平台交易,使返程时间、返程线路最契合的车、货智能匹配并竞价交易,从而提高返程空车利用率,减少车辆进实体配载站的等待时间和费用成本,探索形成新的货运组织模式。

专家认为,以互联网智慧物流为内核的无车承运人平台正成为物流组织形式创新的重要手段。但是,无车承运人模式仍需深入发展,迫切需要得到规范引导和更多政策鼓励。同时,需警惕无车承运人平台的无序竞争。此外,应鼓励无车承运人由信息匹配向交易模式发展。

资料来源:运价走低导致物流成本高,货运信息化迫在眉睫[EB/OL]. (2019-02-19). http://www.100ec.cn/detail--6496190.html. 有改动.

第二节 跨境电子商务产品定价

一、跨境电子商务产品合理定价

(一)供应商分析与选择

确定要上线销售什么产品之后,接下来就是定价问题,要根据供应商的货源情况定价。

如果是单纯的销售型跨境电子商务企业,最好根据选品去分析与选择供应商,因为供应商的服务水平、生产能力和资质、产品产出率和合格率等情况直接影响产品成本。只有掌握这些情况,跨境电子商务企业才能准确判断产品的成本,为科学定价提供参考依据。如果是集设计、生产、销售于一体的跨境电子商务企业,就不用考虑供应商分析与选择这一环节。

另外,对供应商的分析与选择,也是为了能够给客户更好的购物体验。假如选择了价格具有优势的供应商,后期可以借助有效的营销活动使产品热卖,也可能因为产品质量不过关或者供货不稳定，造成客户的购物体验很差，那么即便产品价格低也留不住客户！

（二）成本分析与核算

成本是定价最主要的参考元素，做生意的最终目的是盈利，因此卖家必须对成本的数据分析与核算做到全面、准确，避免因为忽略某项成本，或者成本数据核算不准确，造成产品定价的不合理，或亏损，或卖不动。一般的成本核算公式为：成本=货物成本（进货成本+运输成本+破损成本+仓储成本）+第三方平台成本（平台年费+广告费+服务费等）+网站运营成本（网站搭建成本+服务器租用费+推广费+运营人工费等）+物流成本（运输成本+搬运成本+报关费等）+售后维护成本（退换货物流成本+破损费等）+其他费用。

（三）竞争对手分析

竞争对手也是定价可参考的重要要素，对竞争对手的数据分析要素包括竞争对手的价格水平、竞争对手的定价优势。例如，竞争对手的优势是产品独特还是营销能力强，又或者是生产成本或进货成本低。这里的竞争对手包括国内同行卖家、目标市场上的本土化卖家与其他国家的跨境电子商务卖家。只有全面分析来自不同地域的竞争对手才能够准确掌握自身所处的竞争状况。对竞争对手进行分析，并对比自己的实际情况，分析出自己可采取什么样的定价策略才具有市场优势。假如通过竞争对手分析后发现自己比竞争对手有更好的营销能力，就不用在产品定价上太被动，就算定价比对手高，也可以借助自己的营销优势推动销售。

（四）目标市场分析

对目标市场的分析，需要依靠市场大数据。分析要素包括：目标市场的经济发展水平，也就是目标市场买家群体的消费能力大小。假如该市场的买家平均收入水平相对较高，说明消费能力也较强，对价格的敏感度较低，产品价格相对较高也能够接受。

了解目标市场买家的消费理念。了解买家是对产品价格还是品质更在意，如果买家更注重产品品质，那么只要产品品质能够满足他们的期望，就算价格高一些，他们也是可以接受的。

分析市场上的替代品情况。如果在该市场上替代品很少，买家不容易购买到，那么他们对产品价格也不会太在意。

浅析：跨境电子商务卖家必须了解产品定价的那些事

如何判断自身产品价值？通过产品功能、产品设计、耐用性、给用户营销的可靠性来体现。这几点，卖家需要通过营销才能让用户感知。用户对产品的感觉是卖家刻意营造的结果，故做好精细化运营的同时，积极地利用平台规则展示产品价值，这点很重要。很多卖家一不经常看公告，二不经常关注平台发生的变化，特别是营销工具的变化。

若能充分地了解，我们就可以以此制定有用的营销策略并实施，与其他卖家拉开差距。产品功能、产品设计、耐用性，这些是产品一经生产客观上就存在的事实。这一点，同类产品亦有。所以,我们需要做差异化营销。从用户真正在乎的点来切入,怎么找?可利用搜索引擎,搜索"××选购技巧""××选购经验"等关键词,可找出不少采购经验类文章,这些文章中列出的几个有共性的选购要点,就是买家最关心的点。

展示买家最在乎的点,不是不说其他点,而是我们要在有限时间、有限篇幅内容上尽可能留住用户,所以从买家角度出发来分析产品,是必要的,也是必须的。

需要注意的是"给用户营造的可靠性"这点。远的如前几年的苹果手机,被人追捧之时,也爆出好几次生产事故,近的如的奔驰事件。让人感到奇怪的是:苹果手机事后仍受追捧,奔驰事件却使其变得人人喊打,背后没说苹果的刻意营销与引导。

营销如何将产品价值最大化,简单来说即品牌营销。品牌营销是个系统活儿,不断地推发广告,大范围、高频式轰炸,短期有效,长期则无。

想让用户认可产品价值,接受价值背后的价格,卖家必须研究好产品定位、目标群体消费及心理特征。谁是竞争对手?一个新品从研发、生产、上架到销售,卖家不仅要研究自己所做行业的市场,还要研究相关行业(与本行业有互补性)。

行业和行业之间不是独立关系,它们会彼此影响,卖家要做的是基于全行业、全平台来考虑问题。结合市场对产品进行分析,同时借鉴对手的经验,产品卖得好或不好均有原因,找到核心原因,好的借鉴,不好的避免入坑,才是对的。

资料来源:浅析:跨境电子商务卖家必须了解产品定价的那些事[EB/OL]. (2019-05-07). http://www.100ec.cn/detail--6507480.html. 有改动.

二、跨境电子商务产品定价技巧

定价前期分析为最终定价提供了重要的决策参考,特别是成本分析与核算。综合上面的分析,以及自己设定的盈利点,可以为产品定一个较为合理的价格。但有的时候卖家想通过价格来达到某种效果,比如引流,或者实现利润大增,等等,就要基于前面的分析,配合使用不同的定价策略。

(一)引流定价策略

引流定价策略适合那些新店铺、新网站,或者有新产品进入市场的跨境电子商务企业。引流定价一般是将产品价格设定得较低,有可能会造成自己的暂时性亏损。以低价来吸引客户到自己的店铺或网站上,一方面出于流量积累的考虑,另一方面则是为了大面积曝光产品与品牌。等到店铺与网站有较高、较稳定的流量之后,再把价格调整回盈利状态。

引流定价的产品价格并不是越低越好,必须综合考虑引流目的与亏损程度,考虑在达到引流效果的同时,把亏损范围控制在最低。一个可以借鉴的引流定价办法是:如果你是入驻第三方平台的卖家,可以在平台上查找大概10家国内同行卖家,计算出同类产品的价格平均值,然后将产品定价为平均价格的85%。这个价格可能会让你暂时亏损,但这个价格配合良好的营销策略,很容易为店铺引入较大的流量。

当然,这只是一个办法,具体的价格还得综合考虑其他竞争对手产品的价格。例如目标市场本土化电子商务与其他国家的跨境电子商务,与他们的产品价格相比,中国制造具有成本优势。因此，中国的跨境电子商务企业要根据目标市场的具体情况使用引流定价策略。

（二）保守定价策略

保守定价策略适合竞争力处于中等水平的产品，也适合常规性产品的定价。保守定价是保证在盈利的情况下为产品设定一个不高不低的价格。那么，这个价格的利润率在多少合适呢？其实没有太确切的利润点，要看你是自营独立站，还是入驻第三方平台。

如果是自营独立站，最好依据自己能够接受的最低利润点来定价，也就是：总成本+所能承受的最低利润。

如果是入驻第三方平台，要根据平台内该行业卖家的平均利润率水平来定。比如速卖通，利润率一般在 15%～20%，属于较低的水平。

（三）盈利定价策略

盈利定价策略，是指产品价格的盈利点比行业内的平均盈利点高，属于具有较高盈利水平的价格。不过该策略并不是想用就能用的，其对产品本身的特性，以及卖家各方面能力的要求相对较高。具体体现在以下几方面：产品的独特性较高：产品在功能、外观或属性等方面具有别的产品不可比拟的特点。

产品具有很强的消费节点特性：比如特属圣诞节、情人节、万圣节等节日才消费的产品，这些产品有特殊功能和价值，具有比较强的溢价能力。卖家所进入的市场竞争较小：竞争较小的市场属于卖方市场，卖家占据优势。卖家具有较强的营销能力：价格低的产品，如果没人知道也没用。价格高的产品，如果配合很强的营销策略，也可以成功地推销出去。卖家在进货渠道方面具有优势：例如，能拿到与同行相比质量无差异但成本较低的货源；对于热销品，具有比同行更稳定的供货渠道；等等。

三、跨境电子商务产品定价的误区

（一）粗心大意误操作

因为粗心大意而填错产品价格的新卖家比比皆是，这类问题最典型的代表就是把 LOT 和 PIECE 搞混。有的卖家在产品包装信息的销售方式一栏选择的是"打包出售"，填写产品价格的时候，误把一包的价格写成了一件，导致无法发货或是赔钱发货。

（二）随意定价

有的卖家，可能是由于之前没有从事跨境电子商务业务的经验，或者不熟悉 wholesale（批发）这种明码标价的模式，或者还没有投入相应的精力和时间，对跨境电子商务平台上的产品如何定价，他们心里是不太清楚的。所以有些卖家填写产品价格的时候就非常随意。例如，一个卖家因为没有时间确认产品价格，疏忽下就把所有的产品价格都设为 1.14 美元还免运费，她原以为买家肯定会怀疑，不会购买。没想到真的有买家下单了。最后该卖家赔得一塌糊涂。

（三）销售方式不恰当

有的卖家销售的产品规格小、货值低，如零配件、小日用品等。一个产品的单价可能就只有几美分甚至更低。可是在选择销售方式的时候，卖家却选择按 PIECE 出售。试想，如果海外买家真的要买一个产品，卖家是卖还是不卖呢？

第三节　跨境电子商务物流成本与控制

一、跨境电子商务物流成本

（一）跨境电子商务物流成本的概念

从人们进行物流成本管理和控制的不同角度，把物流成本分成社会物流成本、货主企业（包括制造企业和商品流通企业）物流成本，以及物流企业的物流成本三方面。其中，社会物流成本是宏观意义上的物流成本，而货主企业物流成本及物流企业物流成本是微观意义上的物流成本。不同角度的物流成本有不同的含义。

1. 宏观物流成本

宏观物流成本又可以称为社会物流成本。站在社会物流的角度进行社会物流的优化，就要考虑物流成本的问题。人们往往用物流成本占国内生产总值（GDP）的比例来衡量一个国家物流管理水平的高低，这种物流成本指社会物流成本。

按照 2004 年由国家统计局、国家发改委发布的《社会物流统计制度及核算表式(试行)》中的定义，社会物流成本是指一定时期内，国民经济各方面用于社会物流活动的各项费用支出。包括：支付给运输、储存、装卸搬运、包装、流通加工、配送、信息处理等各个物流环节的费用；应承担的物品在物流期间发生的损耗；社会物流活动中因资金占用而应承担的利息支出；社会物流活动中发生的管理费用；等等。

2. 微观物流成本

微观物流成本又称为企业物流成本，这里的企业包括货主企业和物流企业。按照 2006 年发布实施的国家标准《企业物流成本构成与计算》（GB/T 20523—2006），企业物流成本是指物流活动中所消耗的物化劳动和活劳动的货币表现，即产品在包装、运输、储存、装卸搬运、流通加工、物流管理等过程中所耗费的人力、物力和财力的总和，以及与存货有关的资金占用成本、物品损耗成本、保险和税收成本。

（二）跨境电子商务物流成本的构成

1. 社会物流成本构成

社会物流成本是核算一个国家在一定时期内发生的物流总成本，是不同性质企业微观物流成本的总和。事实上，一个国家物流成本总额占国内生产总值（GDP）的比例，已经成为衡量各国物流服务水平和物流发展水平高低的标志。

目前，各国物流学术界和实务界普遍认同的一个社会物流成本计算的概念性公式为

物流总成本=运输成本+存货持有成本+物流行政管理成本

基于这个概念性公式,可以认为,社会物流成本由以下 3 部分构成:①运输成本（transportation cost）;②存货持有成本（inventory carrying cost）;③物流行政管理成本（logistics administration cost）。

2. 企业物流成本的构成

根据国家标准《企业物流成本构成与计算》的规定:物流企业成本构成与计算工作适用于所有在国家工商管理部门注册的生产（包括流通）企业。

1）制造企业物流成本的构成

按照物流的定义,制造企业物流包括原材料（生产资料）供应物流、生产物流、销售物流及回收废弃物物流几方面。

制造企业物流是指单个制造企业的物流活动,是微观物流的主要形式。制造企业物流是包括从原材料采购开始,经过基本制造过程的转换活动,到形成具有一定使用价值的产成品,直到把产成品送达中间商（商业部门）或用户全过程的物流活动。

制造企业的物流成本也应包括供应物流成本、生产物流成本、销售物流成本与回收废弃物物流成本 4 方面。

（1）供应物流成本的构成。制造企业供应物流是指经过采购活动,将企业生产所需原材料（生产资料）从供给者的仓库（或货场）运回企业仓库的物流活动。它包括确定原材料等的需求数量、采购、运输、流通加工、装卸搬运、储存等物流活动。其物流成本的构成内容主要包括:①订货采购费（采购部门人员工资、差旅费、办公费等）;②运输费（外包运输费、运输车辆折旧、运输损耗、油料消耗及运输人员工资等）;③验收入库费用（验收费用、入库作业费）;④仓储保管费（仓储人员工资、仓储设施折旧、合理损耗、仓库办公费用、储备资金利息等）。

在以上物流成本构成项目中,储备资金利息是要引起企业物流管理者的重视的。在我国现行的会计制度中,并没有专门设置一个项目来核算存货占压资金的利息（或称为机会成本）,而实际上,存货利息在总的物流成本（特别是仓储费用）中占有相当大的比重。由于会计制度的问题,该项费用往往容易被管理者忽略。

（2）生产物流成本的构成。制造企业生产物流是指伴随企业内部生产过程的物流活动,即企业布局、产品生产过程和工艺流程的要求,实现原材料、配件、半成品等物料在企业内部供应库与车间、车间与车间、工序与工序、车间与成品库之间流转的物流活动。从范围划分,它是由原材料等从供应仓库运动开始,经过制造转换形成产品,一直到产品进入成品库待销售为止。制造企业生产物流成本是指在这个过程中发生的与物流业务相关的成本,具体包括:①内部搬运费;②生产过程中物流设施的折旧;③占压生产资金（包括在制品和半成品资金）的利息支出;④半成品仓库的储存费用;等等。

由于生产物流伴随着企业的生产过程而发生,其成本的发生也与生产成本密切结合,所以一般来说企业很难就生产物流成本进行独立核算。而且,生产物流的改善不仅仅是生产物流成本的降低问题,它也与企业的生产组织方式、生产任务的安排密切相关。因此,离开生产计划和生产组织来独立进行生产物流成本的分析和研究是不切合实际的。

（3）销售企业物流成本的构成。制造企业销售物流是指企业经过销售活动,将产品从成品仓库通过拣选、装卸搬运、运输等环节，一直到运输至中间商的仓库或消费者手中的物流活动。这就是一般意义上的流通过程物流活动，是狭义物流的基本内容。销售物流成本的主要构成内容包括：①产成品储存费用（成品库人员工资、折旧、合理损耗、仓库费用等）；②销售过程中支付的外包运输费；③自营运输设施的折旧、油料消耗、运输人员的工资；④销售配送费用（包括配送人员工资、配送车辆折旧和支出等）；⑤退货物流成本；等等。

（4）回收废弃物物流成本的构成。企业回收废弃物物流的成本与特定的企业相关，如制糖业、造纸业、印染业等，都要发生回收或废弃物物流。整个回收物流过程中发生的人工费、材料费、机器设备的折旧费及其他各种支出，都构成了回收废弃物物流成本的内容。

制造企业物流成本的构成除了从物流流程的角度来分析外，也可以按照物流成本项目来分析。制造企业物流成本项目主要包括：①人工费；②材料消耗；③运输设施、仓库设施的折旧；④合理损耗；⑤资金占压的利息费用；⑥管理费用；⑦委托物流费用；等等。

如果按照物流成本发生的各个物流功能环节分析，物流成本的构成也可以划分为：①包装费；②输送费；③保管费；④装卸费；⑤流通加工费；⑥情报流通费；⑦物流管理费；等等。

2）商品流通企业物流成本的构成

商品流通企业主要指商业批发企业、商业零售业、连锁经营企业等。流通企业物流成本是指在组织商品的购进、运输、仓储、销售等一系列活动中所消耗的人力、物力、财力的货币表现。相对于制造企业来说，流通企业只是减少了生产物流的环节，并且其供应和销售物流是一体化的。图 3-1 为典型的商品流通企业物流系统的业务流程。

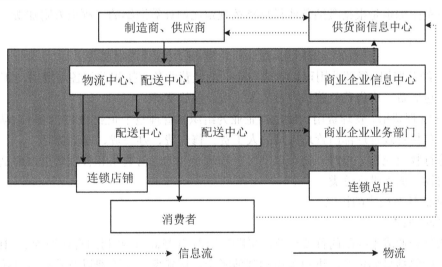

图 3-1 典型的商品流通企业物流系统的业务流程

商品流通企业物流成本的具体构成如下：①人工费用，包括与物流相关的员工的工资、奖金、津贴及福利费等；②营运费用，如物流运营中的能源消耗、运杂费、折旧费、办公费、差旅费、保险费等；③财务费用，指经营活动中发生的存货资金使用成本支出，如利息、手续费等；④其他费用，如与物流相关的税金、资产损耗、信息费等。

不同经营方式的流通企业，其物流成本占营业额的构成比例也相差很大。据日本的一项统计结果，商品流通企业的物流成本以批发销售和便利商店的比重最高，占营业额 10%以上，但是同属于零售业的百货公司仅占 2.23%。

3）物流企业物流成本的构成

物流企业是为货主企业提供专业物流服务的企业，它包括一体化的第三方物流服务企业，也包括提供功能性物流服务的企业，如仓储公司、运输公司、货运代理公司等。物流服务企业通过专业化的物流服务来降低货主企业物流运营的成本并从中获得利润。可以说，物流企业的整个运营成本和费用实际上就是货主企业物流成本的转移。物流企业的全部运营成本和费用都可以看作广义的物流成本。

按照我国会计制度的规定，物流企业的成本费用项目包括营业税金及附加、经营费用、管理费用 3 大类。

（1）营业税金及附加。物流企业的营业税金及附加主要包括营业税、城市维护建设税和教育费附加等。

营业税是以企业营业收入为课税对象的一个税种。物流企业缴纳的营业税的计算公式为

$$应缴营业税 = 营业收入 \times 适用营业税率$$

城市维护建设税是根据应缴纳的营业税总额，按照税法规定的税率计算缴纳的一种地方税。其计算公式为

$$应缴城市维护建设税 = 营业税总额 \times 适用城市维护建设税税率$$

教育费附加也是根据缴纳营业税总额按规定比例计算缴纳的一种地方附加费。其计算公式为

$$应缴教育费附加 = 营业税总额 \times 适用教育费附加费率$$

（2）经营费用。经营费用可以看成与企业的经营业务直接相关的各项费用，如运输费、装卸费、包装费、广告费及营销人员的人工费、差旅费等。

（3）管理费用。管理费用一般是指企业为组织和管理整个企业的生产经营活动而发生的费用，包括行政管理部门管理人员的人工费、修理费、办公费、差旅费等。

在进行物流成本分析时，也可以不区分物流企业的经营费用和管理费用，而是按照费用项目将物流成本进行分类。

3. 物流环节成本的构成

1）采购成本

采购是企业成本控制的首要环节，采购环节节约 1%，企业利润将增加 5%~10%。采购成本一般包括采购价格、进口关税和其他税金、运输费、保险费以及其他可直接归属于存货采购的费用。

企业采购物资的实际成本包括如下内容：①买价；②外地运杂费（包括运输、装卸、保险、包装、仓储等费用）；③运输途中的合理损耗；④入库前的挑选整理费（包括挑选整理过程中发生的工费支出和必要的损耗，扣除回收的下脚废料价值）；⑤大宗材料的市内运杂费；⑥按规定应由买方支付的税金和进口物资应支付的关税；⑦烧油企业购入燃料

油所支付的烧油特别税。

企业自筹外汇购入物资应分摊的调进外汇价差，也应计入物质的采购成本。以上①⑥⑦项直接计入各种物资的采购成本，第②③④⑤项，凡能分清的，可以直接计入各种物资的采购成本；不能分清的，应按物资的重量或买价等比例，分摊计入各种物资的采购成本。

购入物资不经过任何加工直接对外销售的，其采购成本应只包括采购物资的买价和按规定应由买方支付的税金和进口物资应支付的关税，以及企业自筹外汇购入物资应分摊的调进外汇价差；采购过程中发生的其他费用计入"进货费用"科目。

商品流通企业采购成本包括采购价格、进口关税和其他税金等；运输费、装卸费、保险费计入营业费用。

2）运输成本

完成客货位移全部生产过程（包括始发、运行、中转、到达等各个环节）的费用支出，是运输总成本。每一单位运输量的费用支出称为运输成本。

运输成本是制定货物运输价格的重要依据，一般指完成单位运输产品或旅客应分摊的运输支出。

通常，运输成本由技术设施成本、运转设备成本、营运成本和作业成本构成。

运输成本的特点是包括原料费，而燃料、工资、折旧以及修理等的支出占的比重较大。在各种不同的运输工具或运输方式之间，运输成本存在着一定的差别，也存在着各种比价关系。

合理的比价对于货源分配、货物流向以及各种运输工具效率的充分发挥，起着十分关键的作用。

3）库存成本

库存是供应链环节的重要组成部分，指一个组织所储备的所有物品和资源的总和。库存指存储在仓库里的货物所需成本，它还包括订货费、购买费、保管费。

库存成本的构成一般可分为以下三个主要部分：①库存持有成本，即为保有和管理库存而需承担的费用开支；②库存获得成本，库存的获得成本是指企业为了得到库存而需承担的费用；③库存缺货成本，简而言之就是由于库存供应中断而造成的损失。

库存成本的控制具体通过合理化的管理来实现，对库存的管理内容又可分为以下三个层次：①库存决策——控制库存持有成本，经营者需要通过对市场的分析决定什么产品需要库存，什么产品不需要库存以及库存的规模、周转率和分布情况；②确定库存的订货方法——控制库存获得成本，管理者需要确定库存的再订货点、订货周期和每次的订货量；③需求预测——控制库存的缺货成本，库存管理的一个重要内容就是获得相对准确的需求预测，包括品牌机型的库存计划、销售计划量。

4）仓储成本

仓储是以改变"物"的时间状态为目的的活动，其有助于克服产需之间的时间差异，从而获得更好的效用。

大多数仓储成本不随存货水平变动而变动，而是随存储地点的多少而变动。仓储成本是指物资活动中所消耗的物化劳动和活劳动的货币表现，它是伴随物流活动而发生的各种费用。仓储成本管理的任务是用最低的费用在适当的时间和适当的地点取得适当数量的存货。

仓储成本包括仓库租金、仓库折旧、装卸费用、货物包装材料费用和管理费等。

现代仓储是保证社会再生产顺利进行的必要条件，是国家满足急需特需的保障，是平衡市场供求关系、稳定物价的重要条件，是物资供销管理工作的重要组成部分，是保持物资原有使用价值的重要手段。

5）包装成本

包装是为了在流通过程中保护商品、方便储运和促进销售，而按照一定的技术方法使用容器、材料以及辅助物等将物品包封并予以适当装饰和标识的工作的总和。简言之，包装就是包装物和包装操作的总称。

产品包装的一个重要功能就是保护包装内的产品不受损伤。在产品运输、储存过程中，一个好的包装能够抵挡各种侵袭因素。

在物流过程中，大多数商品都必须经过一定的包装才能进行流转。为了方便商品正常流转，企业通常会发生一定的包装费用。对于物流企业来说，包装费用一般由如下几方面构成。

（1）包装材料费用。它是指各类物资在包装过程中耗费在材料上的支出。常用的包装材料种类繁多，功能各不相同，企业必须根据各种物资的特性选择适合的包装材料，既要达到包装效果，又要合理节约包装材料费用。

（2）包装技术费用。为了使包装的功能能够充分发挥作用，达到最佳的包装效果，包装时，也需要采用一定的技术措施。比如，实施缓冲包装、防潮包装、防霉包装等。这些技术的设计、实施所支出的费用，合称包装技术费用。

（3）包装人工费用。在包装过程中，必须有工人或专业作业人员进行操作。对这些人员发放的计时工资、计件工资、奖金、津贴及补贴等各项费用支出，构成了包装人工费用支出。但是不包括这些人员的劳动保护费支出。

（4）包装机械费用。包装过程中使用机械作业可以极大地提高包装作业的劳动生产率，同时可以大幅度提高包装水平。使用包装机械（或工具）就会发生购置费、日常维护保养费、折旧费。这些都构成了物流企业的包装机械费用。

（5）其他辅助费用。除了上述主要费用外，物流企业有时还会发生一些其他包装辅助费用，如包装标记、标识的印刷费用等。

6）配送成本

配送是物流企业重要的作业环节，它是指在经济合理区域范围内，根据客户要求对物品进行拣选、加工、包装、分割、组配等作业，并按时送达地点的物流活动。配送是与市场经济相适应的一种先进物流方式，是物流企业按用户订单或配送协议进行配货，经过科学统筹规划，在用户指定的时间，将货物送达用户指定地点的一种供应方式。

通过配送，物流活动最终得以实现，但完成配送活动是需要付出代价的，即需配送成本。配送成本是配送过程中所支付的费用总和。

根据配送流程及配送环节，配送成本实际上含配送运输费用、分拣费用、配装费用及流通加工费用等。其成本应由以下几部分费用构成。

（1）配送运输费用。配送运输费用主要包括以下几个方面：①车辆费用，是指从事配送运输生产而发生的各项费用，具体包括驾驶员及助手等的工资及福利费、燃料、轮胎、修理费、折旧费、养路费、车船使用税等项目。②营运间接费用，是指营运过程中发生的不能直接计入各成本计算对象的站、队人员的工资及福利费、办公费、水电费、折旧费等内容，但不包括管理费用。

（2）分拣费用。分拣费用主要包括以下几方面：①分拣人工费用，是指从事分拣工作的作业人员及有关人员的工资、奖金、补贴等费用的总和。②分拣设备费用，是指分拣机械设备的折旧费用及修理费用。

（3）配装费用。配装费用主要包括以下三方面：①配装人工费用，是指从事包装工作的工人及有关人员的工资、奖金、补贴等费用总和。②配装材料费用。常见的配装材料有木材、纸、自然纤维、塑料等。这些包装材料功能不同，成本也相差很大。③配装辅助费用。除上述费用外，还有一些辅助性费用，如包装标记、标识的印刷等的支出。

（4）流通加工费用。流通加工费用主要包括：①流通人工费用。在流通加工过程中从事加工活动的管理人员、工人及有关人员工资、奖金等费用的总和。②流通加工设备费用。流通加工设备因流通加工形式不同而不同，购置这些设备所支出的费用会以流通加工费用的形式转移到被加工产品中去。③流通加工材料费用。在流通加工过程中，投入到加工过程中的一些材料消耗所需的费用，即流通加工材料费用。实际应用中，应该根据配送的具体流程归集成本，不同的配送模式，其成本构成差异较大。相同的配送模式下，由于配送物品的性质不同，其成本构成差异也很大。

7）装卸搬运成本

装卸搬运功能包括对输送、保管、包装、流通加工等物流活动进行衔接的活动，以及在保管活动中为进行检验、维护、保养所进行的装卸活动。装卸搬运是物流过程中的"节"，它是对运输、储存、配送、包装、流通加工等活动进行联络的中间环节。

若没有装卸搬运，物流过程就会中断，无论宏观物流还是微观物流都将不复存在。装卸搬运在物流过程中频频发生，占有相当大的比重，而且的确是一项十分艰苦而又繁重的工作。为了提高装卸作业效率，降低劳动强度，使装卸搬运机械化、自动化、连续化势在必行。

装卸搬运费是物资在装卸搬运过程中所支出费用的总和，其控制点在于管理好储存物资、减少装卸搬运过程中商品的损耗率、装卸时间等。

对装卸搬运费用的控制方式主要有以下两种。

（1）对装卸搬运设施的合理选择。根据企业生产、销售发展计划，分析使用不同的搬运设备的成本差异，结合财务可能选用人力、半机械化、机械化、半自动化、自动化搬运设施。

（2）防止机械设备的无效作业、合理规划装卸作业过程，如减少装卸次数、缩短操作距离、提高被装卸物资纯度、消除无效搬运等。

8）流通加工成本

流通加工是指产品从生产领域向消费领域的运动过程中，为了促进销售，提高物流效率，在产品使用价值不发生改变的前提下，对产品进行的加工。流通加工是一种辅助性的加工，经过流通加工，产品会发生物理、化学等变化。

流通加工在现代物流中的地位虽不能与运输、仓储等主要功能要素相比，但它能起到运输、仓储等主要流程无法起到的作用。流通加工是一种低投入、高产出的加工方式，这种简单的加工往往能解决大问题。

实践证明，有的流通加工通过改变装潢使商品档次跃升而充分实现其价值，有的流通加工可使产品利用率一下子提高20%~30%。所以流通加工是物流企业的重要利润源，它在物流中是必不可少的，属于增值服务范围。

流通加工成本是指在流通过程中所发生的各项费用的总和，其主要包括以下内容。

（1）流通加工设备费用，主要指流通加工设备购置费用。

（2）流通加工材料费用，指流通加工过程中消耗的一些材料的费用。

（3）流通加工劳务费用，指流通加工过程中从事加工活动的管理人员、工人及有关人员工资、奖金等费用的总和。

（4）流通加工其他费用，指流通加工中耗费的电力、燃料、油料等费用。

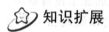 **知识扩展**

日本物流成本的构成

（三）跨境电子商务物流成本的分类

1. 按物流活动构成划分

以物流活动构成的几个基本环节为依据，把物流费用大体上分为物流环节费、信息流通费和物流管理费。

1）物流环节费

物流环节费是指产品实体在空间位置转移过程中在所流经环节中发生的成本，包括：①包装费，包括运输包装费、集合包装与解体费；②运输费，包括营业性运输费、自备运输费；③保管费，包括物料保管费、养护费；④装卸费，包括营业性装卸费、自备装卸费；⑤加工费，包括自备加工费、营业性加工费。

2）信息流通费

信息流通费是指为实现产品价值变换，处理各种物流信息而发生的成本，包括与库存管理、订货处理、为客户服务等有关的成本，如入网费、线路租用费等。

3）物流管理费

物流管理费是指为了组织、计划、控制、调配物资活动而发生的各种管理费，包括现场物流管理费和机构物流管理费。

2. 按物流活动过程划分

按物流活动过程，可以把物流费用划分为物流筹备费、供应物流费、生产物流费、销售物流费、退货物流费、废品物流费。

1）物流筹备费

物流筹备费是指为筹备物流活动发生的成本，包括物流计划费用、物流预测费用、物流准备费用。

2）供应物流费

供应物流费是指企业为生产产品购买各种原材料、燃料、外购件等所发生的运输、装卸、搬运等成本。

3）生产物流费

生产物流费是指企业在生产产品时，由于材料、半成品、成品的位置转移而发生的搬运、配送、发料、收料等方面的成本。

4）销售物流费

销售物流费是指企业为实现商品价值，在产品销售过程中所发生的储存、运输、包装及服务成本。

5）退货物流费

退货物流费是指由于退货、换货所引起的物流费用。

6）废品物流费

废品物流费是指因废品、不合格品所形成的物流费用。

3. 按费用支出形式划分

按费用支出形式，物流成本可以分为本企业支付的物流成本（也叫直接物流成本）和支付给其他物流组织的物流成本（也叫委托物流成本）。

1）直接物流成本

直接物流成本主要包括：①材料费，包括包装材料费、工具消耗费；②人工费，包括工资、奖金、补贴；③燃料、动力费，包括燃料费、水电费；④折旧费，包括设备设施折旧、大修理折旧费；⑤管理费，包括管理信息费、办公费、差旅费；⑥银行利息支出；⑦维护保养费；⑧其他费用，包括物流工作保护费、材料损耗费、罚金。

2）委托物流成本

委托物流成本主要包括包装费、运输费、手续费、保管费和其他费用。

此种分类方法便于检查物流费用在各项日常支出中的数额和所占比重，分析各项费用水平的变化情况。

4. 按物流成本性态划分

成本性态是指成本总额与业务总量之间的依存关系。物流成本按性态可划分为固定成本与变动成本两大类。

1）固定成本

固定成本是指其总额在一定时期和一定业务量范围内，不受业务量增减变动影响的成本。例如，固定资产折旧、管理人员工资、机器设备的租金等。

固定成本的概念是就其总额而言。由于固定成本总额在一定时期和一定业务量范围内保持不变，那么随着业务量在一定范围内的增加或减少，单位业务量所分摊的固定成本就会相应地减少或增加。即从单位固定成本来看，它与业务量的增减成反比例变动。

为了更好地对固定成本进行规划和控制，固定成本还可以进一步划分为"约束性固定成本"和"酌量性固定成本"。

"约束性固定成本"也叫"经营能力成本"，是指同企业生产经营能力的形成及其正常维护相联系的固定成本，如厂房和机器设备的折旧费、保险费、企业管理人员的基本工资等。这类成本有很大的约束性，一般在短期内很难有重大改变。

"酌量性固定成本"也叫"随意性固定成本"，是指由企业高层管理者按照经营方针的要求所确定的一定时期的预算固定成本，如广告费、研究开发费、职工培训费等。这类成本的发生及其数额的多少服从于企业不同时期生产经营的实际需要，取决于管理当局对不同费用项目所做的具体预算。因此，它可以随经营方针的改变而改变，但只能在某个特定的预算期内存在。

应当指出的是，固定成本总额只是在一定时期和一定业务量范围内才是固定的。这里所说的一定范围，通常称为相关范围。如果业务量超过了相关范围，固定成本也会发生变动。所以，所谓固定成本，必须和一定时期、一定业务量相联系。

2）变动成本

变动成本是指其总额随着业务量的变动而成正比例变动的成本。例如，直接材料、直接人工、包装材料等都属于变动成本。

变动成本的概念，也是就其总额而言的。若从单位业务量的变动成本来看，它又是固定的，即它不受业务量增减变动的影响。这种单位业务量的变动成本，就称为变动成本。

应当指出的是，变动成本也存在着相关范围问题。也就是说，在相关范围之内，变动成本总额与业务量之间保持着完全的线性关系；在相关范围之外，它们之间的关系可能是非线性的。

在实际工作中，往往还会遇到一些成本兼有固定成本和变动成本的性质。这类成本总额会随业务量的变动而变动，但其变动幅度并不随业务量的变动保持严格的比例，因此，将它们统称为混合成本。这种成本表现为半变动成本或半固定成本，例如，车辆设备的日常维修费等。其中受变动成本影响较大的称为半变动成本，而受固定成本影响较大的称为半固定成本。事实上，在物流系统的运营过程中，混合成本所占的比重是比较大的。

对于混合成本，可按一定方法将其分解成变动与固定成本两部分，并分别划归到变动成本与固定成本中。混合成本分解可以依据历史数据来进行，常用方法包括高低点法、散点图法和回归直线法，在没有历史数据可以借鉴的情况下，也可以由财务人员通过账户分析法或工程分析法进行混合成本的分解。对混合成本进行分解后，可以将整个运营成本分为固定成本与变动成本两个部分，在此基础上，就可进行物流成本的分析与管理。

研究成本与业务量之间的依存性，考察不同类型成本与业务量之间的特定数量关系，把握业务量变动对各类成本变动的影响，有利于进行本量利分析和短期决策，加强成本控制和科学地进行成本分析，对于正确地进行经营决策，挖掘内部潜力，提高企业经济效益有重要的意义。

5. 按物流成本的可控性划分

1）可控成本

可控成本是指成本的责任单位能够控制的成本。例如，在生产企业中直接材料的成本可以由生产部门和供应部门进行控制。因材料的耗用而发生的成本,对生产部门来说是可控的。而对于价格原因形成的成本只能由供应部门控制,对生产部门来说就是不可控的。作为可控成本必须同时具备以下 4 个条件:①责任单位能够通过一定的方式了解这些成本是否发生以及在何时发生;②责任单位能够对这些成本进行精确的计量;③责任单位能够通过自己的行为对这些成本加以调节和控制;④责任单位可以将这些成本的责任分解落实。

2) 不可控成本

凡不能满足上述条件的成本,称为不可控成本。责任单位不应当承担不可控成本的相应责任。需要注意的是,成本的可控性是相对的,由于它与责任单位所处管理层次的高低、管理权限和控制范围的大小以及管理条件的变化有直接的关系,因此,在一定空间和时间条件下,可控成本与不可控成本可以实现相互转化。

6. 按物流成本的核算目标划分

现代成本核算有三个主要目标:一是反映业务活动本身的耗费情况,以便确定成本的补偿尺度;二是落实责任,以便控制成本,从而明确有关单位的经营业绩;三是确保物流业务的质量。所以,成本按核算目标不同可分为业务成本、责任成本和质量成本。

7. 按物流成本的相关性划分

成本的相关性是指成本的发生与特定决策方案是否有关的性质。成本按此性质可分为相关成本和无关成本两类。这种分类有助于成本预测和成本决策,有利于正确开展对未来成本的规划。

8. 按物流成本计算方法划分

按成本计算方法,物流成本可划分为实际成本和标准成本。实际成本是指企业在物流活动中实际耗用的各种费用的总和。标准成本是通过精确的调查、分析与技术测定而制定的一种预计成本,是在一定的技术水平和有效管理条件下应当达到的成本目标。通过实际成本与标准成本的比较,可以计算成本差异,并分析成本产生差异的原因,进而采取相应的改进措施。物流成本的这种划分方法,有利于开展物流成本的控制。

案例 3-3

国家发改委:壮大实体经济,降低企业物流成本

全国发展和改革工作会议于 2018 年 12 月 21 日至 22 日在北京召开。

国家发展改革委主任何立峰在会议上说,要全力营造公平竞争的市场环境。加快清理废除妨碍市场统一和公平竞争的各种规定和做法,组织开展产权保护领域政务失信专项治理,建立健全企业家参与涉企政策制定机制,切实将弘扬和保护企业家精神各项政策落到实处。

他强调,要大力支持民营经济发展。制定实施支持民营企业改革发展的意见,开展排斥限制民营企业招投标问题专项整治,建立健全向民间资本推介项目长效机制,引导民营企业参与国家重大战略实施和补短板项目建设。大力破解民营企业融资难题。

何立峰说,要实施更大力度降成本举措。加快清理规范涉企行政事业性收费,切实降低企业用能成本和物流成本。

何立峰强调,保持经济运行在合理区间,要积极应对外部风险挑战;全面落实关于推动高质量发展的意见,抓紧出台制造业、高技术产业、服务业以及基础设施等重点领域高质量发展的政策文件,进一步加强政策统筹,形成建设现代化经济体系、推动高质量发展的合力;着力强化预期管理。

资料来源:国家发改委:壮大实体经济,降低企业物流成本[EB/OL].(2018-12-25).http://www.100ec.cn/detail--6488007.html. 有改动.

二、跨境电子商务物流成本控制

(一)物流成本控制的含义

广义的物流成本控制贯穿于物流的各个阶段,具体来说,包括事前控制、事中控制和事后控制。

狭义的物流成本控制仅指事中控制,是指在物流过程中,从物流过程开始到结束对物流成本形成和偏离物流成本要素指标的差异进行的日常控制。就目前来说,客观的实际情况要求不仅要注重日常物流成本控制,还必须重视事前的物流成本控制。

(二)物流成本控制的原则

1. 全面性原则

在物流成本控制中要遵循全面原则,具体包括全过程控制、全方位控制和全员控制原则。全过程控制原则是指物流成本不限于生产过程,而是从生产向前延伸到投资、设计,向后延伸到用户服务成本的全过程;全方位控制原则是指物流成本控制不仅对各项费用发生的数额进行控制,还对费用发生的时间和用途加以控制,讲究物流成本开支的经济性、合理性和合法性;全员控制原则是指物流成本不仅要有专职成本管理机构的人员参加,还要发挥广大职工群众在物流成本控制中的重要作用,使物流成本控制更加深入和有效。

2. 目标管理原则

目标管理原则要求企业管理机构以既定的目标作为管理人力、物力、财力和各项重要经济指标的基础。物流成本控制是目标控制的一项重要内容,即以目标物流成本为依据,对企业物流活动进行约束和指导,力求以最小的物流成本获取最大的盈利。

3. 例外管理原则

例外管理原则要求管理人员不把精力和时间分散在全部成本差异上,平均使用力量,而应该突出重点,把注意力集中在那些不符合常规的关键性的差异上。

4. 责、权、利相结合的原则

只有贯彻责、权、利相结合的原则,物流成本控制才能真正发挥其效益。显然,企业管理机构在要求企业内部各部门和单位完成物流成本控制职责的同时,必须赋予他们在规定范围内决定某项费用是否可以开支的权利。如果没有这项权利,就无法进行物流成本控制。此外,还必须定期对物流成本控制的业绩进行评价,据此进行奖惩,以充分调动各单位和职工进行物流成本控制的积极性和主动性。

5. 重点控制原则

重点控制原则要求对超过常规的关键性差异进行控制，旨在保证管理人员将精力集中于偏离标准的一些重要事项上。企业日常出现的物流成本差异往往成千上万，头绪复杂，管理人员对日常差异实行重点控制，有利于提高物流成本控制的工作效率。

知识扩展

美国物流成本的构成

（三）物流成本控制的意义

1. 有利于提高流通领域的整体服务水平，满足用户不断发展的需求

物流属于流通领域，它通过时间和空间上的服务来创造价值。企业要想以较低的成本为用户提供最好的服务就必须正确把握市场的需求，灵活应对各种物流变化，开展新的物流业务，不断进行物流革新。这一方面有利于提高物流业的整体服务水平，另一方面也有利于满足用户的不断发展的需求。

2. 有利于提高企业的经济效益和社会效益

物流是国民经济建设不可缺少的重要环节。企业加强物流成本控制的目的就是要达到以低的物流成本获得好的顾客服务，以确保物流公司的整体效益最大，或者说在一定的顾客服务水平条件下，使其物流费用最少，达到物流整体效益最大。从物流成本控制的目的可以看出进行物流成本控制的一个直接的结果，就是企业的经济效益或者企业的物流系统的经济效益的提高。而企业的经济效益的提高又有利于企业的再投资，扩大企业的规模，为企业的进一步发展奠定基础。物流公司提高自身的经济效益的同时还可以为社会创造更多的效益。企业利润的上升将导致企业上缴利税的直接上升，为国家和社会创造更多的财富，为经济的可持续发展贡献力量。

3. 促使节约资金并合理使用资金

物流成本在企业成本中占有很大的比例，在整个物流过程中需要投入大量的人力、物力和财力，如果组织处理不当就会造成大的损失和浪费，应把物流设备和物流活动看作一个系统，各物流要素同处于该系统之中，发挥着各自的功能和作用。努力提高物流效率可减少资金占用，缩短物流周期，降低存储费用，从而节省物流成本。

4. 加强企业管理部门对物流各部门的业绩考核和监督

物流成本控制能够使物流各部门、各单位明确权限责任之后，有了考核业绩的目标，是好是坏一目了然，能够有效地改变物流过程中的职责不清、功过难分的"大锅饭"现象。由于功过分明便于奖罚，所以能充分调动物流部门的积极性和创造性，达到物流成本控制的目的。

(四)物流成本控制的方法

1. 制定物流成本标准

物流成本标准是物流成本控制的准绳,物流成本标准首先包括物流成本预算中规定的各项指标,但物流成本预算中的一些指标都比较综合,还不能满足具体控制的要求,这就必须规定一系列具体的标准。确定这些标准的方法大致有以下三种。

(1)计划指标分解法,即将大指标分解为小指标,分解时可按部门、单位分解,也可按功能分解。

(2)预算法,就是用制定预算的办法来制定控制标准。有的企业基本上是根据年度定的生产销售计划来制定费用开支预算,并把它作为物流成本控制的标准。采用这种方法特别要注意从实际出发来制定预算。

(3)定额法,就是建立定额和费用开支限额,并将这些定额和限额作为控制标准来进行控制。在企业里凡是能建立定额的地方,都应把定额建立起来。实行定额控制的办法有利于物流成本控制的具体化和经常化。

在采用上述方法确定物流成本控制标准时,一定要进行充分的调查研究和科学计算。同时还要正确处理物流成本指标与其他技术经济指标的关系(如和质量、生产效率等的关系),从完成企业的总体目标出发,经过综合平衡,防止片面化。必要时还应搞多种方案的择优选用。

2. 监督物流成本的形成

这就是根据控制标准对物流成本形成的各个项目,经常地进行检查、评比和监督。不仅要检查指标本身的执行情况,还要检查和监督影响指标的各项条件,如设备、工作环境等,所以物流成本日常控制要与生产作业控制等结合起来进行。日常控制不仅要有专人负责和监督,而且要使费用发生的执行者实行自我控制,还应当在责任制中加以规定。这样才能调动全体职工的积极性,使物流成本的日常控制有群众基础。

3. 及时纠正偏差

针对物流成本差异发生的原因查明责任者。然后分清情况,分出轻重缓急,提出改进措施,加以贯彻执行。对于重大差异项目的纠正,一般采用下列程序。

(1)提出课题。从各种物流成本超支的原因中提出降低物流成本的课题,这些课题首先应当是那些物流成本降低潜力大、各方关心、可能实行的项目。提出课题的要求包括课题的目的、内容、理由、根据和预期达到的经济效益。

(2)讨论和决策。课题选定以后,应发动有关部门和人员进行广泛的研究讨论。对重大课题,可能要提出多种解决方案,然后进行各种方案的对比分析,从中选出最优方案。

(3)确定方案实施的方法步骤及负责执行的部门和人员。

(4)贯彻执行确定的方案。在执行过程中也要及时加以监督检查,方案实现以后还要检查方案实现后的经济效益,衡量是否达到了预期目标。

(五)物流成本控制的途径

1. 加强库存管理,合理控制存货

加强库存管理、合理控制存货是物流成本控制的首要任务。企业存货成本包括持有成本、订货或生产准备成本以及缺货成本。存货量过多，虽然能满足客户的需求，减少缺货成本和订货成本，但是增加了企业的存货持有成本；存货量不足，虽然能减少存货持有成本，但是又会因不能正常满足客户的需求而增大缺货成本和订货成本。为了确定既不损害客户服务水平，也不使企业因为持有过多的存货而增加成本的合理存货储量，企业需要加强库存控制，可以采用经济定购批量法、MRP 库存控制法、JIT 库存控制法等。

2. 实行全过程供应链管理，提高物流服务水平

控制物流成本不仅仅是企业追求物流的效率化，更应该考虑从产品生产到最终用户整个供应链的物流成本效率化问题。在当今激烈的企业竞争环境下，客户除了对价格提出较高的要求外，更要求企业能有效地缩短商品周转周期，真正做到迅速、准确、高效地进行商品管理，要实现这一目标，仅仅是一个企业的物流体制具有效率化是不够的，它需要企业协调与其他企业以及客户、运输业者之间的关系，实现整个供应链活动的效率化。因此降低物流成本不仅仅是企业物流部门或生产部门的事，也是销售部门和采购部门的责任，要将降低物流成本的目标贯穿到企业所有职能部门之中。提高物流服务也是降低物流成本的方法之一，通过加强对客户的物流服务，有利于销售的实现，确保企业的收益。当然在保证提高物流服务的同时，又要防止出现过剩的物流服务，超过必要的物流服务反而会有碍物流效益的实现。

3. 通过合理的配送来降低物流成本

配送是物流服务的一个重要的环节，通过实现效率化的配送提高装载率和合理安排配车计划、选择合理的运输线路，可以降低配送成本和运输成本。

4. 利用物流外包来降低物流成本

物流业务外包是控制物流成本的重要手段。企业将物流外包给专业化的第三方物流公司，通过资源的整合、利用，不但可以降低企业的投资成本和物流成本，而且可以充分利用这些专业人员与技术的优势，提高物流服务水平。笔者曾对我国一些成本上对物流有一定依赖的大型企业进行过调查，物流成本在这些企业中占有相当大的比重，有很多企业的物流配送成本占了销售成本的 20%以上。他们均在实践过程中通过不同形式的物流外包从根本上降低了物流成本，并且使得服务质量明显上升，从而摆脱了过去一些企业中的怪圈：钱赚了不少，却都被配送公司赚了。大家都熟悉的乐百氏公司以制造桶装纯净水、矿泉水闻名全国，桶装水的销售过程中物流成本占有相当大的比重，物流配送费用占整个销售成本的 39%。随着国内和国外的经济环境的变化，特别是油价上升以及国家对超限超载的治理，企业在物流配送方面面临很大的压力，于是，乐百氏公司选择了物流外包，主要采取人员外包、货物搬运外包、服务外包的方式，改变后物流配送费用在整个销售成本中占的比重降到了 6.5%。

5. 利用现代化的信息管理系统控制和降低物流成本

现代物流技术发展十分迅速，物流系统软件日趋完善。借助物流信息系统，一方面使各种物流作业或业务处理能准确、迅速地进行；另一方面物流信息平台的建立方便各种信息通过网络进行传输，从而使生产、流通全过程的企业或部门分享由此带来的收益，充分应对可能发生的需求，进而调整不同企业的经营行为和计划，从而有效地控制无效物流成本的发生，从根本上降低物流成本，充分体现出物流的第三利润源作用。

综上所述，物流成本控制是一个全面、系统的工程，要建立全新的控制思想，只有从全局着眼，才能获得较好的经济效益，物流"第三利润源"作用才能真正发挥。

 项目实训

跨境电子商务物流成本控制

🔍 **实训目标**

1. 加强团队合作，发挥每一个团队成员的能力，学习小组讨论、分析的方法；
2. 培养自主学习和独立思考的能力。

💡 **实训内容**

假如你在 eBay 开了一家手工饰品的店铺，需要对跨境电子商务的物流成本有一个初步的了解，以便日后更加有效地节约成本。请以"如何控制跨境电子商务物流成本"为题写一篇报告。

📍 **实训步骤**

1. 教师带领学生学习相关知识，按照 3 人一组进行教学分组，每个小组设组长一名，负责确认每个团队成员的任务。
2. 根据教师教授的内容，整理跨境电子商务物流成本控制的相关知识。
3. 上网或者去图书馆查询跨境电子商务物流成本控制的课外知识。
4. 每个小组派一个组员根据自己的报告上台演讲，教师和其他小组成员对其演讲进行评价、讨论。

 复习与思考

1. 现代物流服务主要体现在哪里？
2. 出口跨境电子商务的运营成本包括哪几项？
3. 跨境电子商务产品做到合理定价要从哪几个方面入手？
4. 跨境电子商务物流成本可以按什么方式分类？
5. 物流成本控制的原则有哪些？

第四章 跨境电子商务采购

知识目标

- 了解采购的含义;
- 了解采购订单的概念;
- 了解采购作业流程的注意点;
- 掌握采购订单操作规范。

学习重点、难点

重点:

- 采购的分类;
- 跨境电子商务采购模式;
- 采购的基本流程。

难点:

- 能够掌握采购订单的内容;
- 能够掌握采购流程的优化。

本章思维导图

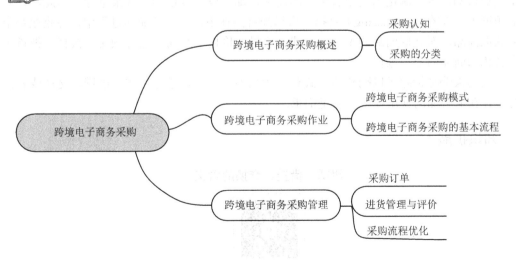

案例导入

阿里国际站推出市场采购数字化出口服务方案

据阿里巴巴国际站官网消息,阿里巴巴国际站跨境供应链近日针对义乌产业带服务中客户,推出了无发票、不退税的信保订单出口方案——市场采购(1039)数字化出口服务,旨在为商家提升星级,提升数字化贸易竞争力。

据介绍,市场采购(1039)免征收增值税,无须退税。与此同时,阿里信保收汇、结汇、提现免除手续费。除此之外,拍档将提供本地化物流、报关、财税一站式服务。

商家合作条件包括:阿里巴巴国际站服务中商家;义乌市本地注册的个体工商户、公司型客户(小规模、一般纳税人);通过阿里物流或拍档物流出口,海运、陆运、空运运输任选一种(暂不支持快递订单);通过阿里审核,无国际站或一达通严重违规/禁止操作。

据了解,服务费用方面,信用保障交易服务费为5折(即信用保障订单金额的1%,100美元封顶);资金结算费用至2020年4月30日,结汇提现手续费为0,这一优惠从2019年12月10日开始生效。其他由拍档提供的物流等出口服务则由拍档提供报价。

资料来源:阿里国际站推出市场采购数字化出口服务方案[EB/OL].(2020-01-07).http://www.100ec.cn/detail--6541241.html. 有改动。

第一节　跨境电子商务采购概述

一、采购认知

(一)采购的含义

狭义的采购是指购买,这种以货币换取物品的方式是最普通的采购途径,无论是个人还是企业机构,为了满足消费或者生产的需求,都可以通过这种方式来进行。因此,在狭义的角度下,采购(purchasing)是指在市场经济条件下,在商品流通过程中,各企业及个人为获取商品,对获取商品的渠道、方式、质量、价格、时间等进行预测、抉择,把货币资金转化为商品的交易过程。

广义的采购是指除了以购买的方式获取物品外,还可以通过租赁、借贷、交换或者外包等途径获取物品的使用权,以满足需求。

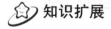

租赁、借贷、交换的含义

（二）跨境电子商务采购影响因素

影响进口方式选择的因素非常多，根据各因素的性质主要分为政策因素、服务因素以及成本因素三方面，如图4-1所示。

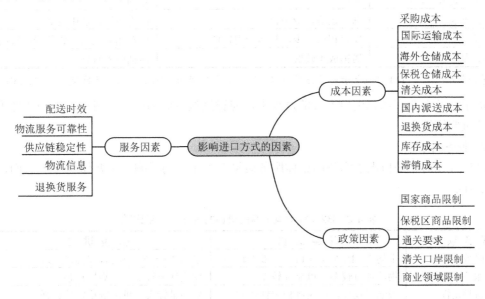

图4-1 影响进口方式选择的因素

资料来源：王云.BB跨境电子商务公司的零售进口方式选择研究[D].北京：北京交通大学，2016.

上述三类因素的划分主要基于进口方式对于企业影响的三个重要方面。其中，跨境电子商务作为新兴行业，政策因素对于行业的发展有着重大影响，不同类型的商品根据国家的规定有不同的进口方式，因此将政策因素单独列为一个类别。进口方式与企业物流和供应链相关成本紧密相关，成本管理是电子商务运营的核心环节之一，因此可将与进口方式相关的成本列为一个因素类别。除此之外，进口方式对于电子商务的服务质量同样有重大影响，因此将与进口方式相关的服务质量列为一个因素类别。除上述三方面的因素外，进口方式的选择还受到一些其他因素的影响。这些因素包括企业本身的经济实力、企业信息化程度、商品销售平台、商品分销方式等，相对于前文所述的三类因素，这些因素对于进口方式选择的影响相对较小，且不具有普遍性。下文对三类主要因素进行介绍。

1. 成本因素

因为两种进口方式的运作方式存在较大差异，因此对应的企业的运营成本也有所差别，主要涉及的成本情况如表4-1所示。

表4-1 B2C跨境电子商务进口方式比较

成 本 项 目	直 购 进 口	保 税 进 口
采购成本（购买价款）	采购量相对较小，采购成本相对较高	大批量采购，采购成本相对较低
国际运输成本（单个订单）	批量小，运输成本相对较高	批量大，运输成本相对较低
仓储成本（单个订单）	海外仓储成本相对较高	保税区仓储成本相对较低

续表

成本项目	直购进口	保税进口
清关成本（单个订单）	手续简单，成本相对较低	手续复杂，成本相对较高
国内派送成本（单个订单）	相同	相同
退换货成本	国际运输，费用较高	国内运输，费用较低
库存成本	库存相对较少，整体费用较低	库存相对较高，整体费用较高
滞销成本	滞销成本较低	滞销成本较高

资料来源：王云.BB跨境电子商务公司的零售进口方式选择研究[D]. 北京：北京交通大学，2016.

电子商务企业在选择进口方式的过程中，应详细核算商品的综合成本，作为选择进口方式的重要依据之一。

2. 服务因素

进口方式对于进口电子商务的整体服务质量有着重要的影响，主要体现在5方面，如表4-2所示。

表4-2　B2C跨境电子商务进口方式服务质量比较

服务项目	直购进口	保税进口
配送时效	平均7~10个工作日，时效性较差	平均3~5个工作日，时效性较好
物流服务可靠性	物流环节较多，可靠性较差	物流环节较少，可靠性较强
供应链稳定性	采购量较少，供应链稳定性较差	采购量较大，供应链稳定性较强
物流信息	物流环节较多，物流信息及时性、准确性、完整性较差	物流环节较少，物流信息及时性、准确性、完整性较好
退换货服务	较少商家支持退换货服务，支持的费用也较高	大部分支持退换货服务，并且费用较低

资料来源：王云.BB跨境电子商务公司的零售进口方式选择研究[D]. 北京：北京交通大学，2016.

物流服务质量是衡量电子商务服务质量水平的一个重要依据，影响到消费者的购物体验、重购愿望等。而进口方式对于物流服务质量有着重大影响，因此在选择进口方式时，需要认真考虑其对于服务质量的影响。

3. 政策因素

政府对进口电子商务的相关政策一直在不断变化，对两种进口方式也有着不同的规范，政策方面的因素主要体现在5方面，如表4-3所示。

表4-3　B2C跨境电子商务进口方式政策规定比较

政策类	直购进口	保税进口
国家商品限制	跨境电子商务零售进口商品清单	跨境电子商务零售进口商品清单
保税区商品限制	无	各保税区进口商品规定
通关要求	免于验核通关单	"一线"进区时需按货物验核通关单、"二线"出区时免于验核通关单
清关口岸限制	口岸较多	限制试点城市海关特殊监管区域和保税物流中心（B型），口岸较少
商业领域限制	品牌方（厂家或者授权商）限制较少	品牌方（厂家或者授权商）限制较多

资料来源：王云.BB跨境电子商务公司的零售进口方式选择研究[D]. 北京：北京交通大学，2016.

电子商务在开展业务之前,需要了解清楚国家法律法规对于进口商品的相关规定,灵活选择进口方式。

案例 4-1

电子商务采购是否越便宜越好

不管做亚马逊还是做 eBay,只要是跨境电子商务,就得接触采购、运输、上新、售后等过程。作为最重要的环节之一,采购这一过程有很多要遵循的原则,也有不少应该避开的误区。

1. 重点产地拿货品质更高

无论线上还是线下采购,优先考虑该类产品的重点产地。因为在工业化发达的今天,资源和技术一般会相对集中,重点产地的产品不仅在品质方面,而且在价格、数量、渠道、种类方面都会比其他地区更有优势。比如找充电宝,就去广东;找玩具、模型小商品,就去义乌。关注重点产地,即使供应商不干了,我们也可以立马找到另一家,不会出现长期断货的情况。

2. 适当选择"偏货"

一个供应商,可能同时生产好几种货物。如果你只挑它的热销品,那么如果它的客户多,你的订单恰好又比较少,可能不会优先给你安排供货。反之,如果你经过选品,跟他采购了一些相对冷门的货物,卖得不错,帮他有效解决掉了这批"偏货",那么很有可能成为供应商的核心客户,获取更优先的供应资格。当然,这属于"人情",也得根据供应商的具体情况来考虑。

3. 不要盲目跟卖热销品

需求决定销量的今天,谁都知道,热门品类会更好卖。但是只跟着市场跑,只采购、销售热门品类不见得是好事。为什么?因为热门品类有可能存在你看不见的门槛。比如买家对产品有较高的品质要求,但是你找到的供应商是小作坊,品控不达标,导致退货率居高不下;比如产品的售后比较麻烦,而你是小卖家,没有精力保障大批量的售后,影响自己的口碑。要根据自己的实力挑选商品,如果自己体量和人手有限,可以做相当简单的功能性品类。

4. 采购不要拼命压价

讲价是一门学问,谈高了成本扛不住。但是死命去跟供应商压价,超出他们的预期,可能出现一些隐患。比如供应商以低于市场价的价格供货给你,它自己少赚了钱,给你的货可能就是一些次品。可以试着先通过小批量采购了解货物成本,然后慢慢加量,后续议价。

资料来源:电商采购是否越便宜越好[EB/OL].(2019-09-01).http://www.100ec.cn/detail--6525529.html. 有改动。

二、采购的分类

(一)按采购主体分类

1. 私人采购

私人采购是指为满足家庭或个人的需要而进行的采购。个人采购实质上是一种购买活动，购买对象主要是生活必需品或生活耐用品，其特点为单次、单品种、单一决策，购买过程相对简单。

2. 团体采购

团体采购是指某些团体通过大批量地向供应商订购，以低于市场价格获得产品或服务的采购行为。

3. 企业采购

企业采购是指企业供应部门通过各种渠道，从外部购买生产经营所需商品的有组织的活动，是现今市场经济下最重要、最主流的采购。企业是大批量商品生产的主体，为了实现大批量产品的生产，也就需要大批量商品的采购。

4. 政府采购

政府采购又称统一采购或公共采购，是指各级政府及其所属实体为了开展日常的政务活动以及为公众提供社会公共产品和公共服务的需要，在财政的监督下，以法定的方式、方法和程序（按国际规范一般应以竞争性招标采购为主要方式），从国内外市场上为政府部门或所属公共部门购买所需货物、工程和服务的行为。政府采购属于政府行为，一般公开招标采购。

（二）按采购对象分类

1. 有形物品采购

有形物品采购是指采购的对象为有形的物品，比如生产类企业采购的有形物品主要包括机械设备、原材料、半成品、零部件、办公设备等。

2. 无形服务采购

无形服务采购是指采购的对象为无形的服务，比如技术采购、劳务采购、服务采购等。

（三）按采购时间分类

采购可分为长期固定性采购与非固定性采购、计划性采购与紧急采购、预购与现购。长期固定性采购是指采购行为长期而固定的采购，而非固定性采购是指采购行为非固定，需要时就采购的采购。计划性采购是指根据材料计划或采购计划所进行的采购行为；而紧急采购是指物料急用时毫无计划性的紧急采购行为。预购是指先将物料买进而后付款的采购行为；现购是指以现金购买物料的采购行为。

（四）按采购价格方式分类

1. 招标采购

招标采购（purchasing by invitation to bid）是指采购方作为招标方，事先提出采购的条件和要求，邀请众多企业参加投标，然后由采购方按照规定的程序和标准一次性地从中择优选择交易对象，并提出最有利条件的投标方签订协议等过程。整个过程要求公开、公正和择优。

2. 询价现购

询价现购（purchasing at inquiry price）是指采购人员选取信用可靠的厂商将采购条件

讲明，询问价格或寄以询价单并促请对方报价，比较后则现价采购。

3. 比价采购

比价采购是指采购人员请数家厂商提供价格进行比价，之后选定厂商进行采购事项。

4. 议价采购

议价采购（purchasing by negotiating prices）是采购人员与厂商讨价还价后按一定价格进行采购的方式。一般来说，询价、比价、议价是结合使用的。

5. 定价采购

定价采购指企业采购的物料数量巨大，并非一两家厂商能够全部提供的采购，比如铁路枕木、烟叶等，或者企业采购的物料市场存量匮乏情况下的采购。

6. 公开市场采购

公开市场采购指采购人员在公开交易或拍卖场所随时进行的机动式的采购。

（五）其他采购分类

1. 国内采购与国际采购

国内采购指采购的范围限定于国内市场的采购；国际采购又称全球采购，主要是指国内采购企业直接向国外厂商采购所需的物资的一种行为。国际采购的优点有：扩大了供应商的范围；产品价格更低；锻炼企业适应经济全球化的能力；可以获得国内无法得到的一些商品。

2. 直接采购与委托采购

直接采购指物料需求方直接向物料生产厂商进行采购；委托采购指物料需求方委托某代理商或者贸易公司向物料生产厂商进行采购。

3. 订约采购与口头采购

采购分为以下几种：订约采购、口头或电话采购以及书信或电报采购。订约采购指的是买卖双方以订约的方式来进行采购的行为；口头或电话采购指的是买卖双方以口头或电话洽谈的方式来进行采购的行为；书信或电报采购指的是买卖双方以书信或电报的方式来进行采购的行为。

第二节　跨境电子商务采购作业

一、跨境电子商务采购模式

（一）买方一对多模式

买方一对多模式是指采购商在互联网上发布所需采购产品的信息，供应商在采购商的网站上登记自己的产品信息，供采购商评估，并通过采购方网站做进一步的信息沟通，完成采购业务的全过程。在此过程中，采购商维护多个供应商的产品服务目录及数据库，并负责所有交易公司的采购和财务系统。尽管卖方提供了产品、服务、价格等目录信息，但是买方作为承担者需要进行信息的维护和更新。

这种模式适合市场影响力较大的大型企业采购，如航天、汽车、零售等大型企业采购直接物料。首先，因为大型企业一般具有成熟可靠的企业信息管理系统，可以更紧密地控制整个采购流程，因此与此相适应的电子采购系统应该与现有的信息系统有着很好的集成性，可保持信息流的通畅；其次，大型企业往往处于所在供应链的核心地位，核心供应商比较集中，并且大型企业的采购量巨大，因此供需双方需要紧密合作；最后，一般来说只有大型企业才有能力承担建立、维护和更新产品目录的工作。例如，微软公司的 MS 采购应用系统，可在线订购办公用品、计算机硬件、商务卡片、商业货运及差旅服务等，用批量交易与选定的交易商进行定价和折扣谈判，为公司节约了额外的成本。

（二）卖方一对多模式

卖方一对多模式是指供应商在自己开发的网站上公布其产品的在线目录，采购商则通过浏览来取得所需的商品信息，以做出采购决策，并下订单、确定付款和交付选择。电子商店和购物中心就是典型例子。电子商店是供应商的网络营销平台，它帮助企业推销商品和服务。当企业建立了自己的网站，并通过该网站进行公关宣传和信息传递，提供商品在线订货和在线服务等基本功能后，企业就开设了一家电子商店。电子购物中心产生的出发点是卖方为增加曝光机会，请中介商通过电子市集来增加链接。

在这种卖方一对多模式中，供应商必须投入大量的人力、物力和财力用以建立、维护和更新产品目录，对于采购方来说则不必花费太多就能得到自己所需的产品，而对于拥有几百个供应商的买方而言，难以跟踪和控制采购开支。同时，这种模式需要面对电子采购与企业内部信息系统无法很好集成的问题，因为采购方与供应商是通过供应商的系统进行交流的，由于双方所用的标准不同，供应商系统向采购方传输的电子文档不一定能为采购方的信息系统所识别，延长了采购时间。

（三）第三方系统门户

第三方系统门户是指供应商和采购商通过第三方建立的电子交易平台进行交易的过程。在该模式下，无论是供应商还是采购方都需要在第三方网站上发布自己提供或需要的产品信息，第三方网站则负责产品信息的归纳和整理，以便于用户使用。

其中，门户又可分为垂直门户和水平门户两类。垂直门户是经营专门产品的市场，通常由一个或多个本领域内的领导型企业发起，如欧浦钢网、中华粮网、中国化工网等。水平门户集中了种类繁多的产品，其主要经营领域包括维修和生产用的零配件、办公用品等，一般由电子采购软件集团或间接材料和服务供应领域的领导者发起资助。例如阿里巴巴、MRO 供应商集团、Ariba、Commerce One 和 Free Markets 等 B2B 网络采购市场。

这种模式的好处在于通过第三方电子交易平台，买卖双方可以得到更专业、更快速、更安全的服务：一方面可以聚集大量的供应商和产品，采购商选择的范围非常广，节省了采购商的采购成本；另一方面供应商也能迅速地找到合适的采购商进一步洽谈。近年来，这种模式被越来越多的企业所接受。

(四)企业私用交易平台

企业私用交易平台和电子数据交换(EDI)系统类似,是一种限于邀请对象使用的网络架构,可使某一企业与其顾客、供应商,或两者相互链接。其主要特点是让积极参与者掌控大权,买方可以选择网上交易对象,甚至于网络外完成商谈。企业私用交易平台能减少沟通的时间与成本,使合作厂商以标准格式实时分享文件、图表、电子表格与产品设计。

企业私用交易平台主要是一种信息交流渠道。虽然买方能以更理想的条件进行采购,但是买方却很少愿意这么做,这是因为采购方需要花费不少成本,而且需要一定时间来选择合适的供应商。

总而言之,企业最终应该选择何种网络采购模式,主要取决于对两方面因素的考虑,即企业规模和采购物料的种类及数量。因此,企业在实施网络采购时,应按照自身的实际情况和运营特点,采取不同的模式。

万亿企业采购市场,阿里再次发力

由阿里巴巴 1688 主办的新采购峰会以"企业新增长,聚势新动能"为主题展开。

首届新采购峰会于 2018 年举办,本次峰会为第二届。会议现场,内贸平台企业采购总经理卢佳业宣布,阿里企业采购业务全面升级,打造智能化供需协同网络,并计划用 3 年时间覆盖 1 万家大型集团企业,平台年采购需求实现 1 万亿。

1. 采购数字化:朝阳行业,万亿市场

"数字化是企业采购的必然趋势。"卢佳业现场表示。

线下为主、不透明、成本高、效率低的传统采购作为企业发展的瓶颈,在终端需求更加个性化、产业分工越发精细化、企业供应链系统正变得更加复杂的今天,对企业发展的制约越发突出。

以数字化解决方案赋能企业采购正在成为企业突破发展瓶颈的重要选择。事实上,多方利好因素也正在加速企业采购数字化。

政策环境方面:供给侧改革和《中国制造 2025》支持大中小企业融通发展。企业采购电子商务平台顺应供给侧改革的时代潮流,通过对行业上下游资源的整合与合作,推动制造业等其他相关产业加快实现质量效益提高、产业结构优化、增长动力转换等新动能。

企业运营环境方面:首部《电子商务法》出台,明确和规范了 B 端电子商务经营者和电子商务平台经营者的行为与必须承担的责任,有效预防、监管行业发展中可能出现的问题,使得电子商务经营有法可依,保障了行业的规范化发展,提升了企业采购者的信心。

技术方面:我国网络零售以及大数据分析、人工智能、5G、IoT 等技术的快速发展促进了企业采购线上化、全链路数字化。

根据麦肯锡 2016 年调研数据,如果采用端到端的数字化采购计划,企业每年可节省 20%~30%的成本,交易性采购可减少约 30%的时间,而且价值漏损将减少 50%。企业数字化采购使得企业成本显著降低,采购效率大幅提升。

另据艾瑞数据，2018 年中国企业采购电子商务市场交易规模超 6000 亿元，2021 年中国企业采购电子商务市场交易规模将超过万亿，约达 14 431 亿元，未来三年复合增长率达 33.6%，企业采购电子商务市场发展潜力巨大。

2. 阿里巴巴："两端一链"，企业采购降本提效要点

企业采购服务经历流程化、信息化、电子商务化阶段，开始进入智能化协同网络时代。卢佳业表示阿里提出的"两端一链"企业采购解决方案正契合了智能化协同网络时代的发展，"前面 SaaS 端、后面供应端、中间解决物流和金融，利用'两端一链'去服务企业采购在效率提升和成本降低方面的诉求"。即分别以供给端和采购端为抓手，覆盖企业采购全链路，通过提供统一的采购供应链平台基础设施，建设联通海量企业买家和商家的智能化供需协同网络，从工具、市场、服务三方面去帮助企业实现采购的数字化转型。

此外，卢佳业表示，阿里巴巴内贸企业采购平台围绕线上协同、数据服务、金融服务及物流服务，将全面升级对企业用户的服务能力。

阿里内贸平台上连接了 145 个线下百亿规模的源头制造产地，超百万中小企业。采购搬上阿里内贸平台，使得整个采购全过程有迹可循，企业采购更加公开透明。企业基于阿里内贸平台上覆盖 57 个行业的数百万供应商，与内部 ERP 灵活对接，为其提供全流程 SaaS 采购工具以及供应链增值服务。

阿里还联合菜鸟，通过 IoT 技术应用，提供"IoT 硬件+软件+数据网络"的整体解决方案，实现物流轨迹实时跟踪、路线偏离预警、到货提醒、温度压力等状态数据实时监控和超限预警等多种功能，帮助企业掌握关键原物料在途状态信息，以期把控生产排期。

例如，万华化学不久前从新疆采购了一批原材料，使用特殊罐体装载，通过铁路运输到烟台。这个过程中，菜鸟的 IoT 设备与阿里大企业采购平台的 SaaS 端打通，可以实时监控罐体的温度和压力，将所有节点的信息第一时间传输到后台，一旦发现状态变化系统就会自动预警。

"收货的时候，可以把这些报警的罐体拿出来做二次检验，合格再入厂，不合格直接退掉。"

资料来源：万亿企业采购市场，阿里再次发力[EB/OL]．（2019-08-13）．http://www.100ec.cn/detail--6522669.html．有改动．

二、跨境电子商务采购的基本流程

（一）采购的基本流程

采购作业流程会因采购方式及采购对象等的不同而在作业环节上有若干差异，但完整的采购过程大体上又有共同的模式。一般来说大的步骤有五个，这里我们详细介绍其中的环节，具体如下。

1. 确认需求

确认需求即在采购之前，应先确定买哪些物料、买多少、何时买、由谁决定等，这是采购活动的起点。

任何采购都产生于企业中某个部门的确切的需求。生产或使用部门的人应该清楚地知道本部门独特的需求：需要什么、需要多少、何时需要。这样，仓储部门会收到这个部门发出的物料需求单，经汇总后，将物料需求信息传递给采购部门。有时，这类需求也可以由其他部门的富余物料来加以满足。当然，或迟或早，企业必然要进行新的物料采购，采购部门必须有通畅的渠道，能及时发现物料需求信息。

同时，采购部门应协助生产部门一起来预测物料需求。采购管理人员不仅应要求需求部门在填写请购单时尽可能地采用标准化格式，尽量少发特殊订单，还应督促其尽早地预测需求以避免太多的紧急订单，从而减少因特殊订单和紧急订货而增加的采购成本。另外，由于了解价格趋势和总的市场情况，有时为了避免供应中断或是价格上涨，采购部门必然会发出一些期货订单。这意味着对于任何标准化的采购项目，采购部门都要就正常供货提前期或其他的主要变化通知使用部门，对物料需求做出预测，因此要求采购部门和供应商能早期介入（通常作为新产品开发团队的一个成员）。采购部门和供应商早期介入会给企业带来许多有用信息和帮助，从而使企业避免风险或减少成本，加速产品推向市场的速度，并能带来更大的竞争优势。

2. 需求说明

需求说明即确认需求之后，对需求的细节如品质、包装、售后服务、运输及检验方式等，均加以准确说明和描述，以便使货物来源选择及价格谈判等作业能顺利进行。采购部门如果不了解使用部门到底需要什么，就不可能进行采购。出于这个目的，采购部门必须对所申请采购物料的品名、规格、型号等有一个准确的说明。如果采购部门的人员对申请采购的产品不熟悉，或关于请购事项的描述不够准确，那么应该向请购者或采购团队进行咨询，采购部门不能单方面想当然地处理。

由于在具体的规格要求交给供应商之前，采购部门是能见到它的最后一个部门，因而，需要对其最后检查一次。这一步完成之后要填写请购单，请购单应该包括以下内容：日期；编号（以便于区分）；申请的发出部门；涉及的金额；对于所需物料本身的完整描述以及所需数量；物料需要的日期；任何特殊的发送说明；授权申请人的签字。表4-4是一张典型的请购单。

3. 选择供应商

根据需求说明在原有供应商中选择成绩良好的厂商，通知其报价，或以登报公告等方式公开征求供应商。供应商的选择是采购活动中重要的一环，它涉及企业是否及时获得所需的产品或服务。不管价格如何便宜，如果供应商选择不当，日后就可能出现物料品质欠佳、交期不准等一系列的问题，给企业造成生产拖延和利益的损失，因此，必须加强对供应商的管理，恰当选择。这一步骤将在第六章中进行详细阐述。

4. 价格和采购条件的确定

决定可能的供应商后，要确定采购价格、采购条件、供货条件等，以便与供应商进行有利的谈判。企业多使用招投标方法来帮助确定价格，不过也没有什么固定的模式，有许多采购活动不是通过招标进行的，这种情况下可以通过查看供应商价格表或通过谈判确定。

表 4-4　请购单

请　购　单			
申请部门_____　　统一编号_____			
请购日期_____　　需用日期_____			
品名/规格/料号	单　位	数　量	备注（用途、厂牌及参考单价等）
预算额_____			
遇有问题时通知到_____			
特殊发送说明_____			
申请人_____			
说明：一式两份，原件送采购部门，申请者保留文件副本。			

5. 发出订单

价格谈妥后，应办理订货签约手续。订货签约手续包括订单和合约两种方式：订单和合约均属于具有法律效力的书面文件，对买卖双方的要求、权利及义务，必须在订单或合约中予以说明。绝对不允许（除非是金额微不足道的情况）没有书面的订单就进行物料采购。所有公司都有准备好的采购订单。不过，通常情况下到底选用哪一方准备的文书有时取决于双方相对实力的强弱、采购物品的特点、交易的复杂程度以及在确定或发出订单方面所制定的战略。

6. 订单追踪与催货

订单签约之后，为求供应商按期、按质、按量交货，应依据合约规定，督促厂商按规定交运，并予以严格检验入库。采购订单发给供应商之后，企业应对订单进行跟踪和催货。一般来讲，当订单发出的同时会确定相应的跟踪接触日期。在一些企业中，甚至设有全职的跟踪和催货人员。

跟踪是对订单所做的例行追踪，以便确保供应商能够履行其货物发运的承诺。如果产生了问题，例如在质量或发运方面的问题，企业就需要对此尽早了解，以便采取相应的行动。跟踪通常需要经常询问供应商的进度，有时甚至有必要到供应商那里走访一下。不过，这一措施一般仅用于关键的、大额的或提前期较长的采购事项。通常，为了及时获得信息并知道结果，跟踪可以通过电话、计算机进行。

催货是对供应商施加压力，以使其履行最初所做出的发运承诺、提前发运货物或是加快已经延误的订单所涉及的货物的发运。如果供应商不能履行合约，企业应威胁取消订单或以后可能的交易。催货应该仅适用于采购订单的一小部分，因为如果企业对供应商能力已经做过全面分析，那被选中的供应商就应该是那些能遵守采购合约的可靠的供应商。而且，如果企业对其物料需求已经做了充分的计划工作，如果不是情况特殊，它就不必要求供应商提前货物的发运日期。当然，在物资匮乏的时候，催货确实有重要的意义。

7. 验收

货物验收的基本目的是：确保以前发出的订单所采购的货物已经实际到达；检查到达的货物是否完好无损；确保收到了所订购的货物数量；将货物送往应该到达的下一个目的地以进行储存、检验或使用；确保与验收手续有关的文件都已进行了登记并送交有关人员。

对货物进行验收时，有时会发现短缺现象。发生这一情况有时是因为运输过程中丢失了一些物料，有时则是在发运时物料数量就不足，有时在运输过程中物料也可能产生损毁。所有这些情况采购部门都要写出详细的报告交给供应商。

8. 核对发票

厂商在交货验收合格后，应随即开具发票并支付货款。但在付款时，对于发票的内容是否正确，必须经过核对和审批，确认无误后，财务部门才能办理付款。在实际工作中，对于发票的核对和批准到底是供应部门的职责还是会计部门的职责，目前仍存在争议，各企业的做法有所不同。

9. 不符与退货处理

凡所交货品与合约规定不符而验收不合格的，应依据合约规定退货，并立即办理重购，予以结案。

10. 结案

凡验收合格付款，或验收不合格退货，均须办理结案手续，清查各项书面资料有无缺失、绩效好坏等，报高级管理层或权责部门核阅批示。

11. 记录与档案维护

凡经结案批示后的采购案件，应列入档案登记并编号分类，予以保管，以备今后选择供应商时参阅或事后发生问题时查考。档案应具有一定的保管期限（一般为 7 年）。

（二）采购作业流程的注意点

在设计采购作业流程的时候，应该注意以下几点。

1. 采购结构应与采购数量、种类、区域相匹配

过多的流程环节会增加组织流程运作的作业成本，降低工作效率。另外，流程过于简单，监控点设置不够多等，将导致采购过程的操作失去控制，产生物资质量、供应、价格等问题。

2. 先后顺序及时效控制

应注意作业流程的流畅性与一致性，并考虑作业流程所需的时限。例如，避免同一主管对同一采购文件做数次签核；避免同一采购文件在不同的部门有不同的作业方式；避免一个采购文件会签部门太多，影响作业时效。

3. 关键点设置

为便于控制，使各项在处理中的采购作业在各阶段均能跟踪管理，应设置关键点的管理要领或者办理时限，例如国际采购，要求询价、报价、申请输入许可证、出具信用证、装船、报关、提货等均有管理要领或者办理时限。

4. 权利、责任或者任务的划分

各项作业手续及查核责任,应有明确权责规定及查核办法。比如,请购、采购、验收、付款等权责应予区分,并确定主管单位。

5. 避免作业流程中发生摩擦、重复与混乱

注意变化性或弹性范围以及偶发事件的处理规则,例如,"紧急采购"及"外部授权"。

6. 采购流程应反映集体决策的思想

由计划、设计、工艺、认证、订单、质量等人员一起来决定供应商的选择,处理程序应合时宜。应注意采购程序的及时改进。早期设计的处理程序或流程经过若干时日后应加以检查,不断改进与完善,以适应组织的变更或作业上的实际需要。

7. 配合作业方式的改善

例如手工的作业方式改变为计算机管理系统辅助作业后,其流程与表格需做相当程度的调整或重新设计。

第三节 跨境电子商务采购管理

一、采购订单

(一)采购订单概述

1. 采购订单的概念

采购订单有时也被称为采购合同,一般在选择供应商后订立采购订单。采购部门拟定采购合同时必须特别注意用词,因为它是具有法律效力的文件,几乎所有的采购订单都包括与违约相关的标准法律条款。采购订单描述了采购所需的重要细节信息:数量、物料规格、质量要求、价格、交货日期、交货方式、送达地址位于订单的正面。表 4-5 为一份订单样本。

2. 综合采购订单

如果要重复地从一个供应商那里订购一种或一组商品,采购部门就可以发出综合采购订单。这是一种开放式订单,有效期为一年,包括了重复采购的一种或一组商品,如表 4-6 所示。综合订单方便了客户,使其不必一有需求就发出采购订单。在买方同供应商订立了综合订单之后,采购一种商品只需发送常规订单就可以了,买卖双方已经议定了采购合同的条件。综合订单使物料发送成为买卖双方之间的常规事件。

几乎所有的公司都同供应商有综合订单业务。事实上,综合订单一直是一种使采购过程更有效率和与客户保持友好关系的好办法。买方通常在初次采购或一次性采购时使用采购订单,采购专业人员称之为一次性购买。综合采购订单在定期采购产品或面对常规供应商时被广泛使用,例如一个维修用品分销商的综合订单可能包括数百种商品。买卖双方也会约定新的价格、数量折扣,或者增减产品项目,对综合订单做出修改。

当议定综合采购订单的时候,买卖双方会对一件或一组待购产品项目的长期需求预测

做出评估。双方就合同条款达成一致,包括数量折扣、质量水平、交货前置期以及其他重要条件或情况。综合采购订单在合同规定的时期内生效,有效期是不固定的,但通常是 6 个月到 1 年,而长达几年的长期合同在先进企业中已越来越普遍了。大多数买主保留随时取消综合订单的权利,尤其是在供应商绩效很差的情况下,还要求合同中包括"逃逸条款",允许买方在供应商质量、交货等方面连续表现欠佳的情况下中止合同。

表 4-5 采购订单

公司管理形式			
账户代码号/费用核定订单	订货方	订货编号	卖方编号
		编号 (采购订单编号必须显示在所有的文件、确认通知、运输单据、装货单、包装单、发票和来往信函上) ——————— 一式三份发票 注意:应付账款	
签订日期	要求发货的日期	离岸价格	部门或位置	条 款
至 此订单以背面条款为准		发货指示 □付 税　　□免 税	
项目编号	数 量	货 品		价 格
重要说明: 如不能在规定日期前运送物料或 提供服务请立即通知我们	公司名称 ———————　———————　——————— 采购代理　　　中介方　　　买方			
注意此合同中涉及的所有设备物料及服务必须服从国家政府关于选址及雇用的安全法规,包括职业安全及卫生条例。			

表 4-6 综合采购订单

公司管理形式			
账户代码号/费用核定	订货方定金	订单编号 20659	卖方编号 02867
采购公司 街道地址 城市、县、邮编 电话	公司名称 送发票至 注意：应付账款		采购订单 编号 34833 采购订单编号必须显示在所有文件、确认书、运输单据、装货单、包装单、发票和来往信函上
签订日期　　要求送达的日期　　离岸价格		变动或位置	条　　款
2005/01/18　　按要求　　我们的工厂		变动范围	2%，净量 30
至： 海尔 香港中路 126 号 青岛市 266071	发货指示 □注意：供应室 □ □付税　　　□免税		
项目编号	数量	说明	
		综合采购订单 　　该综合采购订单是在你方 2004 年 12 月 11 日报价基础上签订的，是从 2005年 1 月 3 日至 2005 年 6 月 1 日，我方将从你方采购的阀门、管子及配件的清单。 　　在你方授权签名的形式为#GP-3809 的我方标准综合订单生效前，这份订单不是对任何物料的委托书。 　　所有发货、运送、提货均须有相应的交货单或装货单。 　　所有的包装卡、交付单、发票及其他与订单有关的文件均需参考此综合采购订单编号及相应的综合采购发货单。 　　我方保留随时取消未列在此订单上的订货而不负担成本或者责任的权利。 　　使该综合采购订单生效的授权人签名：	
重要说明： 如不能在指定日期前交付货物或服务请立即通知我们	公司名称 　　　　　　中介方　　　　　　买方		

3. 采购订单的使用

对于尚未使用计算机系统的公司，一份订单通常有 7~9 份副本。而在使用计算机的条件下，将一份采购订单的副本分寄到每个部门的电子邮箱就可以了。供应商在原件上签字后将其送回买方，这表明供应商已收到订单并同意订单的内容。用法律术语讲，发送订的采购部门构成了合同提供者，而确认订单的供应商构成合同接受者，提交和接受是具有法律约束力的合同的两个重要组成部分。

采购部门将一份订单副本送达会计部门（例如应支付账款），提出需求的部门接收并进行交易（电子或人工）。采购部门通常保留几份订单的副本及相关收据，其他部门应对采购订单和收款收据有很高的透明度；会计部门能够得知未来的支付条件，它还持有一份订单副本，以便在物料到达时对付款收据进行核对；采购订单有订单编号以便相关部门备案；接收部门持有与商品收据相匹配的订单副本，该部门还可以用特殊的采购订单帮助预测进货的作业量；提出需求者在需要查询一份订单状况时可参考采购订单数字；运输部门明白了交货要求，针对每一次交货安排承运人或使用公司内部运输；采购部门使用订单副本进行后续调查和监控开放式订单；订单将在所有部门长期有效，直到买方公司确认货物已收且符合数量及质量要求为止。

在人工采购系统下的书面传输和文件处理成本高，且只能给企业带来最小的（如果有的话）附加值。而目前越来越多的企业正在使用计算机数据库进行操作，它们正在朝"无纸化"办公的方向发展。

（二）采购订单操作规范

在认证环节为企业准备好了采购的环境之后，订单人员便可进行批量物料的采购。订单操作一般包括以下几个过程。

1. 订单准备

订单合同是采购方与供应商之间达成的成文性协议，具有法律效力。订单人员在接到采购计划部门的订单计划之后，不要立即向供应商下达订单，而要先进行订单准备工作。订单准备过程如下：熟悉物料项目→确认价格→确认质量标准→确认项目需求量→制定订单说明书。

2. 选择供应商

订单准备工作完毕后，订单人员的下一步工作就是最终确定某次采购活动的供应商。确定某次具体采购活动的供应商过程如下：查询采购环境→计算供应商容量→与供应商确认订单→确定意向供应商→发放订单说明书→确定物料供应商。

3. 签订订单

在选定供应商之后，接下来要做的工作就是同供应商签订正式的采购订单。采购订单根据采购物料的要求、供应的情况、企业本身的管理要求、采购方针等要求的不同而各不相同。签订采购订单一般需要经过以下过程：制作订单→审批订单→与供应商签订订单→执行订单。

4. 订单跟踪

订单跟踪的流程如下：跟踪供应商工艺文件的准备→确认原材料的准备→跟踪加工过程的进展状态→跟踪组装调试检测过程的进展状态→确认包装入库。

（三）采购质量管理

采购质量管理是指对采购质量的计划、组织、协调和控制，通过对供应商质量评估和认证，建立采购管理质量保证体系，从而保证企业的物资供应活动正常进行。以下是采购质量管理的方法。

1. 制订联合质量计划

采购现代商品，不仅购买商品本身，还要购买供应商在产品设计、制造工艺、质量控制、技术帮助等方面的服务。要有效地购买供应商的这种服务，需要把供需双方的能力对等协调起来，协调的办法就是制订联合质量计划。联合质量计划中一般要包括经济、技术、管理三个方面。

2. 向供应商派常驻代表

为直接掌握供应商商品质量状况，可由采购方向供应商派出常驻代表，其主要职责是向供应商提出具体的商品质量要求，了解该供应商质量管理的有关情况，如质量管理机构的设置，质量体系文件的编制，质量体系的建立与实施，产品设计、生产、包装、检验等情况，特别是对出厂前的最终检验和试验要进行监督，对供应商出具的质量证明材料要核实并确认，起到在供应商内部进行质量把关的作用。

3. 定期或不定期监督检查

采购方可根据实际情况派技术人员或专家对供应商进行定期或不定期的监督检查。通过监督检查，有利于全面把握供应商的综合能力，及时发现其薄弱环节并要求其改善，从而从体系上保证了供货质量。主要监督检查双方买卖合同的执行情况，重点监督检查拟购商品的质量情况。如在生产前主要监督检查原材料和外购件的质量状况；在生产中主要监督检查各工序半成品的质量状况；在生产后主要监督检查产成品的检验、试验及包装情况。需要注意的是，必须重点监督检查关键工序或特殊工序。

4. 及时掌握供应商生产状况的变化

由于企业内外部环境的变化，供应商的生产状况必然也会随之变化。采购方应及时掌握其变化的情况，对生产发生的一些重大变化，应要求供应商及时向采购方报告。如产品设计或结构上的重大变化、制造工艺上的重大变化、检验和试验设备及规程方面的重大变化等，供应商都应向采购方主动说明情况，采购方接到报告后，要认真分析情况，必要时应到供应商那里直接了解，主要应弄清对产品质量的影响。在多数情况下，供应商变更产品设计，采取新材料、新设备、新工艺是为了提高商品的质量和生产效率，对保证商品质量是有益的。但是也应该注意到，任何改变都有一个适应的过程，在变更的初始阶段容易造成商品质量的不稳定。这就需要通过加强最终检验和试验来把关。

5. 定期排序

对供应商的定期排序的主要目的是评估供应商的质量及综合能力，以及为是否保留、更换供应商提供决策依据。

6. 帮助供应商导入新的质量体系和管理方法

为有效地控制采购商品的质量，采购方应对供应商导入自己多年总结出的先进质量管理手段和技术方法，主动地帮助、指导供应商在短时间内极大地提升质量管理水平和技术水平，增强质量保证能力。采购方对供应商给予一定的帮助对供应商是有利的，对采购方自己也是有利的。对供应商的帮助是多方面的，主要目的不是扩大生产能力而是提高商品质量。以提高质量为中心，可帮助供应商组织有关人员的技术培训，进行设备的技术改造，实现检验和试验的标准化、规范化。贯彻 ISO 9000 标准，争取质量体系认证等。对供应商的帮助重点是加强商品质量的薄弱环节，解决影响商品质量的关键问题。

二、进货管理与评价

（一）进货方式及其管理

采购进货有 3 种方式：自提进货、供应商送货、委托外包进货。3 种进货方式不一样，管理环节也不一样。

1. 自提进货

自提进货就是在供应商的仓库里交货，交货以后的进货过程全部由采购者负责管理。其工作步骤如下。

1）货物清点环节的管理

自提进货的工作中，首先是货物清点，即对货物的品种、规格、数量和质量进行检验。检验的工作量很大，一旦疏忽，没有当面查清，事后供应商可以不负任何责任，造成的损失就全由采购者承担，所以，进行此项工作时一定要谨慎、认真。

2）包装、装卸、搬运上车的管理

货物清点后，就要包装、装卸、搬运上车，这个环节的质量好坏，不仅直接影响货品安全和货品损坏的程度，还会影响下一个运输环节的安全和运输质量。

知识扩展

包装材料和包装方式的考虑因素

3）运输环节的管理

运输环节的管理要做好以下几个方面：①运输方式的选择。运输方式按交通工具设施分为公路、铁路、水路、航空、管道、联运等方式。运输方式的选择要注意满足运输时间和运输安全的要求。②中转方式。自提最好选择门到门的直达运输，避免中转。③运输路径。要注意选择最短路径，节省运费，节约时间。④运输时间。运输方式的选择要满足运输时间的要求，在运输途中，要注意控制时间。⑤运输安全。安全是运输环节要考虑的首要问题，并始终贯穿在整个运输过程。

4）中转环节的管理

中转包括不同运输方式之间的转接、不同运输路段的转接。中转环节要注意的问题很多，如货物清点、装卸搬运方式选择、装卸搬运安全等。中转环节增加了很多物流工作量、时间和费用，容易造成货物安全风险，所以应尽量不中转或少中转。

5）验收入库环节的管理

验收入库是进货环节的结束和保管环节的开始，存在采购工作和仓库保管环节之间的交接和责任划分的问题，所以要认真做好验收入库环节。验收入库是货品更严格的数量清点和质量检验的过程，因此双方应当仔细配合，实行一条龙作业，把装卸、搬运、计量、检验、入库、堆码按顺序联合处理，一次落地到位，这样可以大大减少物流工作量，减少货物损坏，节省时间，提高效率。

2. 供应商送货

对采购商来说，供应商送货是一种最简单轻松的采购进货管理方式。它基本上省去了整个进货管理环节，把整个进货管理的任务以及进货途中的风险都转移给了供应商，只剩下一个入库验收环节。而入库验收也主要是供应商和保管员之间的交接，进货员最多只提供一个简单的协助而已。

3. 委托外包进货

委托外包进货，就是把进货管理的任务和进货途中的风险都转移给第三方物流公司。它有利于发挥第三方物流公司的自主处理、联合处理和系统化处理的作用，提高了物流运作效率，降低了物流运作成本。

这种进货方式的管理要抓好二次三方的交接管理和合同签订管理控制工作。第一次交接是供应商和第三方物流公司的交接；第二次交接是第三方物流公司与采购商保管员之间的交接。交接工作主要是货物的清点检验，要保证货物数量、质量无误。合同签订主要包括三方相互之间的合同，要分清权利、义务和责任。合同条款要详细、清楚，凭合同来规范、控制各方的行为。交接过程要检查各方履行合同的程度，根据合同来处理有关的事情或纠纷。

（二）进货管理的基本原则

1. 进货方式选择原则

要根据进货难度和风险大小的具体情况，选择合适的进货方式。

（1）对于进货难度和风险大的进货任务。首选是委托第三方物流公司的进货方式，次选是供应商送货方式，一般最好不选用户自提进货方式。委托第三方物流公司进货，可以充分利用第三方物流公司的专业化优势、资源优势、技术优势，来提高进货效率和进货质量，降低进货成本，同时还可以减轻供应商在进货上的工作量和进货风险，这对各方都有利。

（2）对于进货难度小和风险小的进货任务。首选是供应商送货方式，例如同城进货、短距离进货，均可以发挥这种方式环节最少、效率最高、最节省采购商工作量、最大限度地降低采购商进货风险的长处，是一种最好的进货方式。当然也可以选择采购商自提进货方式，这种方式效率高，费用省，但是进货途中的风险就落到了采购商的身上。

2. 安全第一原则

进货管理中，始终要把安全问题贯穿始终。货物安全、运输安全、人身安全是进货管理时第一个应该考虑的因素；要落实到包装、装卸、运输、储存各个具体环节中去，制订措施，严格管理监督，保证整个进货过程不出现安全事故。

3. 成本效益统一原则

进货管理中也要追求成本和效益统一的原则。这个效益包括运输的经济效益、社会效益，还包括运输安全。其中社会效益，就是要维护社会生态平衡、减少污染、减少社会交通紧张的压力等。不要片面地只追求成本低而盲目超载，或为了路程短而违反交通规则。

4. 总成本最低的原则

进货管理中，客观上存在多个环节、多个利益主体，因此在各个环节中都会发生相应的成本费用。由于进货方案的变动，可能会导致某个环节费用的节省和另一个环节费用的增加。因此，考虑成本不能只孤立地考虑某一个环节、某一个利益主体，而是要综合考虑各个环节、各个利益主体的成本之和，也就是总成本。所以，进货方案的好坏、进货管理效果的好坏，也应当用总成本最小作为评价的标准。

（三）管理评价

供应商能否按照合同要求及时送来合格的物料是进货的关键。通常情况下，供应商会严格按照认证合同进行日常的供应操作，但是企业不能保证所有物料的供应商都处于正常状态，对于一些不稳定的供应商应严加监督。物料的采购可以从质量、成本、供应和服务4方面来评价，以此对供应商的行为进行约束。

1. 质量指标

订单人员在对订单进行跟踪时，可能会发现供应商在质量控制上的问题，如生产过程没有按照认证合同规定的质量条款进行；如不加过问，就有可能因为质量问题通不过检验环节而耽误交货期，从而导致订单操作被迫停止。因此，采购人员可以通过以下指标对质量进行控制：来料合格批次率、来料抽检缺陷率、来料在线报废率、来料免检率。

此外，有些公司将供应商体系，质量信息，供应商是否使用、如何运用SPC（统计过程控制）与质量控制等也纳入考核。比如供应商通过了ISO9000认证或对供应商的质量体系审核达到一定水平则得分，否则不得分。还有些公司要求供应商在提供产品的同时要提供相应的质量文件，如过程质量检验报告、出货质量检验报告、产品成分性能测试报告等，并按供应商提供的相应信息是否完整、及时给予打分考评。

2. 成本指标

在采购环境中，可能会出现"同一种物料对应不同供应商的价格不同"的情况，这种情况在采购中是常见的；质量标准不同、制作方法不同等都会影响价格数值，关键是这种"不同"的真实程度需要在长期订单操作的过程中验证。在某种情况下，订单人员可能发现"它的真实度"值得怀疑，或者随着市场的变化，价格需要调整时，订单人员应勇敢地站出来维护公司的最大采购利益。

3. 供应指标

物料供应的及时性是订单人员最关心的一个绩效指标，一个好的供应商即使是在动荡的采购环境或变化的采购计划状况下也会尽量保证及时供货。供应指标主要包括准时交货率、交货周期、订单变化接受率（订单增加接受率，订单减少接受率）。

需要注意的是，供应商能够接受的订单增加接受率与订单减少接受率往往不同，前者取决于供应商生产能力的弹性、生产计划安排与反应快慢以及库存大小与状态（原材料、半成品或成品），后者则主要取决于供应商的反应、库存（包括原材料与在制品）大小以及因减单可能带来损失的承受力。

此外，有些公司还将本公司必须保持的供应商供应的原材料或零部件的最低库存量、供应商的企划体系水平、供应商所采用的企划系统（MRP、MRPII或ERP）、供应商是否同本公司实施"即时供应"（JIT供应）等也纳入考核。

4. 服务指标

订单人员常常需亲自协调物料的采购过程，以下提供一些服务指标供订单员参考。

（1）反应表现。对订单、交货、质量投诉等反应是否及时、迅速，答复是否完整；对退货、挑选等是否及时处理。

（2）沟通手段。是否有合适的人员与本公司沟通，沟通手段是否符合本公司的要求。

（3）合作态度。是否将本公司看成重要客户，供应商高层领导或关键人物是否重视本公司的要求，供应商内部沟通协作（如市场、生产、计划、工程、质量等部门）是否能整体理解并满足本公司的要求。

（4）共同改进。是否积极参与或主动提出与本公司相关的质量、供应、成本等改进项目或活动，或推行新的管理做法等；是否积极组织参与本公司共同召开的供应商改进会议、配合本公司开展质量体系审核；等等。

（5）售后服务。是否主动征询顾客（本公司）的意见、主动访问本公司、主动解决或预防问题。

（6）参与开发。是否参与、如何参与本公司的产品或业务开发过程。

三、采购流程优化

（一）从使用者到采购部门的在线通知系统

在线通知系统是指通过高效和迅速的信息传递来节约时间的一种内部系统。客户在需要通过采购部门来满足物料和服务需求的时候，就会使用这些系统。如果客户不需要采购部门的介入，就应转向其他廉价系统。

先进企业的情况更可能是这个样子：当低价值的采购需求要通过采购部门来满足时，客户就会通过内部的电子系统来发送采购请求。在低价值项目采购方面进展缓慢的通常是那些通过邮件或电话接收采购要求的公司。在需要通过采购部门时，客户应该通过高效的采购通知单来传递采购要求。当前的一个近期目标是开发一种新的系统或流程使客户可以直接从供应商那里获取低价值的商品而不需要采购部门参与。

（二）向客户发放采购卡

向客户发放采购卡是大多数企业都认可的一种改进采购流程的工具或系统。采购卡是一种面向内部客户的信用卡。当客户要采购低价值项目时，其只要联系供应商并使用采购卡即可。采购卡对于未定供应商或未被其他一些采购系统所囊括的采购项目非常有用。客户做出采购决策（来自部门预算）后，可完全跨过采购部门。面向采购卡的商品项目的价值相对而言比较低，如要通过采购部门进行大范围的供应商的搜索，成本很可能会超过商品本身的价值。

（三）在线订购系统

基于因特网的电子采购商务包括了一系列广泛而多样的活动。在未来的几年里买方对商业因特网的使用将会急剧增加，电子采购商务增长率最高的领域包括：向供应商传递采购订单，追踪订单状态，向供应商询盘，向供应商下订单，电子支付，电子数据交换。

一个在线订购系统中，买方与卖方通过调制解调器或其他网络工具来建立直接的电子联系。在线订购系统的一个主要特征就是采购部门常常要开发与客户计算机系统相链接的软件。一旦企业同供应商订立了综合或长期合同，在线订购就成为常规的采购方式，资源获取流程的重要组成部分包括供应商的确认、评价及选择。在线订购系统使得采购部门或客户能直接进入供应商的订购系统。在线订购系统的优点包括：立刻可知延期交货项目；更短的订单输入时间，从而缩短了订单周期；减少误差；订单跟踪能力；轻松得到供应商发出的附装运说明的订单通知；可在一个在线订单中满足多个客户对不同产品的需求。

在线订货的最大障碍是只有有限的供应商提供电子目录并能保证电子订货的安全和受控制。

供应商建立在线订购系统可以方便客户登录其订货系统，该系统在供应商与公司间能建立起紧密的联系。

越来越多的买方将这种电子采购方法与其他低价值采购系统联合起来使用，例如，一家企业可允许其客户通过因特网来确认供应源，然后通过采购卡订货。使用电子采购的主要好处是其搜索成本极低，而且，如果客户越过采购部门直接订货，这一方式就能缩短整个周期，减少订货成本。

（四）长期采购合同

长期采购合同通常年限为1～5年，并可在供应商绩效达到要求的情况下续约。这种合同不用每年更新，从而节省了低价值项目和采购相联系的交易成本。而且，一旦采购部门和供应商达成协议，物料管理的责任就归于客户。比较理想的情况是即使是低价值的项目，物料管理也通过电子而不是人工进行。

（五）采购流程的重新设计

大多数公司都意识到采购流程的再设计通常能推进低价值采购系统的发展，使用者向供应商直接订货。适当地进行再设计可加快周转次数，简化交易流程，从而节约交易成本。

采购流程由许多子流程组成，这意味着它可以通过流程图和再设计而得到改进。低价值采购流程会影响成百上千位员工，这些员工遍布于整个公司的各个部门、办公室、工厂及厂房设施，同时这一流程还会影响到会计部门、接收和处理部门、采购部门和供应商。任何对低价值商品有需求的员工都是低价值采购流程的一个部分。

（六）允许使用者向供应商直接订货

使用者向供应商直接订货是一种常用的方法，包括许多种类的低价值系统：采购卡技术允许客户与其供应商直接建立联系，在线订购系统也可以做到这一点；联邦快递的电话接听系统可实现客户与供应商的直接联系，这一系统成为该公司最方便的订货系统。

允许客户与供应商直接建立联系的方法是将交易责任从采购方转移至客户，即使是尚没有确定供应商的商品，采购部门仍然可以有限介入或者不介入，除非采购需求达到预先确定的金额。如果一项商品要单独采购，采购部门就必须决定是否将这种商品纳入综合订单。综合订单通常允许客户在有物料需求时直接与供应商联系。

项目实训

跨境电子商务采购

实训目标

1. 加强团队合作，发挥每一个团队成员的能力，学习小组讨论、分析的方法；
2. 培养自主学习和独立思考的能力。

实训内容

假如你在 eBay 英国站开办了一家销售手工饰品的店铺，需要对跨境电子商务采购有一个初步的了解，以便能在日后更加有效地节约成本。请以"如何更有效采购"为题写一篇报告。

实训步骤

1. 教师带领学生学习相关知识，按照 3 人一组进行教学分组，每个小组设组长一名，负责确认每个团队成员的任务。
2. 根据教师教授的内容，整理跨境电子商务采购的相关知识。
3. 上网或者去图书馆查询关于跨境电子商务采购的课外知识。
4. 每个小组派一个组员根据自己的报告上台演讲，教师和其他小组成员对其演讲进行评价、讨论。

复习与思考

1. 跨境电子商务采购的影响因素是什么？
2. 采购的分类标准有哪些？
3. 跨境电子商务采购模式有哪些？
4. 采购的基本流程是什么？
5. 进货管理的基本原则是什么？

第五章　跨境电子商务仓储

知识目标

- 了解仓储的概念；
- 了解商品入库作业；
- 掌握仓储的基本决策。

学习重点、难点

重点：

- 商品报关作业；
- 5S 现场管理；
- 仓储的功能。

难点：

- 能够掌握仓储安全管理；
- 能够了解现代化仓储管理。

本章思维导图

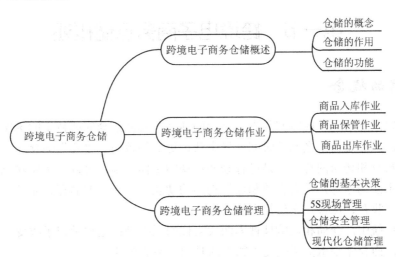

案例导入

亚马逊日本站将变更 FBA 仓储限制政策

《电子商务报》获悉，亚马逊全球开店于 2020 年 2 月 6 日表示，亚马逊日本站也将对亚马逊物流（FBA）仓储限制政策进行变更。

为促进对库存管理的优化，进而帮助商品更快入库和配送给买家，自 2020 年 4 月 1 日起，亚马逊日本站将调整仓储限制政策，并且使用库存绩效指标（IPI）分数对 FBA 卖家库存健康状况进行衡量。

届时，仓储限制将由原来的以库存数量为主更改为以体积为主，卖家可以在卖家平台的库龄页面上查看 ASIN（亚马逊产品唯一编号）级别的体积。仓储限制适用于标准尺寸商品、大型尺寸商品、服装&时尚配饰和鞋靴 4 个仓储类型。

同时，仓储限制主要基于卖家销量、季度 IPI 得分趋势以及亚马逊运营中心的库存情况。加入专业销售计划的卖家在保持 IPI 分数为 350 分及以上时，可享受在标准尺寸商品、大件商品、服装和鞋靴类目的无限制库存容量。

此外，亚马逊日本站还将以季度为周期调整仓储限制，仓储限制也主要取决于卖家 IPI 分数。卖家可通过减少冗余库存、提高售出率和修复商品信息等方式提高 IPI 分数。

据《电子商务报》了解，在 2019 年 12 月，由于年末业务繁忙，亚马逊日本站还表示将对 FBA 仓库保管的库存上限进行重新设置。当库存达到上限时，卖家便无法新建入库计划。

此外，受近期肺炎疫情影响，亚马逊全球开店还发布了针对新型冠状病毒疫情给卖家的建议，在物流、运营等多方面为卖家赋能，帮助受影响的商户渡过难关。

资料来源：亚马逊日本站将变更 FBA 仓储限制政策[EB/OL]．（2020-02-07）．http://www.100ec.cn/detail--6543942.html．有改动．

第一节 跨境电子商务仓储概述

一、仓储的概念

仓储是以改变"物"的时间状态为目的的活动，其通过仓库或特定的场所对物品进行保管、控制，从克服产需之间的时间差异中获得更好的效用。"仓"即仓库，是保管、存储物品的建筑物和场所的总称，是进行仓储活动的主体设施，可以是房屋建筑、洞穴、大型容器或特定的场地等，具有存放和保护物品的功能。"储"即储存、储备，表示收存以备使用，具有收存、保管、交付使用的意思。

在物流系统中，仓储和运输被视为两大支柱的原因是：运输承担了改变"物"的空间状态的重任，而仓储则承担了改变"物"的时间状态的重任。

仓储是伴随着社会产品出现剩余和产品流通的需要而产生的：当产品不能被及时消费、需要专门的场所存放时，就产生了静态的仓储；而将储存物进行保管、控制、加工、配送等管理，便形成了动态仓储。可以说仓储是对有形物品提供存放场所，并在这期间对存放物品进行保管、控制的过程。现代仓储管理主要研究动态仓储的一系列管理活动，从而达到促进仓储业现代化进程的目的。

仓储包括以下几个要点：仓储是物质产品的生产持续过程，物质的仓储也创造产品的价值；仓储既有静态的物品储存，也包括动态的物品存取、保管、控制的过程；仓储活动发生在仓库等特定的场所；仓储的对象既可以是生产资料，也可以是生活资料，但必须是实物动产。由此可见，从事商品的仓储活动与从事物质资料的生产活动虽然在内容和形式上不同，但它们都具有生产性质，无论是处在生产领域的企业仓库，还是处在流通领域的储运仓库和物流仓库，其生产的性质是一样的。

尽管仓储具有生产性质，但与物质资料的生产活动还是有很大区别的，主要表现为：不创造使用价值，但可以增加价值；具有不均衡和不连续性；具有服务性质。

二、仓储的作用

仓储在物流体系中扮演"节点"的角色，不仅化解了供求之间在实践上的矛盾，同时也创造了新的时间效益（如时令上的差值等），由此可见仓储业在物流系统中的重要地位。仓储在现代物流中具有以下几个主要作用。

（一）是现代物流不可缺少的重要环节

关于仓储对于物流系统的重要意义我们可以从供应链的角度来进一步认识。从供应链的角度，物流过程可以看作由一系列的"供给"和"需求"组成，当供给和需求节奏不一致，也就是两个过程不能够很好地衔接，出现生产的产品不能即时消费或者存在需求却没有产品满足，在这个时候，就需要建立产品的储备，将不能即时消费的产品储存起来以满足后来的需求。供给和需求之间既存在实物的"流动"，同时也存在实物的"静止"状态，即将实物进行储存；实物处于静止状态是为了更好地衔接供给和需求这两个动态的过程。

（二）能对货物进入下一个环节前的质量起保证作用

在货物仓储环节对产品质量进行检验能够有效地防止伪劣产品流入市场，保护了消费者权益，也在一定程度上保护了生产厂家的信誉。通过仓储来保证产品质量主要包括两个环节：一是在货物入库时进行质量检验，查看货物是否符合仓储要求，严禁不合格产品混入库场；二是在货物的储存期间，尽量使产品不发生物理以及化学变化，尽量减少库存货物的损失。

（三）是保证社会再生产过程顺利进行的必要条件

货物的仓储过程不仅是商品流通过程顺利进行的必要保证，也是社会再生产过程得以进行的保证。

（四）是加快商品流通、节约流通费用的重要手段

虽然货物在仓库中时处于静止状态，会带来时间成本和财务成本的增加，但从整体上

而言，它除了不会带来时间的损耗和财务成本的增加，还能够帮助加快流通，节约运营成本。在前面讲解仓储的必要性的时候，已经谈到过仓储能够有效地降低运输和生产成本，从而带来总成本的降低。

（五）能够为货物进入市场做好准备

仓储能够在货物进入市场前完成整理、包装、质检、分拣等程序，这样就可以缩短后续环节的工作时间，加快货物的流通速度。

仓储效率提升五步走战略

"降本增效"已然是2019年的高频词之一，当然，仓储物流业也不例外。以工作流程的精简化为主要标志的人力资源管理的改革既能推动用工成本的降低，也可推动降本增效的快速实现。

近几年，仓储物流企业的境遇愈发艰难。一方面，甲方客户每年都要求降低成本，否则便有丢单的风险；另一方面，各种物流资源如人工成本、叉车成本等，其费用逐年上涨。此外，经济大环境的下行也降低了物流市场的活力，进一步加大了企业的运营压力。

面对如此大的压力，大部分仓储物流企业在2019年的工作重点中都把降本增效放在了仅次于安全管理的位置。据近日其才网公布的数据，规范化的物流企业工资占企业成本基本在35%以上。因此，提升员工工作效率相当于降低人工成本，这是物流企业降本增效的一项极佳选择。

而标准化的流程是提升仓储作业效率的有效手段。致力于减少工作损耗并提高人员作业效率的WPI（work process improvement，工作流程改进）在实际体验中有着较好的效果。对于仓储物流企业而言，WPI具有极大的实用价值。其精华是发现损耗、消除损耗以及防止损耗"卷土重来"。不过，要想实现以上3点，还需完成5个步骤以做保障。

通过WPI工具提升员工工作效率，相当于降低人工成本，是物流企业降本增效的一项极佳选择。

步骤一：准备

在前期的操作中，仓储物流企业应首先考虑问题、人员、设备这3方面的准备内容。

问题准备：不仅对现阶段想要解决的仓库运作管理中的问题有明确的方向，还要对问题的定义有清楚的划分，最后要对问题背景做出描述。一般来说，常见的问题包含收货效率低、发货效率低、库位利用率低等。另外，领导层是否支持是决定问题能否解决的关键因素之一，此项因素应尽早明确。假使WPI活动得以推进，那么效率提升的量化标准（车、托盘、箱数等）同样应明确。

人员准备：首先，明确所有参与WPI活动人员的职责划分，其中最主要的是明确负责讲解WPI使用准则的人员。除基层操作人员和主管人员外，主管仓库运营的领导层也应一并参与，这不仅能体现重视程度，还可进一步了解基层运作。其次，人员的分组和组内角色（如记录、掐表、画路线等）划分也是必不可少的环节。此外，仓库运作部门专人对接活动需求也是重要保障。

设备准备：安保工具和观察工具是促使此次活动顺利进行的重要条件。其中安保工具主要包含安全帽、防砸鞋（安全鞋）、反光背心等；观察工具主要涉及秒表、库内的布局图、不同颜色的笔（至少两种）、按照流程分割出来的关键环节用时记录表等。另外还须特别注意两点，其一是数据记录和填写的原则——眼见为实，其二是人员参与的原则——全员、全程参与。

步骤二：还原工作流程

为解决效率低的问题采用如此复杂的方式是否有必要呢？答案是肯定的。仓库作业可称为一项系统性工程，以提升发货效率为例，仅仅提高仓管员的清点和交接效率并不能完全解决问题。应从完整的作业流程角度考虑，涵盖从客户订单的下达直至订单货物全部装车完毕，车辆出库。

通俗来说，工作流程的还原可看作将作业流程从头到尾梳理一遍。因为参与 WPI 人员的特殊性，流程讲解过程应细致化、通俗化。之后，小组人员以角色扮演重温流程，并对个别人员做针对性辅导。

步骤三：了解现状

思维方式的转变是推动变革的"先驱"，以下 3 种思维方式可以看作是仓储物流企业的流程自查，对降低成本助益极大。

8 种损耗（又叫"八大浪费"）：最早应用于工厂 JIT（just in time，准时制）生产，其"浪费"的含义与社会上通常所说的浪费有所区别。对于 JIT 来讲，凡是超出增加产品价值所必需的绝对最少的物料、设备、人力、场地和时间的部分都是浪费。

因此，JIT 生产方式所定义工厂的浪费可归纳为八大种：不良修理的浪费，过分加工的浪费，动作的浪费，搬运的浪费，库存的浪费，制造过多、过早的浪费，等待的浪费和管理的浪费。在研究仓储物流活动时，也可使用该思维方式以减少浪费、降低成本。

ECRS 分析法：由取消（eliminate）、合并（combine）、调整顺序（rearrange）、简化（simplify）共组而成。亦可理解为消除浪费、组合、重新安排和简化剩下的任务。

取消——首先考虑该项工作有无取消的可能性。如所研究的工作、工序可以取消而又不影响作业质量和进度，便能起到立竿见影的效果。例如，不必要的工序、搬运、检验等都应予以取消；如果不能全部取消，可考虑部分取消。

合并——将两个或两个以上的工序合并成一个，如工序、工作、工具的合并等。合并后可有效消除重复现象，能取得较大的效果。当工序之间的生产能力不平衡，出现人浮于事和忙闲不均时，则需对这些工序进行调整和合并。

重排——既叫"重组"，也称"替换"。通过改变工作程序，使工作的先后顺序重新组合，以达到改善工作的目的。

简化——经过取消、合并、重组之后，再对该项工作做更深入的分析研究，使现行方法尽量简化，最大限度地缩短作业时间，提高工作效率。显然，简化就是一种工序的改善，也是局部范围的省略，取消则是对整个范围的省略。

可见，ECRS 针对每一道工序流程都引出 4 项提问。任何作业或工序流程，均可运用 ECRS 改善四原则。通过分析，简化工序流程，从而找出更好的效能、更佳的作业方法和

跨境电子商务物流

作业流程。

黄金三角：在 WPI 活动完成后，保证改进措施落实的标准的稳定性。三角分别指：第一，制定标准或者将改善的地方在原有的流程中进行修改，并告知操作人员操作流程；第二，标准的管理，如明确新制定标准文件、流程的培训、优化等的责任人；第三，可视化管理，即要将流程的执行情况进行可视化，监督员工的执行。

在清楚理解思维方式的基础上，小组人员下一步有目的地前往作业一线进行实地观察和记录。每个小组到仓库现场进行实地全程跟踪观察，需明确 1 人负责掐秒表，1 人负责记录时间，1 人负责画意大利面条图（即把观察到的操作人员行驶路线用笔在布局图上画出来），时间观察表（即用秒表掐出每个操作的耗时并记录在观察表上），同时一并记录操作过程中发现的异常问题和总耗时。通过对"意大利面条图"的分析，可直观看到操作人员的路线，对于比较集中的区域可做相应减少。通过对时间观察表的分析，可得出流程中各环节所用时间占总时间的比例，从而确定各环节的重要程度（可用不同的颜色标注）。无意义环节要避免发生，有意义环节要改善，使其所占用的时间减少，最终提高重要意义环节所占总时间的比重。

WPI 工具的精华是发现损耗、消除损耗以及防止损耗"卷土重来"。

步骤四：改进实施

分析环节结束后，各小组需确定流程中可以改变的环节，到仓库现场实测。在测试完成后，要对改变前和改变后的数据进行比对，从而验证改进结果具备可重复性和可持续性，同时满足仓储物流企业的发展需求。由于测试过程以市场经济为导向，并未提前考虑各种困难。因此，如实施测试项目，则必须找出流程改变所需的资源及其他需求，并找出流程实施中的控制点，避免员工因不按标准操作而发生各种风险。

步骤五：流程化&标准化

对于确定下来的改进项，在满足各种资源需求并找到各风险控制点后，运作团队需将改进后的新标准以文件的方式记录下来，并通过流程变更控制将其变为标准化作业流程。最终对相关的操作人员做培训，考核合格后即可推行实施。制定流程的系统负责人应负责管理和维护该标准，同时也应清楚流程执行偏差，并管理和纠正这种偏差。

资料来源：仓储效率提升五步走战略[EB/OL].（2019-07-23）.http://www.100ec.cn/detail--6519219.html. 有改动。

三、仓储的功能

（一）基本经济功能

1. 整合

装运整合是仓储的一个经济利益，通过这种安排，整合仓库接收的来自一系列制造工厂指定送往某一特定地点的材料，然后把它们整合成单一的一票装运。其好处是，有可能实现最低的运输费率，并减少在顾客的收货站台处发生拥塞的可能性，该仓库可以把从制造商到仓库的内向转移和从仓库到顾客的外向转移都整合成更大的转运。为了提供有效的整合转运，每一个制造工厂必须把该仓库作为停货储备地点或用作产品分类和组装设施。

因为，整合转运的主要利益是，把货票小批量装运的物流流程结合起来联系到一个特定的市场地区。整合仓库可以由单独一家厂商使用，也可以由几家厂商联合起来共同使用出租方式的整合服务。通过这种整合方案的利用，每一个单独的制造商或托运人都能够使物流总成本低于其各自分别直接装运的成本。

2. 分类和交叉站台

除了不对产品进行储存外，分类和交叉站台的仓库作业与整合仓库作业相类似。分类作业接收来自制造商的顾客组合订货，并把它们装运到个别的顾客处去。分类仓库或分类站把组合订货分类或分割成个别的订货，并安排当地的运输部门负责递送。由于长距离运输转移的是大批量装运，所以运输成本相对比较低，进行跟踪也不太困难。零售连锁店广泛地采用交叉站台来补充快速转移的商店存货。在这种情况下，交叉站台先从多个制造商处运来整车的货物；收到产品后，如果有标签的，就按顾客进行分类，如果没有标签的，则按地点进行分配；然后，产品就像"交叉"一词的意思那样穿过"站台"装上指定去适当顾客处的拖车；一旦该拖车装满了来自多个制造商的组合产品后，它就被放行运往零售店去。于是，交叉站台的经济利益中包括从制造商到仓库的拖车的满载运输，以及从仓库到顾客的满载运输。由于产品不需要储存，降低了在交叉站台设施处的搬运成本。此外，由于所有的车辆都进行了充分装载，更有效地利用了站台设施，使站台装载利用率达到最大。

3. 加工/延期

仓库还可以通过承担加工或参与少量的制造活动延期或延迟生产。具有包装能力或加标签能力的仓库可以把产品的最后一道生产一直推迟到直到有对该产品的需求时为止。例如，蔬菜就可以在制造商处加工，制成罐头"上光"。上光是指还没有贴上标签的罐头产品，但它可以利用上光贴上私人标签。因此上光意味着该产品还没被指定用于具体的顾客，或包装配置还在制造商的工厂里。一旦接到具体的顾客订单，仓库就能够给产品加上标签，完成最后一道加工，并最后敲定包装。加工/延期（processing postponement）提供了两个基本经济利益：第一，风险最小化，因为最后的包装要等到敲定具体的订购标签和收到包装材料时才完成；第二，通过对基本产品（如上光罐头）使用各种标签和包装配置，可以降低存货水平。于是，降低风险与降低存货水平相结合，往往能够降低物流系统的总成本，即使在仓库包装成本比在制造商的工厂处包装更贵的情况下。

4. 堆存

这种仓储服务的直接经济利益从属于这样一个事实，即对于所选择的业务来说储存是至关重要的。例如，草坪家具和玩具是全年生产的，但主要是在非常短的一段市场营销期内销售。与此相反，农产品是在特定的时间内收获的，但底层的消费则是在全年进行的。这两种情况都需要仓库的堆存（stock pilling）来支持市场营销活动。堆存提供了存货缓冲，使生产活动在受到材料来源和顾客需求的限制条件下提高效率。

（二）仓储是实现物流增值服务功能的重要环节

增值服务是在基本服务（如货运组织调度、配送中心管理、仓储运输管理、配送中心设计、信息流管理以及物流系统规划设计等）的基础上增加的便利性服务或支持性服务。大多物流增值服务是在仓储这一环节中进行的。流通加工业务通过进行商品的个性化服务更好地满足用户的要求，通过仓储的增值服务进行产品的整合，实现时间价值。仓储中最普通的增值服务往往与包装作业有关。在通常情况下，产品往往是以散装形式或无标签的形式运送到仓库的，这种库存的个体之间基本上没什么区别。但一旦收到客户的订单，就要按客户要求对产品进行定制和发送。如制造商把未做标志的电池发送到仓库中，向仓库的作业人员提供销售所需带有的商标牌号的包装材料。接到订货，仓库作业人员按要求将标志图案贴到电池上，然后用定制的盒子将其包装。这样，制造商就可以降低库存，提高效益。同时仓库还可以通过优化包装、改变包装特点来实现增值服务。有时还可以在仓库里完成一些生产活动，如将汽车引擎运送到仓库里去，如果汽化器发生了问题，即可在仓库更换，无须将每一个引擎产品都退回厂家。

第二节 跨境电子商务仓储作业

一、商品入库作业

商品入库作业是商品储存的准备工作。商品入库作业的整个过程包括商品接运、商品入库验收、办理入库手续等一系列业务活动。

（一）商品接运

商品接运是指仓库对于通过铁路、水运、公路、航空等方式运达的商品进行接收和提取的工作。接运的主要任务是准确、齐备、安全地提取和接收商品，为入库验收和检查做准备。接运的方式主要有车站码头提货、铁路专用线接车、自动提货和库内提货。

（二）商品入库验收

商品入库验收要进行数量点收和质量检验。数量点收主要是根据商品入库凭证清点商品数量，检查商品包装是否完整，数量是否与凭证相符。质量检验主要是按照质量规定标准，检查商品的质量、规格和等级是否与标准符合，对于技术性强，需要用仪器测定分析的商品，须有专职技术人员进行检验。

（三）办理入库手续

入库手续主要是指交货单位与库管员之间所办理的交接工作，其中包括商品的检查核对，事故的分析、判定，双方认定，在交库单上签字。仓库一面给交货单位签发接收入库凭证，并将凭证交给会计、统计入账、登记；一面安排仓位，提出保管要求。

新物流时代如何建设智能仓储中心

随着新零售的发展，线上购物平台与线下小店购物平台成为大众主要的消费入口，这类模式带来了订单规模、订单结构、履约时效多方面的高要求,物流中心订单的处理难度与复杂度都与日俱增。与此同时,伴随着人工智能、大数据、云计算、物联网、机器学习等技术在物流行业的深入应用,物流中心建设呈现出了技术升维的局面,物流中心解决方案的柔性调度与自治优化正越来越成为新物流时代下的物流中心建设特点。

物流中心建设的目标,是面对不确定的市场订单变化,给客户提供一个高确定性的物流产出质量,在这种背景下,物流中心产能的柔性规划与产能扩展成为大家关心的焦点。在高可靠性要求与柔性技术应用结合的背景下,对智能物流中心建设承包方的要求也越来越高,如何将智能物流技术转化成为物流产出与物流服务质量,这需要物流中心建设承包方不能仅具备单方面专业的考虑,而是要从咨询规划、软件系统、自动化硬件、项目管理、现场管理的整体角度来进行规划与建设。

1. "以终为始"建设智能物流中心

首先,让我们从"以终为始"的角度来定义智能物流中心建设的目标。智能物流中心投入使用后,系统设备的简便运维与现场实现简单管理,是现场作业方的核心诉求。智能化并不是将现场的管理人员变傻,而是让现场的管理人员投入更多的精力做判断与柔性应对决策,现场管理人员应该做什么,管什么,更有利于智能物流中心的运营,就成了规划智能物流中心的起点。简而言之,如何将智能物流中心的技术应用与现场管理的内容结合起来,才是智能物流中心成功的开始,不论技术应用到什么阶段,物流要做的第一点还是倾听现场的声音。

2. "由软件定义硬件"

其次,我们现在已进入了"由软件定义硬件"的时代。不管是柔性物流设备,还是传统的自动化物流设备,在智能物流中心里,都视为一个物流硬件终端,如何有效地发挥与融合不同物流硬件终端的功能,发挥最大的设备协同作用,需要物流硬件执行任务的控制中台系统,由这套控制中台系统来调度全场的设备与部分的人工作业,这不是原来的WMS或是WCS系统的延伸,而是一个链接这两套系统的控制中台,这套系统像一个指挥家,来实时指挥智能物流中心的各项物流活动,由它来链接机器人控制系统、智能自动化设备、物联网交互设备、人工作业站。

3. 重点关注物流系统运营的自治优化

最后,智能物流中心在规划中要尤其关注到物流系统运营的自治优化。在规划布局、流程节点、设备选型、算法判定上,都要考虑到系统可以利用运营中产生的数据来形成自治优化的成果,形成供物流中心现场管理者做优化决策的依据,通过对整体节点的智能数据规划,产生更多的物流生产模型,来应对不同的订单需求,为柔性物流布局调整变化带来支撑。将对物流中心的规划由原来的阶段性的工作,变成了一个持续与现场产能要求结合的改善性工作。

在新物流时代下,物流中心所承担的职能更加广泛,它可以是一个供应链HUB,也可以是一个支持众多分支物流中心的枢纽,也可以是一个面向众多门店的订单履行中心,也可以是店仓合一的售配节点。现代的物流中心越来越像一个变形金刚,在不同方面去满足消费者与用户的需求。随需而至,一触即达成为大家对物流服务的一致期待,在提供贴心安全的物流服务背后,物流中心的智能化水平慢慢成为决定物流服务可靠性的因素,中国的智能物流中心建设也将在这股需求的推动下，不断实践与进步，由一个热点，变成一个高点。

资料来源：新物流时代如何建设智能仓储中心[EB/OL]．（2019-07-17）．http://www.100ec.cn/detail--6518255.html．有改动．

二、商品保管作业

商品保管作业是商品仓库作业的中心工作，它体现了储存对商品所有权和使用价值的保护职能。商品保管作业包括商品的保管、仓库的账务统计工作和商品的养护。

（一）商品的保管

1. 分区分类

储存商品时，一般根据商品的自然属性，考虑仓库的设备条件，按照商品的类别，把仓库和货场划分为若干货区，每个货区再分成若干货位，编成顺序号。在分区分类的基础上，按号储存商品，实行分类存放、对号入座、分区管理。

分区分类储存商品能保证商品储存的安全，减少商品耗损，有利于商品的合理堆码，便于熟悉商品的性能特点，做好商品的养护工作，便于查找，有利于检查、入库和出库。商品分类储存方法应根据不同的仓库类别确定。一般仓库按商品的自然属性和类别进行分区储存；公用仓库可按业务部门商品经营的分工进行储存；中转仓库和备货待运仓库可按商品发往地区进行分区分类储存。

2. 商品堆码

商品堆码是库存商品摆放的一种方法。它对维护商品质量，充分利用库房容积和提高装卸作业效率，以及对采用机械作业和保证商品安全等具有重大影响。商品堆码要遵守合理、牢固、定量、整齐、节约、先进先出等要求。

商品堆码包括散堆式、货架堆码式、垛堆式等几种方式。要根据商品的品种、性质、包装、体积、重量等情况选择商品的堆码形式，做到科学合理。

商品堆码要做到货堆之间，货垛与墙、柱之间保持一定距离，留有适宜的通道，以便商品的搬运、检查和养护。要把商品保管好，"五距"很重要。

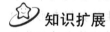

五距

（二）仓库的账务统计工作

由于保管账、货签和仓库档案是对商品实行控制和管理的有效措施，是库存商品的信息源，所以登账、挂签、建账是库存管理的重要内容。

（三）商品的养护

养护即保养和维护，是指储存过程中对商品所进行的保养和维护工作。在农副产品中，有时也称储藏保管。在储存期间，对商品进行养护，有利于维护好商品的质量，降低商品的损耗，有效地维护商品的使用价值，满足市场的需求。对仓储商品进行养护，就是根据各种商品不同的自然属性，分析其质量变化的不同形式，研究各种环境因素对商品质量变化的影响及其程度，掌握仓储商品质量变化的规律，以便创造和利用各种有利的条件，控制不利因素的影响，保证商品在储存期间的数量没有缺损和质量完好。

1. 影响商品质量变化的因素

影响库存商品质量的因素很多，主要有两方面：一是商品内在因素，二是商品外在因素。外在因素通过内在因素而起作用。

（1）内在因素。商品质量变化的内在因素有商品的组织结构、化学成分及理化性质等，所有这些都是在生产中决定的。在储存过程中，要充分考虑这些性质和特点，创造适宜的储存条件，减少或避免其内在因素发生作用而造成商品质量的变化。

（2）外在因素。商品质量变化的外在因素可分为社会因素和自然条件因素两方面。社会因素包括国家的方针政策、生产经济形势、技术政策、企业管理、人员素质及规章制度等。这些因素影响商品的储存规模、储存水平及储存时间，对储存质量具有间接影响。自然因素包括：大气温、湿度的影响，臭氧和氧的作用，日光照射，有害气体的影响，微生物及虫鼠害的侵害，机构损伤，卫生条件的影响，等等。所有这些都是直接作用因素，都会造成商品变质和损坏。因此，必须采取有效措施，防止有害因素的影响，保证商品的储存安全。

2. 防止商品质量变化的措施

防止商品质量变化的措施，目前主要是对仓库的温湿度进行调节和控制。

对于仓库温度的调节和控制：当仓库温度过高时，通常采取自然通风和机械通风的方法降温；当冬季储存防冻商品时，在北方常采用暖气设备来提高温度，在南方一般采用自然通风的办法来提高温度。

对于仓库湿度的调节控制：当需要降低相对湿度时，通常采用吸潮剂吸潮、生石灰吸潮、硅胶吸潮和吸潮机吸潮等方法；当需要加湿时，一般采用加湿器加湿等方法。

除仓库温湿度的控制外，还可采取密封储藏、涂敷防护层、防霉、防锈、防腐蚀、防虫害和搞好仓库清洁卫生等措施。

3. 商品的救治

在储存过程中，商品一旦发生了损坏和变化，应立即采取措施进行救治，如对破损商品进行修复，对霉变商品进行晾晒，等等。

三、商品出库作业

商品的出库作业与入库作业要求基本上是一致的，即要求对出库商品的数量、品种、规格进行一次核对,经复核与发货凭证所列项目无误后,当场与收货单位办妥交接手续,明确责任。为保证商品及时、准确、迅速出库,商品出库必须坚持按一定的程序进行。出库程序一般包括以下几个步骤。

(1) 核对领发凭证。商品出库,必须首先核对和审查领发凭证,准确掌握出库商品的名称、编号、型号、实发数量、印签及审批手续。

(2) 集中备货。按照商品储存次序,顺序取货,减少往复行走距离。

(3) 复核。对所有出库商品实行检查核对制度,保证实发货物准确无误。

(4) 办理交货手续。库管员与领货人办理交接手续,商品要当面验证,在移交单上签字认定。

(5) 善后处理。库管员在办完交接手续后要整理现场,清理单据,登记账册,资料归档,并制订出库计划,妥善安排出库的人力和车辆。

第三节　跨境电子商务仓储管理

一、仓储的基本决策

(一) 仓储的产权决策

仓储决策中第一项需要考虑的就是选择自建仓库还是租赁仓库。企业既可以自行设置仓库(称为自营仓库),也可以租用公共仓库。使用自营仓库能有效地实施控制,缺点是占用资金较多,同时在需要更换仓库地点时缺乏弹性。反之,企业使用公共仓库,只需要按使用空间的大小和时间长短支付费用,且公共仓库常为企业提供其他额外服务,如商品检验、包装、代运、提供办公地点及设备等。企业如决定租用公共仓库,需要对仓库地点和类型加以选择。特别要根据储存商品的需要选择专业性仓库,如冷藏仓库、散装仓库等。

1. 租赁公共仓库的优缺点

1) 租赁公共仓库的优点

(1) 节省资金投入。使用公共仓库最大的优点就是可以节省企业资金的投入,减小企业财务方面的压力。公共仓库不要求企业对仓库的设施和设备做任何投资,企业只需支付相对较少的租金即可得到仓储服务。

(2) 减少投资风险。一般来讲,仓库设施和设备的使用寿命为20~40年。企业自己投资建造仓库及相关设施时,可能会由于技术或业务量的变化而使仓库及其相关设备在其寿命期内提前报废,或者因长期达不到经济使用率而浪费资金。使用公共仓库,就没有这方面的风险,企业可以自由地选择和更换仓库设备。

(3) 缓解库存高峰时的库存压力。大多数企业由于产品的季节性、促销活动或其他原因而经常导致存货水平发生变化,利用公共仓库,由于没有仓库容量的限制,从而能够满足企业在不同时期对仓储空间的需求(尤其是库存高峰时大量额外的库存需求),从而带来明显的成本优势。使用公共仓库的成本将直接随着储存货物数量的变化而变动,从而便于管理者掌握成本。

（4）降低仓储成本。公共仓库会产生自营仓库难以达到的规模经济。由于公共仓库为众多企业保管大量库存，因此，与自营仓库相比，大大提高了仓库的利用率、降低了存货的单位储存成本；规模经济还使公共仓库能够采用更加有效的物料搬运设备及相关技术，从而提供更好的服务；公共仓库的规模经济还有利于拼箱作业和大批量运输，从而降低货主的运输成本。

（5）专业化操作。公共仓库的工作人员一般都受到过良好的仓储管理专业训练。一个受过良好训练、有经验的工作人员可以减轻用户在操作、劳动、安全、保险、环保、法律等相关方面的责任。

2）租赁公共仓库的缺点

（1）无法提供特定地区的储存空间或特殊服务要求。公共仓库无法提供在某一特定地区的储存空间或特殊服务要求。大多数公共仓库只能提供本地仓库，因此销售市场较分散的企业必须与不同的仓库经营者签订合同并监控这些合同，这自然会增加企业的控制成本。另外，对于一些企业的特殊要求，公共仓库所能提供的个性化服务也很少。

（2）增加包装成本。公共仓库中储存了各种不同种类的货物，而各种不同性质的货物有可能互相影响。因此，企业使用公共仓库时必须对货物进行保护性包装，从而增加了包装成本。

（3）企业对公共仓库中的存货难以控制。企业与仓库经营者都有履行合同的义务，但盗窃、货物损坏等因素给货主造成的损失将远远大于得到的赔偿。因此在控制存货方面，使用公共仓库将比使用自营仓库承担更大的风险。

2. 自营仓库的优缺点

1）自营仓库的优点

（1）较强的控制能力。由于企业对自营仓库拥有所有权，所以企业作为货主可以按照自己的意愿在仓库内储存产品，能够对仓储实施更大程度的控制。

（2）较高的灵活性。这里的灵活性并不是指能迅速增加或减少仓储空间，而是指由于企业是仓库的所有者，所以可以按照企业的要求和产品的特点对仓库进行有效的设计和布局，使得企业的柔性化程度更高，而公共仓库难以满足这种要求。

（3）较低的仓储成本。如果自营仓库能得到长期的充分利用，则自营仓库的成本将低于公共仓库的成本。

（4）充分发挥人力资源的优势。企业拥有自营仓库时，可以充分利用企业的人力资源。当企业自己的工作人员在管理仓库时，可以对仓库的储存和维护更加细心，同时可以充分利用专业化带来的优势。

（5）为企业树立良好形象。当企业拥有自己的仓库或将产品储存于自营仓库时，会给客户一种企业持续、长久和稳定的商业运作形象。客户会认为企业的经营十分稳定、可靠，企业的产品供给是稳定的和可依赖的，是产品的持续供应者，这将有助于提高企业的竞争优势。

2）自营仓库的缺点

（1）仓库容量有限。不管企业对仓储空间的需求如何，自营仓库的容量是固定的，不能随着需求的增加或减少而扩大或减小。当企业对仓储空间的需求减少时，企业仍须承担自营仓库中未利用部分的成本；而当企业对仓储空间有额外需求时，自营仓库却无法满足。另外，自营仓库还存在位置和结构的局限性，使得企业不能迅速地随着市场的变化情况而变化。这将会使企业失去许多重要的商业机会。

（2）投资大且投资回报率较低。建造自营仓库是一项长期的、有风险的投资，并且因其专业性，沉没成本高，以至于以后难以出售。另外，在大多数的情况下，自营仓库的投资回报率一般都很低，它很难获得与其他投资项目一致的投资回报率。而企业若将资金投资于其他项目可能会得到更高的回报。因此，投资建造自营仓库的决策要非常慎重。

知识扩展

如何选择自营仓库和租赁公共仓库

（二）仓库的数量决策

仓储领域的另一项重要决策是仓库的数量决策，即在整个物流系统中应该设多少仓库。一般来说，仓库数量越多，带来的系统总的储存成本和库存成本就越高，同时运输成本和缺货成本也越低，所以要在这两者之间寻找平衡。

只有单一市场的中小规模的企业通常只需要一个仓库，而产品市场分布广泛的大规模企业要经过仔细分析和慎重考虑才能做出正确选择。但这一决策仍然要基于成本的权衡分析。

（三）仓库的选址决策

与仓库数量决策密切相关的是仓库的规模与选址。如果企业租赁公共仓库，那么仓库规模问题相对重要，而选址决策的重要性相对小一些，可以根据需要随时改变。如果企业自建仓库，尤其对于市场遍及全国甚至全球的大型企业来说，仓库的规模与选址就变得极为重要。

仓库选址也需要对成本进行权衡分析。必须根据仓库在分销渠道中的作用来确定仓库的具体位置。例如，服务功能强的仓库设在市场附近，而保管功能强的仓库靠近生产线。仓库选址必须综合考虑许多因素，如运输条件、市场状况和地区特点等；还需要评估设备安装和作业费用。此外，在确定仓库的选址之前，还必须满足其他几个要求，其中包括该地点必须提供足以扩充的空间、必要的公用设施、地面必须能够支撑仓库结构及该选址必须有充分的排水系统等。另外一些要求需视具体情况而定，主要取决于建设的结构。概括地说，最终的选择必须进行广泛的分析。这些决策一旦实施，再进行改变的成本是非常高的，尤其是自营仓库。因此，适当考虑所有因素是非常重要的。

（四）仓库的布局决策

1. 仓库的总体设计

仓库的总体设计是指在已经选定的库址上，对仓库各种主要建筑物，包括库房、货棚、露天货场、铁路专用线、公路运输线、机械修理车间、办公和生活建筑物等，在规定的库区范围内进行合理的布置并协调它们之间的相互关系，其中又以主要建筑物与铁路专用线、公路位置为重点。

在已经选定的库址上，正确、合理的仓库总体设计可以为企业节约大量资金，大大加快建设速度，并且可以为仓库创造良好的经营管理条件，从而提高仓库的运营效率和运营效益。

2. 仓库的内部布局

仓库布局决策是指对仓库内部通道空间、货架位置/方向、货架层数、配备设备及设施等实物布局进行决策，其目的是充分利用储存空间、提高存货的安全性、便于存放/拣选货物、有效利用搬运设备、提高仓库运作效率和服务水平。

3. 仓库的布局原则

仓库内部商品搬运主要有手工搬运、机械化搬运、自动化搬运和混合搬运等几种方式。商品搬运系统是仓库计划最初要考虑的因素之一。在一个仓库内，库存商品的移动是其主要功能。因此，早在仓库设计阶段的初期，就应该考虑好物料搬运系统，仓库的布局和结构设计需要最大限度地为商品流动提供便利，仓库的布局原则主要包括以下几点。

（1）为使物品出入库方便，容易在仓库内移动，基本条件是将物品面向通道保管。

（2）货物尽可能地向高处码放，提高保管效率，有效利用库内容积。为防止破损，保证安全，应当尽可能使用棚架等保管设备。

（3）根据出库频率选定位置。出货和进货频率高的物品应放在靠近出入口、易于作业的地方；流动性差的物品放在距离出入口稍远的地方；季节性物品则依其季节特性来选定放置的场所。

（4）同一品种在同一地方保管。为提高作业效率和保管效率，同一物品或类似物品应放在同一地方保管，员工对库内物品放置位置的熟悉程度直接影响着出入库的时间，将类似的物品放在邻近的地方也是提高效率的重要方法。

（5）根据物品重量安排保管的位置。安排放置场所时，重的物品放在下边，把轻的物品放在货架的上方。需要人工搬运的大型物品则以腰部的高度为基准。这对提高效率、保证安全是一项重要的原则。

（6）依据形状安排保管方法。依据物品形状来保管也是很重要的，如标准化的商品应放在托盘或货架上来保管。

案例 5-3

电子商务仓储与传统仓储有哪些区别

1. 存储方式

传统物流一般情况下存储区和拣配区域共用，其实质是由少品种、大批量的出入模式所决定的。库内设施一般为平面库（堆垛）和立体高位货架。

由于大批量的特点，进出以箱数为单位，甚至以托盘为辅助单位；存储和转移多以托盘为载体。而电子商务的物流则需要应付多品种、小批量的特点，同时在目前以人工作业为主的前提下，必须以专门的存储区来提高存储利用率，以专门的拣货区提高拣选效率（轻型货架为主，平面托盘库位补充）。

我们所看到的仓库布局、辅助器械都有很大差异。传统仓库品类的ABC分类基本稳定，产品足够成熟，所以其存储方位大致确定。电子商务物流则由于多种组合和空间压缩让ABC分类极具动态性，所以这种常用方式（分类存储）变得很难上手，亚马逊的随机存储也一定程度上反映了这种困境。

2. 拣货方式

传统物流出库批量大，可以用叉车直接拣货，在衡量拣货效率时多以箱数（原包装箱）为主要单位。很少使用RF（射频）辅助，因为数量大，但品种少，可重复清点；拣货过程直接摘果，或者摘果后播种；一个订单批量已经足够大，不需要考虑订单如何组建波次。

相反，电子商务需要以规模制胜，品种繁多，但数量多为个位数，甚至多为一件两件，拣货时一个订单显然不足以摘果，需要统筹考虑以波次为单位，边摘果边播种，这种精细程度是驾驶叉车类似的粗糙工具无法做到的，所以常见的电子商务拣货多是RF、拣货小车、周转箱搭配完成。RF代替人眼做到完成一个动作的校验，周转箱则代替移动包装单位（托盘）。

这里想特殊强调一下，笔者认为大型电子商务仓库作业最具提升潜力的就是拣货，几乎没有之一，具体如下。

（1）数量级大，小小改变可能带来很大收获。

（2）电子商务的拣货在目前看来，短期无法机械化，执行上存在很大变数。如何建立科学的流程，保证效率，仍然有很多工作要做。

（3）其复杂性更高，比起传统仓储作业，更强调其系统性优化思想。

尽管和传统物流一样，提升拣货作业效率需要从入库规划做起，也要考虑怎样组合一个最精明的波次，建立一个什么样的指导路径，等等，但电子商务拣货要实现这些目标就困难多了，因为要从大数据中考虑货物的ABC属性、波次如何组合、路径如何优化，而且这些基础性质可能还是时刻变化的。

3. 出库复核

传统出库的复核程序很重要，基本上基于数量清点、零头箱以及品种校验，也多为人工可以单独完成，而电子商务的复核几乎是重新清点，通过电子设备终端一一完成校验。

4. 信息元素

传统物流货物上的信息元素要求不高，因为货物本身外表或物理属性可以区分，例如可以不贴标签，也不需要有票据一一对应，即发票可以和货物异步流通；然而电子商务物流却严格要求标签信息规范和完整，在同一时间的订单如果没有标签、条码，信息就如石沉大海，发票也必须和货物同步流动，如果分开就不仅是费用的问题，更是对核心"顾客体验"的伤害。

5. 盘点——电子商务包装的复杂性

传统物流的盘点定期进行，由于没有强系统约束，盘点也成为库存管理或者问题暴露的重要手段。传统物流可以停止运作进行盘点，而多级库存分布也保证了停止作业的可行性。电子商务物流则无法达成这样的静态盘点，其7×24小时的服务一直让仓库处于运转中。

那如何保证账实一致呢？电子商务的仓库重在控制过程，杜绝差异产生（传统过程可以偏离系统要求，事后补救）。要不断通过系统引导控制进行差异处理，做到数量、状态、位置的每次变化都是系统、实物同步进行。通过这些方面的严格管控，来弥补无法进行静态盘点的不足。较为可行的是局部盘点、分类盘点。

整体向电子商务物流的运作标准化是走在前头的，电子商务物流所有操作都是成体系、可复制的，行业内各企业管理差异不大，而传统物流的各企业差异很大，理论上是以箱为基本单位，但是在通信行业的仓储上，拆箱分拣的作业依然存在很大差异，也有使用RFID的，不过比较少，传统物流特别是零售店的配送网络跟电子商务物流是有异曲同工之妙的。

资料来源：电子商务仓储与传统仓储有哪些区别[EB/OL].（2019-03-06）. http://www.100ec.cn/detail--6501565.html. 有改动.

二、5S 现场管理

（一）5S 活动的含义

5S 是整理（seiri）、整顿（seiton）、清扫（seiso）、清洁（seikeetsu）和素养（shitsuke）这 5 个词的缩写。因为这 5 个词日语中罗马拼音的第一个字母都是"S"，所以简称为"5S"，开展以整理、整顿、清扫、清洁和素养为内容的活动，称为 5S 活动。

（二）5S 活动的内容

1. 整理

把要与不要的人、事、物分开，再将不需要的人、事、物加以处理，这是开始改善生产现场的第一步。整理的要点是对生产现场的现实摆放和停滞的各种物品进行分类，区分什么是现场需要的，什么是现场不需要的。对于现场不需要的物品，诸如用剩的材料、多余的半成品、切下的料头、切屑、垃圾、废品、多余的工具、报废的设备、工人的个人生活用品等，要坚决清理出生产现场，这项工作的重点在于坚决把现场不需要的东西清理掉。对于车间里各个工位或设备的前后、通道左右、厂房上下、工具箱内外，以及车间的各个死角，都要彻底搜寻和清理，达到现场无不用之物。坚决做好这一步，是树立好作风的开始。日本有的公司提出口号：效率和安全始于整理！

整理的目的是：改善和增加作业面积；现场无杂物，行道通畅，提高工作效率；减少磕碰的机会，保障安全，提高质量；消除管理上的混放、混料等差错事故；有利于减少库存量，节约资金；改变作风，提高工作情绪。

2. 整顿

把需要的人、事、物加以定量、定位，这就是整顿。通过前一步整理后，对生产现场需要留下的物品进行科学合理的布置和摆放，以便用最快的速度取得所需之物，在最有效的规章、制度和最简捷的流程下完成作业。

整顿活动的要点是：物品摆放要有固定的地点和区域，以便于寻找，消除因混放而造成的差错；物品摆放地点要科学合理。例如，根据物品使用的频率，经常使用的东西应放得近些（如放在作业区内），偶尔使用或不常使用的东西则应放得远些（如集中放在车间某处）；物品摆放目视化，使定量装载的物品做到过目知数，摆放不同物品的区域采用不同的色彩和标记加以区别。

生产现场物品的合理摆放有利于提高工作效率和产品质量，保障生产安全。这项工作已发展成一项专门的现场管理方法——定置管理。

3. 清扫

把工作场所打扫干净，设备异常时马上修理，使之恢复正常，这就是清扫。生产现场在生产过程中会产生灰尘、油污、铁屑、垃圾等，从而使现场变脏。脏的现场会使设备精度降低，故障多发，影响产品质量，使安全事故防不胜防；脏的现场更会影响人们的工作情绪，使人不愿久留。因此，必须通过清扫活动来清除那些脏物，创建一个明快、舒畅的工作环境。

清扫活动的要点是：自己使用的物品，如设备、工具等，要自己清扫，而不要依赖他人，不增加专门的清扫工；对设备的清扫，着眼于对设备的维护保养。清扫设备要同设备的点检结合起来，清扫即点检；清扫设备要同时做设备的润滑工作，清扫也是保养；清扫也是为了改善。当清扫地面发现有飞屑和油水泄漏时，要查明原因，并采取措施加以改进。

4. 清洁

整理、整顿、清扫之后要认真维护，使现场保持完美和最佳状态，这就是清洁。清洁，是对前三项活动的坚持与深入，消除发生安全事故的根源。要创造一个良好的工作环境，使职工能愉快地工作。

清洁活动的要点是：①车间环境不仅要整齐，而且要做到清洁卫生，保证工人身体健康，提高工人劳动热情；②不但物品要清洁，而且工人本身也要做到清洁，如工作服要清洁，仪表要整洁，及时理发、刮须、修指甲、洗澡等；③工人不仅要做到形体上的清洁，而且要做到精神上的"清洁"，待人要讲礼貌，要尊重别人；④进一步消除空气中的粉尘、噪音，清除污染源，消灭职业病。

5. 素养

素养即教养，努力提高人员的素养，养成严格遵守规章制度的习惯和作风，这是 5S 活动的核心。没有人员素质的提高，各项活动就不能顺利开展，或者开展了也坚持不了。因此，抓 5S 活动，要始终着眼于提高人的素质。

（三）开展 5S 活动的原则

1. 自我管理的原则

良好的工作环境，不能单靠添置设备，也不能指望别人来创造。应当充分依靠现场人员，由现场的当事人员自己动手为自己创造一个整齐、清洁、方便、安全的工作环境，使他们在改造客观世界的同时，也改造自己的主观世界，产生"美"的意识，养成现代化大生产所要求的遵章守纪、严格要求的风气和习惯。因为是自己动手创造的成果，所以也就容易保持和坚持下去。

2. 勤俭办厂的原则

开展 5S 活动，要从生产现场清理出很多无用之物，其中，有的只是在现场无用，但可用于其他的地方；有的虽然是废物，但应本着废物利用、变废为宝的精神，千方百计地利用，需要报废的也应按报废手续办理并收回其"残值"，千万不可只图一时处理"痛快"，不分青红皂白地当作垃圾一扔了之。对于那种大手大脚、置企业财产于不顾的"败家子"作风，应及时制止、批评、教育，情节严重的要给予适当处分。

3. 持之以恒原则

5S 活动开展起来比较容易，可以搞得轰轰烈烈，在短时间内取得明显的效果，但要坚持下去，持之以恒，不断优化就不太容易。不少企业发生过一紧、二松、三垮台、四重来的现象。因此，开展 5S 活动，贵在坚持，为将这项活动坚持下去，企业首先应将 5S 活动纳入岗位责任制，使每一部门、每位员工都有明确的岗位责任和工作标准；其次，要严格、认真地搞好检查、评比和考核工作，将考核结果同各部门和每位员工的经济利益挂钩；第三，要坚持 PDCA 循环，不断提高现场的 5S 水平，即要通过检查，不断发现问题，不断解决问题。因此，在检查考核后，还必须针对问题提出改进的措施和计划，使 5S 活动不断地开展下去。

三、仓储安全管理

（一）仓储安全管理的意义

不断改善劳动条件，保护职工在生产中的安全和健康，防止事故和职业病，是现代化仓储管理的重要原则之一。现代化仓储不但要具备现代化的劳动手段，即具有先进的设备和技术，而且要实行文明生产。这就要求在仓储生产过程中不但要保持库容整洁，有良好的劳动环境和生产秩序，而且要有各项安全规程和制度，以保证职工、设备及储存物资在储运过程中的安全。物资在储运过程中，客观上存在着一些不安全的因素，如在装卸搬运笨重物资时，有被碰撞的危险；在操作电器设备时，有触电的危险；在搬运或储放危险品时，有中毒、爆炸等危险。一旦发生事故，将可能造成人员伤亡和物资的大量损失，因此，仓储管理必须十分重视发现、分析和消除仓库物资管理过程中的各种危险，保护仓库中的人、财、物不遭受破坏、损失，并在一定条件下取得最佳的经济效益和社会效益。

（二）仓储安全管理的任务

仓储安全主要包括库房、机械设备、商品、人身等多项内容，仓储安全管理的基本任务可归结为：建立、健全安全生产的各种规章制度并坚决贯彻执行，防止各种事故的发生，提高警惕，严防不法分子破坏，确保仓库、职工的安全。从这个基本任务出发，具体有如下几项工作。

（1）建立、健全安全生产责任制和各项安全保卫制度。

（2）保证仓储安全生产的投入，完善安全生产条件，加强仓储安全技术工作。

（3）加强对有关安全生产的法律、法规和安全生产知识的宣传，提高职工的安全生产意识。

(4) 提高警惕，严防不法分子破坏，坚决有力地打击一切破坏活动。

(三) 治安保卫管理组织

治安保卫组织通常分为保卫组织、警卫组织和群众性治安保卫组织。为了利于开展治安保卫工作，仓储部门应当根据实际情况，按照精干高效、运转灵活的原则设立保卫机构，或者配备专职、兼职保卫工作人员，从而形成仓储安全网。

(四) 治安保卫管理制度

治安保卫管理必须贯彻预防为主、确保重点、打击犯罪、保障安全的方针，坚持"谁主管，谁负责"和"有奖有惩、奖惩分明"的原则，治安保卫工作的顺利开展，必须有完善的制度保障。为此，仓储部门应建立一系列治安保卫管理制度，一般包括：①安全岗位责任制度；②门卫、值班、巡逻、守护制度；③仓储设施管理制度；④重要物品安全管理制度；⑤要害部位安全保卫制度；⑥防火安全管理制度；⑦机动车辆安全管理制度；⑧外来分工人员管理制度；⑨治安防范的奖惩制度。

(五) 治安保卫工作的内容

为了预防和制止违反治安管理的行为和犯罪活动，消除治安灾害隐患，确保各项仓储工作的正常进行，治安保卫管理应突出做好下列工作。

(1) 根据仓库地形和库房、货场分市情况，划定岗哨和巡逻范围，在划定地段内，明确守护员之间以及守护员与保管员之间的安全交接责任。

(2) 开展社会主义法制和治安保卫工作的宣传教育，增强职工群众的法制观念和自觉维护本企业治安秩序的意识；同时，加强警卫人员的人格、业务学习，邀请当地公安部门派员讲授有关专业知识和协助军事训练，以提高警卫人员的军事素质。

(3) 应当按照公安机关的规定和技术标准，在要害部位设置安全技术防范设施。专职警卫人员均应驻守仓库。有事外出须经批准，并按时返库，仓库可采取轮休制，以保证人员必要的休息。

(4) 仓库警卫组织应与公安部门建立经常性的联系制度，及时交换情报和经验；并应与四邻单位密切联系，了解周围动态，做到心中有数。

(六) 仓库防火

仓库中存放着大量物资，一旦发生火灾，将造成人员伤亡和巨大的经济损失。

因此，仓库必须遵守消防法规和安全规程，把消防安全工作贯彻到仓储的各个岗位和全部活动中并确保防火安全。仓库的防火工作应从以下几方面着手：储存管理、装运管理、电源管理、火源管理、消防设施。

(七) 安全作业管理

积极预防仓储作业的操作事故，以保障人身、物品的安全。应做好下列几方面的工作。

1. 制定和严格执行安全操作规程

为提高工效,预防事故,每项作业、每台设备必须依据过去的经验总结和操作实践,制定出安全操作规程,在作业时严格贯彻执行,这是防止事故的关键所在。

2. 必须加强劳动保护

首先,进行加强劳动保护的思想教育,明确加强劳动保护是为了安全操作,对企业、个人都有利。同时要抓技术革新的设备、机具的改造。从技术设备劳动条件上研究和采取措施以保证安全和减轻劳动强度。其次,装卸、搬运等作业人员的身体健康状况对于安全操作有直接关系,所以,要定期对职工进行身体检查。一般新的人员参加操作之前,都要进行一次身体健康状况检查,在正常情况下,每年普遍体检一次,及时预防和治疗职业病。最后,劳动保护用品应该备足,按规定发放使用。

3. 加强业务技术学习,提高操作技术水平

经常组织职工学习安全操作技术,吸取过去作业事故中的教训,使之较熟练地掌握操作技能和必要的业务知识。随着仓储作业机械化程度的提高,装卸、搬运、堆码、检查、养护等方面新技术的应用和加强业务技术学习成为职工进行生产的必要前提。如有关装卸、搬运安全操作规程、商品性能(尤其是新产品、危险品)、设备机具的性能等基本知识,都应列入业务学习内容,并定期考核,对个人应掌握的基本技术和知识做出鉴定。通过考核评定优劣,并与奖惩挂钩,促进职工业务学习的自觉性,不断提高业务技术水平,使每个人都能按照操作规程熟练地进行安全作业。

4. 抓好设备安全管理,开展安全操作竞赛

根据国内外的经验和有关资料分析,伤亡事故往往同设备不良或者操作不当有关。设备质量不好或者不注意维护,就会留下事故隐患。因此,仓库应该加强设备管理,坚持以维护为主、检修为辅的方针,搞好设备维护保养工作,保证设备经常完好。如果对装卸等设备只管使用,不注意维护检修,甚至为了片面追求高作业量,不惜拼设备,让设备超负荷运转或者带"病"作业,可能会发生事故,必须坚决纠正。

(八)安全操作的基本要求

为实现安全操作,避免事故的发生,对仓储过程中涉及的每一工种的工人都有一些安全操作的基本要求。现以装卸工为研究对象,其安全操作的基本要求如下:服从领导,听从指挥;严格执行安全操作规程;妥善进行堆码与装车;爱护机具,搞好维修保养。

四、现代化仓储管理

(一)通过客户化加强仓储的功能

根据延迟理论(theory of postponement),各种活动都存在被尽可能推迟的情况,产品的外观、形状或者生产、组装、配送应尽可能推迟到接受顾客订单后再确定,以满足实际中的各种需求。客户化仓储正是延迟理论在需求链上满足顾客需求的应用。体现在推延了生产的最后环节,以使产品能按顾客需求生产。

客户化仓储的本质,就在于储存一般的通用商品,直到收到客户订单再开始进行最后

的生产步骤。在这点上，仓库完成了按顾客需求将普通商品客户化的增值服务。仓储的增值服务包括品质检测、分拣、包装、贴标签、印刷等服务，而客户化仓储的范围变得越来越重要。客户化仓储的范围与以下几个因素有关：增值服务的成本、库存的成本、客户化产品所需前置期与满足顾客需求的前置期比较。随着批量生产的经济性变得更重要，客户化仓储的范围将变小；随着客户化功能需求越来越大，客户化仓储的范围将变大；而随着仓储成本的降低，客户化仓储的范围也将缩小，反之亦然。拥有大型仓储设施的仓储物流企业可以考虑下列增值服务：材料及零部件的到货检验；材料及零部件的安装制造；提供全天候收货和发货窗口；配合客户营销计划进行制成品的重新包装和组合，如不同产品捆绑促销时提供商品的再包装服务；为满足客户销售需要而提供的成品标记服务，如为商品打价格标签或条形码；便利服务，如为成衣销售提供开箱加挂衣架重新包装的服务，对于超市型客户而言，这种服务很有市场；商品退回存放并协助处理追踪的服务；为食品、药品类客户提供低温冷藏的服务，并负责先进先出，最大限度地方便商家。

因此，增强仓储作用的关键在于定义一个适当的客户化仓储的范围，以便最经济地满足顾客的需求。

（二）客户化仓储的优点

客户化仓储的优点如下：减少所需的库存空间；减少库存增加对仓库的压力；提高顾客服务水平；减少顾客退货及退货费用；减少储存单位的重组；降低储存时间过长和周转缓慢物品的库存水平；增强应对特殊和快速订单的灵活性；有效安排生产计划，使其在最经济的批量下生产，而不是以库存为基础；降低生产线变动效率；增加库存周转率。

（三）仓储管理系统

在传统管理模式下，仓库被看成一个无附加价值的成本中心，而现在仓库不仅被看成形成附加价值过程中的一部分，而且被看成企业成功经营中的一个关键因素。仓库是联结供应方和需求方的桥梁。仓储管理系统（warehouse management system，WMS）作为一套应用型的操作软件，其所包含的方法和技术为流通中心的仓库完成流通功能提供了强大的支持和保证。

项目实训

仓储安全管理

🔍 **实训目标**

1. 加强团队合作，发挥每一个团队成员的能力，学习小组讨论、分析的方法；
2. 培养自主学习和独立思考的能力。

💡 **实训内容**

假如你在 eBay 英国站开了一家手工饰品的店铺，需要对仓储安全管理有一个初步的了解，以便日后更加有效地节约成本。请以"如何安全管理仓储"为题写一篇报告。

实训步骤

1. 教师带领学生学习相关知识，按照 3 人一组进行教学分组，每个小组设组长一名，负责确认每个团队成员的任务。
2. 根据教师教授的内容，整理仓储安全管理的相关知识。
3. 上网或者去图书馆查询关于仓储安全管理的课外知识。
4. 每个小组派一个组员根据自己的报告上台演讲，教师和其他小组成员对其演讲进行评价、讨论。

复习与思考

1. 仓储的作用是什么？
2. 商品入库作业包括什么？
3. 仓储的基本决策有什么？
4. 安全作业管理包括什么内容？

第六章　跨境电子商务物流运输管理

知识目标

- 了解跨境电子商务运输管理概念；
- 了解国际航空物流的概念；
- 掌握国际邮政包裹的概念；
- 了解国际快递概念；
- 掌握国际专线物流概念。

学习重点、难点

重点：

- 跨境电子商务物流运输的管理特点和意义；
- 普通空运的基本流程；
- 国际货物托运包装要求；
- 国际快递业务的特点。

难点：

- 能够掌握邮政包裹物流模式的运作流程；
- 能够掌握国际专线物流的运费及运作模式；
- 能够了解如何开展国际快递业务；
- 能够设置跨境电子商务物流板块。

第六章 跨境电子商务物流运输管理

本章思维导图

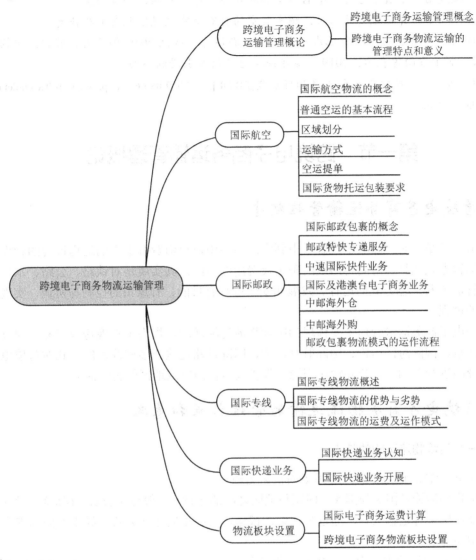

案例导入

顺丰航空开通第 4 条国际航线

近日，顺丰航空一架满载货物的 B757-200 型全货机由长沙顺利飞抵孟加拉首都达卡，标志着"长沙—达卡"国际货运航线正式开通。此前，顺丰航空已陆续开通由昆明、南宁直飞达卡的货运航线。

据悉，这是顺丰航空进入 2019 年以来成功开通的第 4 条国际航线，也是顺丰航空第 3 条由国内城市直飞达卡的货运航线。新航线运输货物以普货、生鲜为主，实现常态化运营后将有助于提升华中地区往来孟加拉的贸易活力，促进国家"一带一路"倡议深化发展。

据记者了解，上月初，顺丰航空"乌鲁木齐—阿拉木图"国际货运航线也已正式开通运行。新航线由顺丰航空主力机型 B757-200F 执飞，运输货物以普货为主。

此外，在不断开拓航线的同时，顺丰航空的自有全货机规模也在不断壮大。

2019 年上半年，顺丰航空已成功引进 5 架新运力，截至 2019 年 5 月，其机队规模已达 55 架。顺丰方面曾表示，2019 年顺丰航空也将持续引进新运力。

资料来源：顺丰航空开通第 4 条国际航线[EB/OL]. （2019-08-06）http://www.100ec.cn/detail--6521612.html. 有改动.

第一节　跨境电子商务运输管理概论

一、跨境电子商务运输管理概念

运输管理是指对产品从生产者手中到中间商手中再至消费者手中的运送过程的管理。它包括运输方式选择、时间与路线的确定及费用的节约。其实质是对铁路、公路、水运、空运、管道 5 种运输方式的运行、发展和变化进行有目的、有意识的控制与协调，实现运输目标的过程。

跨境电子商务运输管理主要体现为国际物流运输活动，指为了实现跨境交易，通过国际公路运输、国际海洋运输、国际航空运输、国际铁路运输或多式联运的方式对跨境电子商务的商品进行采购、包装并输送到境外收货人所在国家或地区的物流活动。

二、跨境电子商务物流运输的管理特点和意义

（一）跨境物流运输的特点

1. 跨境货物运输是中间环节很多的长途运输

跨境货物运输是国家与国家、国家与地区之间的运输，一般运距较长。在运输过程中，往往需要使用多种运输工具，通过多次装卸搬运，交换不同运输方式，经由不同的国家和地区，中间环节很多。

2. 跨境货物运输涉及面广，情况复杂多变

货物在国际的运输过程中，需要与不同国家、地区的货主、交通部门、商检机构、保险公司、银行、海关以及各种中间代理人打交道。同时，各个国家、地区的政策、法律规定不同，金融货币制度不同，贸易运输习惯和经营方式也有差别，再加上各种政治、经济形势和自然条件的变化，这些都会对跨境货物运输产生较大的影响。

3. 跨境货物运输的时间性特别强

国际市场竞争十分激烈，商品价格瞬息万变，进出口货物如不能及时地运到目的地，很可能会造成重大的经济损失；某些鲜活易腐商品和季节性商品如不能按时送到目的地出售，所造成的经济损失可能会更加严重。为此，货物的装运期、交货期被列为贸易合同的装运条款，能否按时装运直接关系到重合同、守信用的问题，对贸易、运输的发展都会产

生巨大的影响。

4. 跨境货物运输的风险较大

跨境货物运输由于运距长、中间环节多、涉及面广、情况复杂多变,加之时间性很强,因而风险也就比较大,为了转嫁运输过程中的风险损失,各种进出口货物和运输工具都需要办理运输保险。

(二)跨境电子商务运输管理的意义

1. 运输管理能保证跨境交易顺利进行

一个跨境交易至少涉及两个以上的国家或地区,运输路径长且时间也比较长。要想跨境交易过程顺利进行,就必须对其进行管理。在运输过程中需要协调各个方面的资源来保障商品能按时按量地运输到目的地。物流企业或运输企业的管理,就是对整个运输过程的各个环节——运输计划、发运、接运、中转等活动中的人力、运力、财力和运输设备,进行合理组织,统一使用,调节平衡,监督完成,以求用同样的劳动消耗(活劳动和物化劳动)运输较多的货物,提高劳动效率,取得最好的经济效益。

2. 运输管理能减少物流费用

在物流业务活动过程中,对直接耗费的活劳动和物化劳动所支付的直接费用,主要有运输费、保管费、包装费、装卸搬运费、运输损耗费等。而其中运输费所占的比重最大,是影响物流费用的一项主要因素。特别在当前我国交通运输很不发达的情况下,更是如此。因此,在物流各环节中如何搞好运输工作,积极开展合理运输,不仅关系到物流时间问题,还会影响到物流费用。物流企业只有千方百计节约运输费用,才能降低物流费用及整个的商品流通费用,提高企业经济效益,增加利润。

第二节 国际航空

一、国际航空物流的概念

空运是指用飞机或其他航空器作为载体的一种运输方式,也称空中运输。比较急用的货物在公路运输不能符合客户时效要求的情况下,客户会选择空运。空运以其迅捷、安全、准时的超高效率赢得了相当大的市场,大大缩短了交货期,对于物流供应链加快资金周转及循环起到了极大的促进作用,但空运相对海运成本较高。

圆通航空首条国际航线开通,执飞中亚货运包机航线

2018年8月15日6:10,圆通航空一架B757-200F全货机从天津滨海国际机场腾空而起,飞向有"欧亚大陆心脏"之称的哈萨克斯坦首都阿斯塔纳。该航线由圆通航空机队主力机型B757-200F执飞,首班货量达到26吨。这是圆通航空自开航以来的首条国际航线,标志着圆通航空的发展迈入新阶段。

此次航线的开通搭建了华北地区至中亚地区的空中通道，不仅将我国特色产品在最短时间内运往哈萨克斯坦，同时助力推动哈萨克斯坦特色经济产业链的发展。本次航线为包机航线，主要运输电子产品，将进一步促进中哈两国贸易畅通、资金融通，同时树立可复制、可推广的国际产能合作样板，为打造空中丝绸之路增添一份助力。

圆通航空自2018年1月开通无锡—香港—徐州地区航线后，将目光投向了国际航空运输市场，大力布局建设国际航线。此次中亚航线不仅为今后中亚地区其他航线的长期运行奠定了良好的基础，也为今后更多国际航线的开通做出了良好示范。

圆通航空董事长苏秀锋表示："本次包机为圆通航空开航以来执行的首条中亚航线，圆通航空将继续加大与国内优秀企业合作力度，共同拓展'一带一路'商机，为国家战略深度服务。"

资料来源：圆通航空首条国际航线开通，执飞中亚货运包机航线[EB/OL]．（2018-08-17）．http://www.100ec.cn/detail--6465943.html. 有改动。

二、普通空运的基本流程

（一）办理托运

各外贸公司及工贸企业在备齐货物，收到开来的信用证并经审核（或经修改）无误后，就可办理托运，即按信用证和合同内的有关装运条款，以及货物名称、件数、装运日期、目的地等填写托运单并提供有关单证，送交外运公司作为预订航班的依据。

（二）安排货舱

外运公司收到托运单及有关单据后，会同中国民航，根据配载原则、货物性质、货运数量、目的地等情况，结合航班，安排舱位，然后由中国民航签发航空运单。

（三）装货、装机

外运公司根据航班情况，代各外贸公司或工贸企业往仓库提取货物送进机场，凭装货单据将货物送到指定舱位待运。

（四）签发运单

货物装机完毕，由中国民航签发航空总运单，外运公司签发航空分运单。航空分运单有正本3份、副本12份。正本3份，第一份交给发货人，第二份由外运公司留存，第3份随货同行交给收货人。副本12份留作报关、财务结算、国外代理、中转分拨等用途。

（五）发出装运通知

货物装机后，即可向买方发出装运通知，以便对方准备付款赎单，办理收货。

三、区域划分

区域划分是指国际航空运输协会（IATA）对航空运输业务区域的划分。IATA将全球划分为3个大区，各大区又划分为若干个小区。

IATA 1区包括全部南、北美大陆及其邻近的岛屿（格陵兰岛、百慕大群岛、西印度群岛和加勒比海岛屿以及夏威夷群岛）。该区域又被划分为中大西洋区、北大西洋区和南大西洋区3个小区。

IATA 2区包括全部欧洲及其邻近的岛屿、全部非洲及其邻近的岛屿，以及包括伊朗在内的亚洲西部地区。该区域又被划分为非洲区、欧洲区和中东区3个小区。

IATA 3区包括：除IATA 2区之外的全部亚洲地区及其邻近岛屿；澳大利亚、新西兰及其邻近岛屿；除IATA 1区以外的太平洋岛屿。IATA 3区还进一步划分为南亚次大陆次区、东南亚次区、西太平洋次区、日本和朝鲜次区。中国、俄罗斯乌拉尔山以东地区均被划在IATA 3区的东南亚次区内。

IATA在制定运价规章及其有关规定的过程中，充分考虑了世界上各个不同地区的社会、经济、贸易等情况。所以这种划分与地理上的划分不完全一致。

四、运输方式

运输方式主要有班机运输、包机运输、集中托运、航空急件运输、货到付款、集装箱运输等。

（一）班机运输

班机是指定期开航，定航线，定始发站、途经站和目的站的飞机。班机运输的最大特点是可以确切掌握起运和到达时间。

（二）包机运输

包机运输是指航空公司或包机代理公司按照与租机人事先商定的条件和费率将整架飞机或一部分舱位租给包机（舱）人，从一个或几个航空站起运至指定目的地。一般而言，包机（舱）的运费较班机为低，但活动范围较小。

（三）集中托运

集中托运是指航空货运代理公司把若干批单独发运的货物集中组成一个整批，集中向航空公司办理托运的方式。填写一份总运单发送到同一到达站，再由航空货运代理公司委托在当地的代理人负责收货和分拨给实际收货人。这种方式的最大特点是可以争取到比零星托运航空快递低的运价，并使货主免去了自行办理托运的烦琐。

（四）航空急件运输，即航空快递

航空快递特别适用于急需物品、医疗器械、贵重物品、图纸资料、关键零部件、货样、单证等小件物品的快捷运输，满足了现代社会快节奏的需要。

（五）货到付款

货到付款是由发货人或其代理人与承运人之间事先达成协议，由承运人在货物运抵目的地交给收货人的同时，代发货人或其代理人收取航空运单上所记载货物的货款，然后寄给发货人或其代理人，也就是代收货款业务。而航空运费、声明价值费及一应手续费，则由发货人预付，也可由收货人在目的地支付。

（六）集装箱运输

集装箱运输在航空运输中的使用是大势所趋。但因飞机舱位形状特殊，使用的集装箱除在大型飞机货舱中可使用标准箱外，一般要使用尺寸、容积形状各异的非标准箱。使用集装箱运输主要是为了提高运输效率，以及节约包装、利于周转等。

五、空运提单

空运提单（airway bill）与海运提单有很大不同，却与国际铁路运单相似。它是由承运人或其代理人签发的重要的货物运输单据，是承托双方的运输合同，其内容对双方均具有约束力。空运提单不可转让，持有空运提单并不能说明可以对货物要求所有权。

（一）空运提单是发货人与航空承运人之间的运输合同

与海运提单不同，空运提单不仅证明航空运输合同的存在，而且空运提单本身就是发货人与航空运输承运人之间缔结的货物运输合同，在双方共同签署后产生效力，并在货物到达目的地交付给运单上所记载的收货人后失效。

（二）空运提单是承运人签发的已接收货物的证明

空运提单也是货物收据，在发货人将货物发运后，承运人或其代理人就会将其中一份交给发货人（即发货人联），作为已经接收货物的证明。除非另外注明，它是承运人收到货物并在良好条件下装运的证明。

（三）空运提单是承运人据以核收运费的账单

空运提单分别记载着该由收货人负担的费用，应支付给承运人的费用和应支付给代理人的费用，并详细列明费用的种类、金额，因此可作为运费账单和发票。承运人往往也将其中的承运人联作为记账凭证。

（四）空运提单是报关单证之一

出口时空运提单是报关单证之一。在货物到达目的地机场进行进口报关时，空运提单也通常是海关查验放行的基本单证。

（五）空运提单同时可作为保险证书

如果承运人承办保险或发货人要求承运人代办保险，则空运提单也可用来作为保险证书。

（六）空运提单是承运人内部业务的依据

空运提单随货同行，证明了货物的身份。运单上载有关该票货物发送、转运、交付的事项，承运人会据此对货物的运输做出相应安排。

空运提单的正本一式三份，每份都印有背面条款。其中，一份交发货人，是承运人或其代理人接收货物的依据；另一份由承运人留存，作为记账凭证；还有一份随货同行，在货物到达目的地，交付给收货人时作为核收货物的依据。

六、国际货物托运包装要求

国际空运应该具备的资料：报关单、报关委托书、箱单、发票、相关许可证件。

流程如下：托运人托运货物应填写国际货物托运书，并提供与运输有关的资料和文件；托运人应对所填货物托运书中各项内容和所提供的资料及文件的真实性和准确性负责；托运人所托运的货物必须符合有关始发、中转和目的地国家的法律、法令和规定以及有关航空公司的一切运输规章；托运人在托运货物前，必须自行办妥始发地海关、卫生检疫等各项手续；托运人托运鲜活易腐物品、活体动物、贵重物品、危险物品、有时间限制要求及大批量货物时，应事先向货运部门订妥航班、日期、吨位，并按约定的时间在机场收运部门办理托运手续。

空运货物对包装的要求是很严格的，因此在空运时，对货物的包装一定要严格执行空运的相关规定，以保证包装货物能够安全地到达指定地点。

（一）折叠货物包装的一般规定

（1）货物包装应坚固、完好，在运输过程中能够：防止包装破裂、内物漏出、散失；防止因码放、摩擦、震荡或因气压、气温变化而引起货物损坏或变质；防止伤害操作人员；防止污染飞机、地面设备及其他物品。

（2）包装内的垫付材料（如木屑、纸屑）不能外漏。除纸袋包装的货物（如文件、资料等）外，托运货物都应使用包装带捆扎，严禁使用草袋包装或草绳捆扎货物。

（3）包装除应适合货物的性质、状态和重量外，还要便于搬运、装卸和码放，包装外表面不能有突出的钉、钩、刺等，包装要整洁、干燥，没有异味和油渍。

（4）捆扎货物所用的包装带应能承受该货物的全部重量，并保证提起货物时不断开。

（5）如果货物的包装不符合相关规定，应要求托运人改进或重新包装。

（二）折叠部分货物的特殊规定

1. 粉状货物

用袋盛装的，最外层应使用塑料涂膜纺织袋做外包装，使粉末不致漏出，单件货物毛重不得超过 50 千克；用硬纸桶、木桶、胶合板桶盛装的，要求桶身不破、接缝严密、桶盖密封、桶箍坚固结实；用玻璃盛装的，每瓶内装物的重量不得超过 1 千克；用铁制或木制材料做外包装的，箱内要用衬垫材料填实；单件货物毛重以不超过 25 千克为宜。

2. 液体货物

容器内部必须留有 5%～10%的空隙，封盖必须平密，不得溢漏。用玻璃容器盛装的液体，每一容器的容量不得超过 500 毫升。单件货物毛重以不超过 25 千克为宜。箱内应使用衬垫和吸附材料填实，防止晃动或液体渗出。

3. 不怕碰压的货物

不怕碰压的货物可以不用包装，如轮胎等。不易清点件数、形状不规则、外形与运输设备相似或容易损坏飞机的货物，应使用绳、麻布包扎或外加包装。

4. 精密易损、质脆易碎货物

单件货物毛重以不超过 25 千克为宜，可以采用以下方法包装：①悬吊式包装，即用几根弹簧或绳索，从箱内各个方向把货物悬置在箱子中间；②多层次包装，即货物—衬垫材料—内包装—衬垫材料—运输包装（外包装）；③玻璃器皿的包装，应使用有足够厚度的泡沫塑料及其他衬垫材料围裹严实，外加坚固的瓦楞纸箱或木箱，箱内物品不得晃动；④防倒置包装，即底盘大、有手提把环或屋脊式箱盖的包装，不宜平放的玻璃板、挡风玻璃等必须使用此类包装。

5. 大型货物

体积或重量较大的货物底部应有便于叉车操作的枕木或底托。

（三）折叠部分包装类型规定

1. 木箱

厚度及结构要满足货物安全运输的需要；盛装贵重物品、精密仪器、易碎物品的木箱不得有腐蚀、虫蛀、裂缝等缺陷。

2. 纸箱

应能承受同类包装货物码放 3 米或 4 层的总重量。

3. 条筐、竹篓

编制紧密、整齐、牢固、不断条、不劈条，外形尺寸以不超过 50 厘米×50 厘米×60 厘米为宜，单件毛重以不超过 40 千克为宜，内装货物及衬垫材料不得漏出。应能承受同类货物码放 3 层高的总重量。

4. 铁桶

铁皮的厚度应与内装货物重量相对应。单件毛重 25~100 千克的中小型铁桶，应使用厚度在 0.6~1.0 毫米的铁皮制作；单件毛重在 101~180 千克的大型铁桶，应使用厚度在 1.25~1.5 毫米的铁皮制作。

综上，进行航空货运，托运人要了解空运流程、具体要求，清楚货物包装规定，这样托运人就不会因为包装不符合规定影响货物的正常运输。

第三节 国际邮政

一、国际邮政包裹的概念

国际邮政包裹是指通过万国邮政联盟体系实现货物的进出口运输，多采用个人邮包形式进行发货，以邮政体系为商品实现跨国物流的载体。在跨境电子商务市场中，国际邮政包裹方式又以国际邮政小包居多。国际邮政小包在目前跨境电子商务中使用最多，也是海淘与海外代购最常用的跨境物流模式。

国际邮政包裹适合轻型、小型商品，在货物体积、重量、形状等方面限制性较高，如含电、粉末、液体等特殊商品无法通过正常方式在邮政渠道实现通关。

中国邮政速递物流主要国际业务有：邮政特快专递服务；中速国际快件业务；针对国际及港澳台电子商务快递业务推出的e邮宝、e速宝、e特快、e包裹，以及中邮海外仓（跨境电子商务出口）和中邮海外购（跨境电子商务进口）等一站式综合物流解决方案。

二、邮政特快专递服务

邮政特快专递服务即EMS（express mail service），是中国邮政速递物流与各国（地区）邮政合作开办的中国大陆与港澳台地区以及中国与其他国家间寄送特快专递邮件的一项服务，可以为国际用户快速传递各类文件资料和物品，同时提供多种形式的邮件跟踪查询服务。该业务与各国（地区）邮政、海关、航空等部门紧密合作，打通绿色便利邮寄通道。这也是该业务区别于很多商业快递的最根本的地方。此外，邮政速递物流还提供代客包装、代客报关等一系列综合延伸服务。

EMS国际快递投递时间通常为3~8个工作日，不包括清关时间。EMS国际快递的资费标准、收寄跟踪信息以及体积、重量限制等信息可以在EMS官网上查询。

EMS的优点主要有：①邮政的投递网络强大，覆盖面广，价格比较合理，以实重计费；②不用提供商业发票即可清关，而且具有优先通关的权利，通关不过的货物可以免费返回国内；③EMS适用于小件、对时效性要求不高的货物；④EMS寄往南美洲国家、俄罗斯等国有绝对优势。

EMS的缺点主要有：①相对于商业快递来说，EMS速度会慢一些；②查询网站信息滞后，一旦出现问题，只能做书面查询，查询时间比较长；③EMS不能一票多件，大货价格偏高。

三、中速国际快件业务

中速国际快件业务（china international express）是指中国邮政速递物流与商业公司合作办理的国际快件业务，通达全球220多个国家和地区。中速快件根据重量、运递时限和服务方式的不同，分为"标准快件""经济快件""重货快件"等，同时提供门到门、门到港、港到港以及收件人付费、代垫关税等增值服务。

案例6-2

1月1日元旦后国际邮政小包资费或将大幅上涨

根据万国邮联最新公布的国际小包终端费率，为覆盖产品运营成本，持续优化业务结构，集团公司决定调整现行线上线下国际小包协议客户资费（不含窗口）。现将有关事项通知如下。

1. 资费调整范围

（1）航空挂号类小包（含跟踪小包）；

（2）航空平常小包；

（3）陆运小包（含中哈欧、中哈俄、中欧班列铁路运邮专线陆运小包、中俄公铁联运）。

2. 资费调整生效时间

自2020年1月1日起生效。

3. 相关事项说明

（1）保持现有资费体系不变。国际挂号小包新资费继续采用三档计费模式，即0～150克（含150克）、150～300克（含300克）、300克以上分别设置千克资费和件资费。另外，国际平常小包新资费将继续采用起重加两档续重资费的计费模式，即：30克及以下统一收取起重资费（件资费），30～80克、80克以上两档设置续重资费（千克资费）。

（2）新资费特点。此次资费调整高重量段涨幅相对较小。对已下单客户通知其尽快备货、交寄，确保2019年12月31日24:00前对已交寄的国际小包按照原资费完成收寄工作，对未及时收寄的及2020年1月1日之后进仓的国际小包一律按照升级后的新资费收寄。客户需根据新资费的特点提前调整产品价格。

资料来源：1月1日元旦后国际邮政小包资费或将大幅上涨[EB/OL].（2019-12-20）. http://www.100ec.cn/detail--6539455.html. 有改动。

四、国际及港澳台电子商务业务

国际及港澳台电子商务业务是邮政速递物流为适应跨境电子商务以及大陆与港澳台地区之间电子商务物品寄递的需要，整合邮政速递物流网络优势资源，与主要电子商务平台合作推出的寄递解决方案。一般来说，物流服务提供商会根据其服务的客户、所寄送产品的价值、体积重量以及寄送区域设计不同的物流服务产品。针对跨境电子商务市场的不同寄递需求，邮政速递物流跨境电子商务产品有e邮宝、e速宝等，线上下单，上门揽收或客户自送，同时，邮政速递物流还推出了中邮海外仓（跨境电子商务出口）和中邮海外购（跨境电子商务进口）一站式综合物流解决方案。中国邮政速递物流主要国际业务如表6-1所示。

表6-1 中国邮政速递物流主要国际业务

渠道	产品名称	通达国家或地区	适用类型	重量限制/kg	尺寸限制/cm
邮政渠道	e邮宝	美国、澳大利亚、英国、加拿大、法国、俄罗斯、沙特、以色列、乌克兰、挪威、巴西	轻小件	2	长+宽+高≤90 单边长度≤60
	e特快	中国香港、台湾，日本，韩国、新加坡	较高价值物品	30	同国际标准EMS
		英国、法国、俄罗斯、白俄罗斯、乌克兰			

续表

渠道	产品名称	通达国家或地区	适用类型	重量限制/kg	尺寸限制/cm
邮政渠道	e 特快	荷兰、西班牙、加拿大、巴西、澳大利亚			
	e 包裹	美国	经济类	30	同国际标准 EMS
商业渠道	e 速宝	澳大利亚、德国	轻小件	2	长+宽+高≤90 单边长度≤60
	中邮海外仓	美国	批量快消品	—	—
	中邮海外购	美国、日本	海淘商品		

资料来源：常广庶. 跨境电子商务理论与实务[M]. 北京：机械工业出版社，2017

（一）e 邮宝

e 邮宝（ePacket）又称 EUB，是中国邮政速递物流为适应跨境电子商务轻小件物品寄递需要而推出的经济型国际速递业务，利用邮政 EDI 快速清关。e 邮宝单件最高限重 2 千克；最大尺寸要求单件邮件长、宽、高合计不超过 90 厘米，最小尺寸要求单件邮件长度不小于 14 厘米，宽度不小于 11 厘米。主要路向参考时限 7～10 个工作日，资费较低。需要注意的是，中国邮政对 e 邮宝业务没有承诺时限，且该业务不受理查单业务，不提供邮件丢失、延误赔偿。因此，该业务不适合寄递一些价值较高的产品。e 邮宝现已开通美国、澳大利亚、英国、加拿大、法国、俄罗斯、以色列、沙特、乌克兰、挪威、巴西等国际业务。国际 e 邮宝的资费标准、重量体积限制及参考时限如表 6-2 所示。

表 6-2 国际 e 邮宝资费及相关规定资费标准

国家	资费标准		首重限制/g	参考时限（工作日）/天	尺寸限制/cm
	元/g	元/件			
美国	200g 以内（含 200g）：0.08 200g 以上：0.075	9	70	3～7	
加拿大 美国 法国 澳大利亚 以色列 挪威	0.07	22	—	7～10	长+宽+高≤90 单边长度≤60
俄罗斯	0.1	9（eBay 平台） 10（非 eBay 平台）	50	7～15	
沙特阿拉伯	0.05	26	—		
乌克兰	0.1	8	50	7～15	
巴西	0.08	25	50	8～10	

资料来源：常广庶. 跨境电子商务理论与实务[M]. 北京：机械工业出版社，2017

(二)e速宝

国际 e 速宝是中国邮政速递物流针对轻小件电子商务卖家的商业渠道物流解决方案，该产品必须详细申报物品明细、税则号、申报价值和重量。参考时效为 7~10 个工作日，资费较低。e 速宝现已开通澳大利亚、德国业务。

国际 e 速宝的资费标准、重量限制及参考时效如表 6-3 所示。

表 6-3　国际 e 速宝资费及相关规定资费标准

开通国家	资费标准 元/g	资费标准 元/件	首重限制/g	参考时效（工作日）/天
澳大利亚	0.09	9	50	7~10
德国	0.08	12	无	7~15

资料来源：常广庶.跨境电子商务理论与实务[M].北京：机械工业出版社，2017.

(三)e特快

国际 e 特快是中国邮政速递物流为适应跨境电子商务高价值物品寄递需求，专门推出的经济型国际速递产品。e 特快目前已通达 50 个国家和地区，限重 30 千克。

国际 e 特快的资费标准、重量限制及参考时效如表 6-4 所示。

表 6-4　国际 e 特快资费及相关规定

开通大洲	开通国家/地区	首重 500g/元	续重 500g/元	参考时效（工作日）/天
亚洲	中国台湾	16	0.6	2~4
	中国香港	48	0.5	
	日本	81	1.2	
	日本（促销价）	35	1.5	
	韩国	60	0.9	
	韩国（促销价）	35	1.2	
	新加坡	70	1.2	
欧洲	俄罗斯	60	4	7~10
	乌克兰	120	2.5	
	白俄罗斯	120	2.5	
	英国	70	2	5~7
	西班牙	85	2.2	
	荷兰	91	2	
	法国	105	2	
北美洲	加拿大	105	3	7~10
南美洲	巴西	115	4	7~10
大洋洲	澳大利亚	69	3	5~7

注：日本、韩国路向暂时使用促销价，促销结束将在国际在线发运系统向客户公告；乌克兰、澳大利亚限重为 20 千克。

资料来源：常广庶.跨境电子商务理论与实务[M].北京：机械工业出版社，2017.

（四）e 包裹

国际 e 包裹是中国邮政速递物流为适应跨境电子商务重件市场需求，与境外邮政联合设计推出的经济型速递产品，它服务于寄递批量物品的电子商务平台卖家，产品限重 30 千克，参考时效 5～7 个工作日。

国际 e 包裹的资费标准、重量限制及参考时效如表 6-5 所示。

表 6-5　国际 e 包裹资费及相关规定

开通国家	首重 500g/元	续重 500g/元	参考时效（工作日）/天
美国	60	30	5～7

资料来源：常广庶. 跨境电子商务理论与实务[M]. 北京：机械工业出版社，2017.

五、中邮海外仓

中邮海外仓是邮政速递物流为跨境电子商务卖家量身定制的灵活、经济、优质的一站式跨境出口解决方案，它帮助国内跨境电子商务卖家实现销售区域本土发货、配送，全面缩短从出单到收件的时限。

六、中邮海外购

中邮海外购是邮政速递物流为满足国内消费者"足不出户，买遍全球"的购物需求，专门设计推出的跨境电子商务个人包裹进口转运、入境申报配送等综合物流服务，可实现在线制单、海关电子申报、在线关税缴纳，一票到底，全程状态追踪。

七、邮政包裹物流模式的运作流程

按照 2013 年 4 月中国邮政速递物流股份有限公司制定的《中国邮政速递物流业务流程及操作规范转运部分（版本号：WY-GH-LC005-201304）（试行）》规范，邮政包裹物流模式运作流程可参考界定如下（含国际包）。

（1）交接。交接是指各工种、工序、班次及人员之间移交散件及总包的过程。

（2）验收。验收是指交接双方办理检查、清单、签收邮件及总包的过程。

（3）勾挑核对。勾挑核对是指根据清单、路单对散件或总包进行逐件核对的过程。

（4）平衡合拢。平衡合拢是指根据清单或路单对邮件及总包进行进口、出口、经转和结存核对的过程。

（5）发运。发运是指总包交付运输的过程。

（6）转口。转口是指从其他邮区发来的邮件经本邮区转发给另一邮区。

（7）滚存。滚存是指由于运能或运量等原因，邮件无法当班正常发运。

（8）押运。押运是指在运邮工具上对总包进行处理和押送的过程。

（9）总包汇封。总包汇封是指按规定将小总包封装成大总包的过程。

（10）汇封总包开拆。汇封总包开拆是指按规定打开邮件容器封志，取出内装邮件总包的过程。

（11）发验。发验是指邮政生产部门在邮件处理过程中发现不符合规定事项时，相互缮发单据，纠正差错、分清责任的过程。

第四节 国际专线

一、国际专线物流概述

（一）国际专线物流概念

专线物流又称货运专线，指物流公司用自己的货车、专车或者航空资源运送货物至其专线目的地。一般在目的地有自己的分公司或者合作网点，以便货车来回都有货装。按照服务对象的不同，专线物流可以分为跨境电子商务平台企业专线物流和国际物流企业专线物流，其中跨境电子商务平台企业专线物流是大型电子商务平台专门为电子商务平台内上线销售商品的中小企业开发的物流项目，通过在国内设立仓库实现提供简单易行且成本较低的物流服务的目的。专线物流适合运送多批次、小批量、时效要求高的货物，尤其适合小额批发和样品运输等。

（二）专线物流特点

1. 服务向两端延伸

国际物流专线指运营不同国家（地区）间点对点的货运线路，其运输线路及班次一般是固定的。传统的国际物流专线仅包含货运站点之间的运输服务，随着跨境电子商务服务需求升级，国际物流专线的业务链条进一步向上游的货物揽收和下游的末端派送延伸。目前，国际物流专线的服务开始逐渐包括：货物揽收、装卸打包、运输、在线追踪订单、清关、本地派送等一条龙服务。

2. 运力供给高饱和，综合费用呈上升态势

受全球国际航运运力基础设施扩充速度缓慢的影响，国际航运运力供给短时间并无明显增长空间，全球空运及海运运力供给速度无法匹配目前跨境电子商务的高速增长需求，跨境电子商务国际物流专线市场近年来几乎无明显淡旺季区别，全年呈现服务高饱和状态，因此国际运费也呈现稳中上升的趋势。

3. 竞争高度市场化，且同质化竞争明显

尽管目前市场上提供国际物流专线的服务商非常多，但其后端的货物实际承运人基本为国际主流的海运及空运公司，前端代理销售看似丰富的国际物流专线产品，在服务质量上并无明显差异，同质化竞争非常明显。

4. 进口与出口专线运力存在错配

一是由于国内跨境电子商务交易规模存在顺差，国际物流专线存在出口运费与进口运费价格偏差的现象。以1千克的包裹为例，从上海浦东直发美国洛杉矶物流加派送价格约为40元人民币；若从美国洛杉矶直发至上海，运费约为60元人民币。二是由于国内跨境

电子商务进口消费市场主要集中在一二线城市,而跨境电子商务出口则集中在深圳、广州、义乌、杭州、宁波等沿海城市,因此在国际物流专线运力区域上存在不平衡。据了解,依托产业基础和靠近香港机场的交通区位优势,仅深圳一个城市就占据了全国近60%的跨境电子商务出口包裹量,大量国际物流专线资源也集中于此。

二、国际专线物流的优势和劣势

国际物流专线的时效性优于国际邮政小包,弱于国际快递;国际物流专线的物流成本低于国际快递,但要高于国际邮政小包。国际物流专线具有明显的区域局限性,无法适应跨境电子商务所产生的无地域限制性物流需求,这将导致跨境物流专线无法成为跨境物流的主要模式之一。

国际物流专线会成为挖掘固定市场的跨境电子商务物流解决方案,也可以成为跨境物流的中间环节以及周转环节。在业务量能够支撑的情况下,可以通过开发多条国际物流专线,尤其是形成国际物流专线网络,增加国际物流专线的使用频率与整体价值。

三、国际专线物流的运费及运作模式

跨境专线物流运作流程一般包括接审单、调配车、提收货、出入库、中转配、保险服务等环节,如中国国内专线物流公司有些要通过中国香港地区中转,具体流程描述如下。

(一)接审单

1. 接单报价

专线物流公司接单的前提是准确报价,在询问清楚货物的流向、名称、吨位、方量、装卸地址后,准确报价是关键。特别是一些货代客户,一般都会先进行询价,此时,如果物流公司报价过高,则会导致客户流失;而报价过低会造成公司亏本。所以合理的价位与准确报价是获取新客户的关键。一般报价原则是与市场价格持平。如果客户的货物是物流公司当天所缺乏的货物类型,则要适当地放低价格。如重货多,则泡货可适当便宜;如泡货多,则重货也可适当便宜。

2. 审单下单

接单成功后,要对订单进行审核,并下达提货指令。下单派车时要注意以下几方面。

(1)通知司机做好发车准备,如备足油料,检查雨布、绳子,发动车辆,并倾听发动机的声音有无异常,等等。

(2)向客户承诺到达时间。正常情况下不超过一小时到达。

(3)严格审查提货单位的地址和联系人,以及订单上的货物数量、规格、包装等,以便向相关操作人员交代清楚,避免出错。

(二)调车配车

调派车时要注意如下几方面。

(1)检查被安排营运的车辆是否符合客户要求,车辆内部是否清洁、干燥、无异味,雨布是否有破损，等等；如发现问题，要提前解决。

（2）交代外勤跟车人员，要根据客户要求准确填制派工单，提醒司机要对车辆及辅助备件进行检查。

（3）外勤工作人员与司机要根据客户的要求按时到达装货现场，认真核数，合理装车。同时，正确填写托运单并要求客户确认签字，然后将托运单的一联交客户，其余联带回公司交付给公司相关人员。

（三）提货操作

（1）接受工作单时，要确认提货地址，了解货物名称、规格和提货数量。

（2）根据客户的需要安排跟车人员时，要明确任务和指定的负责人，避免发生过错后互相推诿。

（3）提货时要特别注意外包装有无破损，封口有无开裂。

（4）在填写托运单时，要检查回单数量是否与实际数量相符，单件与双件要分清注明，特别是付款方式，不要把到付写成回付，使公司产生不必要的损失。

（5）如发现包装不合理，或货物是不适合运输的物品，要请示公司领导，决定是否接单。

（6）货物有明显的问题而客户又执意要发货时，一要请示经理批准，二要客户签字认可，明确表示问题的责任不在托运方，方可接单提货。

（7）完成一次提货后，请客户在派工单上签字并对己方工作做出合适的评价。

（四）收货打单

1. 收货流程

（1）详细了解发货的情况，并带领客户办理相关手续。

（2）轻拿轻放，爱护货物，清点数量，检查包装，办理入库单。

（3）对客户所申报的重量与方量予以核实后，报开单工作人员计算运费。

2. 打单收银

（1）打单员在系统中录入发货信息时，一要全面，二要准确。录入完所有的资料信息后，核对一遍，以免发生错误。特别是对货物的数量、付款方式、客户的电话和手机号等信息，要认真核对，稍有不慎，就会给公司带来麻烦或损失。

（2）收款时一定要将钞票放在验钞机内数两遍，一是防止出现假钞，二是为了核准金额。除此之外，收款时最容易发生漏收问题，打单收银员手头的事太杂，顾此失彼，往往会单办了，款没收，又办其他事情，结果造成运费漏收，等等。此种情况的杜绝方法是一事一毕，客户再多，事再紧，也要一个一个地办完，才能进行下一个。如发生漏收、错收、少款，应由打单收银员全额赔付，并处以一定的罚金，以利吸取教训。

（五）入库装车

1. 入库

（1）核查单证是否与实际数量相符（有单必有货，有货必有单）。

（2）检查外包装是否破损，是否被动过，贴标是否有误。

（3）如发现没有贴标的货物，要编好货号，重新贴标。

货号编写的常用方法有两种。一种编写方法是按年月日加件数，例如，2018年1月5日收货5件，则货号为2018-1-5-5；另一种编写方法是托运单号加件数，例如，托运单号为09815，货物数量为5件，则货号为09815-5。

（4）做好入库记录，并输入计算机系统存档。

2. 装车

（1）如果有客户对到达时效提出了特殊要求，在业务经理答应后，要提前通知装卸队长，以便及时安排装车。

（2）仓管员要配合业务经理，对重点货物、特殊货物是否安排装车进行监督检查。如有遗漏，要及时调整，设法装走。

（3）要注意人身安全。仓管员要及时检查托盘质量，提醒装卸工不许提包装带作业，不许穿拖鞋作业。

（4）对于易碎品、液体货物、化工物品等装卸要严格按操作规定行事。违规操作造成的损失，由当事人负责赔偿实际损失的50%（如果是承包制，则按承包合同条款办事，1000元以上赔付50%）。

（5）叉车工要安全操作，除保证自己和周围的人身安全外，还要找准力点，平衡重量，低速行驶，超低移动。

（6）装货原则是先重货后轻货，先大货后小货。轻拿轻放，防止倒置，严禁将货物扔、抛、摔，小心蹬、踩、踏。

（7）特殊重要的货物，为了方便卸出，装车队长需给出该货物的车板位置示意图，以便终端公司卸货时节省时间。

（8）装卸完毕，装车队长与仓管员要配合业务经理核重。梳理货单后在系统生成拼车清单，并单击发车键，以示货物已在途。

（9）与承运司机签订承包合同书时，要求司机的手机保证24小时开机，以便与客服取得联系。

（六）配送中转

货物安全到达终端公司后，司机要配合仓管员做好入库验收工作。验收工作主要包括检查货物的包装、数量、质量（如有无外包装破损、少件等）等内容。

（1）如发现外包装有损，应重新包装或加固后方可送出。如有可能，应及时更换备用的包装。

（2）若外包装破损或封口裂开，应当场核实包装内货物的数量与质量。

（3）如发生数量和质量问题，能当场向客户赔付的则当场赔付，尽量不把问题反映在回单上。

（4）如收货方提出退货，无论什么原因都要先征求发货方的意见，发货方同意后，方可退货。退货时，要按有关规定办理退货手续。

（5）如签收单上要求加盖公章，一定要客户盖好公章。万一现场无公章，则要签收人填好身份证号、姓名及签收日期。

（6）服务胜在终端，因此，要求终端公司从配送经理到客服及配送司机，都要认真做好每一件工作，做到文明服务，礼貌待客。坚决杜绝服务态度不好，向客服发脾气和与客户争吵对骂的现象发生。违者并遭投诉，按照规定处理。

（七）回单管理

（1）在填写托运单时，要注明回单的数量和编号。

（2）回单签收后，要及时交给回单管理员，在分类整理后及时邮寄。

（3）回单返回的时间要求。例如，市内回单要求在一星期内返回，省内中转回单要求在 10 天内返回。

（4）回单返回后，应交财务登记入账。收款时交回单管理员，要销账并填好结款回执单。

（八）车辆管理

（1）将合同车辆的相关资料存档，包括车号、驾驶证、保险证件和车主的身份证、住址、电话等。

（2）货物发出前，装车队长要仔细检查货物的装载情况，包括重量是否超载、前后重量是否平衡等，并要求司机检查安全设施（如雨布、灭火器等）。

（3）货物发出的次日上午 9:00 到 11:00，下午 2:00 到 4:00，司机要主动和客服联系，报告车辆运行的情况和车辆行驶的方位。不能做到如期汇报并关机的，按规定处理。

（4）车辆在运输途中发生意外事故不能按时到达目的地时，承运司机应及时向公司汇报，以便公司尽早通知客户；对未通知公司而又产生延误的，视情节轻重，按规定处理。

（5）如需司机送货的，要提前通知客户做好收货准备，如大件货物要提前联系好叉车、吊车等。如在下班时间收货的，要提前告知收货人、送货司机的手机号和车号，以便联系。

（6）途中卸货后，务必整理好货物，盖好油布，以防货物被盗和天气突变被淋雨。

（7）年终时，公司要对合同司机进行评选，对于速度快、服务好、无安全责任事故和货损记录的驾驶员，要给予奖励。例如，评出前 3 名表现优异的驾驶员给予奖励，奖现金 500~1000 元，并享有优先续签承运合同的权利。

（九）客户服务

（1）客服常用语。处理投诉常用语："我理解，我也很着急，我明白，对不起，我们会尽量想办法的，请理解。"千万不能对客户说"不可能，没有的事，我不知道，你找老板去"。

（2）整理当天发生的业务，并打开系统浏览货物在途中的状况，以便客户查货时尽快回答客户。

（3）建立客户档案，促进客户关系管理，每月底整理出客户的发货流水并与上月做对比。

（4）负责对信息系统的维护和使用的培训指导。

（5）负责对营运车辆的信息资料的存档管理。

（6）对车辆运行有异常的现象，要及时向公司领导汇报，以便得到妥善处理。

（7）配合经理或老板做好货物理赔的相关凭证的收集整理、发放等工作。

（十）货物保险（承运人责任险）

（1）保险是公司稳步发展的重要举措，因此，必须及时投保、续保。承运人责任险包括货物运输险、雨淋、被盗、被抢、货损、交通意外事故和仓库失火险等。

（2）员工意外伤害保险。视员工的工种不同工作环境而定，对于在外作业司机、回单收款员、装卸工和外勤人员，一定要购买意外伤害保险。对于一些中途因个人原因离职的，保费应从押金中扣除。

（3）单票货物险。如客户有特别要求且发货价值又特别贵重时，一定要购买单票货物保险，向客户收取一定的保费，确保货物安全无风险。

（4）自有车辆的保险。自有车辆的保险分交强险和第三者责任险及货物保险。提送车辆营运路线复杂、时效长，因此，风险也极大，所以保险到期后一定要及时续保，以防产生意外，致使公司蒙受较大的经济损失。

第五节　国际快递业务

一、国际快递业务认知

（一）国际快递概念

国际商业快递也称国际快递，是指在两个或两个以上国家（或地区）之间所进行的快递、物流业务。国家与国家（或地区）传递信函、商业文件及物品的递送业务，即通过国家之间的边境口岸和海关对快件进行检验放行的运送方式。国际快件到达目的国家之后，需要在目的国进行再次转运，这样才能将快件送达最终目的地。

（二）国际快递业务的特点

（1）国际快递环境存在很大的差异，具体表现在法律法规、人文、习俗、语言、科技发展程度和硬件设施等方面。

（2）国际商业快递时效性有所保证，丢包率低，过程更加安全可靠；但仿牌、含电池、特殊类产品基本上都不能递送；物流成本高。

（3）国际快递因系统范围的广泛性、快递本身的复杂性，加上国际快递的特殊性，操作难度较大，面临风险更多。

（4）国际快递的信息化要求决定其先进性，对信息的提供、收集与管理有更高的要求，要求有国际化信息系统的支持。

总之，国际快递的一个非常重要的特点是，各国快递环境差异明显，尤其在快递软环境方面。不同国家的不同物流适用法律使国际快递的复杂性远高于一国的国内物流，甚至会阻断国际快递；不同国家不同经济和科技发展水平会造成国际快递处于不同科技条件的支撑下，甚至有些地区根本无法应用某些技术而导致国际快递全系统水平的下降；不同国家标准不同，也造成国际"接轨"的困难，因而使国际快递系统难以建立；不同国家的风俗人文也使国际快递运营受到很大局限。

案例 6-3

联合包裹称在全球 50 个国家扩展国际快递服务

联合包裹近日宣布，正在全球 50 多个国家扩展国际快递服务，为企业提供更广泛的货运进出口选择。

此次扩展主要是将联合包裹全球快递业务和全球快递加急业务扩展至 40 个国家（包括 5 个新增国家）的 3200 多个新邮编地区，其中包括 14 个欧洲国家以及亚洲、美洲和印度次大陆的新增邮编地区。

此外，还有中东地区和非洲的五个新市场接入了联合包裹快递网络，包括阿尔及利亚、纳米比亚、留尼旺（联合包裹全球快递）、尼日利亚和卡塔尔（联合包裹全球快递加急）。

总的来说，联合包裹快递服务现已覆盖 140 个国家和地区，在 GDP 排名前 20 的国家中，联合包裹快递服务都已实现早晨送达。联合包裹称，最新的扩张主要是为那些希望缩短上市时间、加快库存补货的企业提供早晨或中午投递服务，满足企业向国际增长地区发货的紧急需求。

对于有紧急货运需求的客户，联合包裹全球快递货运公司还为 11 个国家的近 8000 个新邮编地区提供国际托盘定时递服务，包括俄罗斯、尼日利亚和越南等高增长市场。此次扩展也增加了联合包裹这种担保服务的覆盖范围，包裹出口可以到达 76 个国家和地区，并能接收来自 82 个国家和地区的包裹。

资料来源：联合包裹称在全球 50 个国家扩展国际快递服务[EB/OL]．（2020-03-12）．http://www.100ec.cn/ detail--6548344.html．有改动．

二、国际快递业务开展

（一）准备货件

委托人根据货物情况选择适合货物性质的包装。良好的包装可以在运输过程中防止货物破损、漏失，防止货物因摆放、摩擦、震荡或因气压、气温变化而引起货物受潮、变质，同时可以防止货物伤害操作人员或污染运输设备、地面设备及其他物品。

（二）准备委托

委托人填写委托书，内容包括寄件人详细信息（10 位账号、公司名称、联系人姓名、电话号码、地址、国家邮编）等，然后发送货运代理人。

（三）上门取货

如果委托人不方便送货，也可以提前告知货运代理人为委托人安排上门取货的服务。

（四）费用结算

委托人与货运代理人在飞机起飞前结清相关运杂费用。

（五）快件追踪

委托人可自行登录相应的快递公司官网使用单号自行查询，或由货运代理人为其提供货物运输状态。

（六）快件签收

货物到达后将被第一时间送至委托人指定的地址，收货人当面清点货物后签收。工作流程从前往后依次为：数据整理→业务部填写取货单交公司→公司安排投递部配合取货

分流向→取货后，取货单交公司督察部→业务部填写数据打印申请表交数据部→打印签收单（3小时内数据部交业务部，特殊情况例外）

分流向→打印完毕后将数据打印单交督察部→业务部填写投递通知单→业务部提前24小时将投递通知单、签收单一并交于投递部（特殊情况例外）→投递部接单后安排投递→投递部48小时内将签收单、投递通知单交于督察部（特殊情况例外）

分流向→投递部制作投递报告交督察部→督察部抽查完毕后交数据部进行数据整理

分流向→督察部抽查后制作抽查报告连同投递报告及所有单据装订后交公司存档→由数据部整理完毕后将签收单交于业务部→业务部将签收单交业务员到客户处结账收款

分流向→不需交客户的签收单交数据部存档，流程简化表示如图6-1所示。

图6-1 国际商业快递简化流程

另外，为适应跨境电子商务市场的新需要，中国邮政在产品和模式创新上不断尝试。根据市场需要不断完善和设计新的物流产品，设计和开办了多渠道、多附加值、多层次的进出口寄递服务。出口方面，联合电子商务平台先后开办了国际小包、e邮宝、e包裹、e特快等邮政寄递业务，并在美国、澳大利亚、日本、英国、德国建立了海外仓，为中国卖家提供商业出口+仓储+落地配+退换货一体化仓配服务。进口方面，开办了进口e包裹、e特快和中韩海运EMS等邮政渠道，以及进口商业快件、保税进口、中邮海外购等商业渠道业务。

第六节　物流板块设置

一、国际电子商务运费计算

（一）跨境电子商务物流成本

1. 跨境电子商务产品定价与国际物流成本

1）产品销售价格

$$产品销售价格=(产品成本+平台交易费用+物流成本)\times(利润率+1)$$

2）影响跨境电子商务物流成本的因素

（1）产品的重量。2千克以内的包裹，基于跨境电子商务平台包裹小而散的特征，80%的包裹重量都低于2千克。在这种情况下，大多数商家选择的是各种类型的邮政小包裹，比如中国邮政、香港邮政等，按克收费，资费便宜，可以设置免运费吸引买家。2千克以上的包裹不适用于邮政小包，这类包裹适合走快递渠道和专线渠道，基本按0.5千克一个单位收费，运费昂贵，但是比邮政小包快，可以给客户更好的物流时效体验。

（2）产品的体积。除了邮政小包裹基本没有体积之外，其他专线和快递都是有体积的。因此，在设置运费模板的时候要先测量产品体积和重量，取大者计算运费。体积=(长×宽×高)/5000。

（3）物流妥投时效要求。样品和价值高的产品选择物流时效更有保障的渠道才能保证客户对时效的要求。

（4）产品属性分类。在计算和选择物流渠道及成本的时候，要注意物流渠道对走货产品属性的要求，有些渠道可以走带电类的敏感产品，有些物流渠道不可以走带电类的敏感产品。因此，产品属性也是决定物流渠道选择的元素之一。

2. 国际物流成本管理与控制

1）国际物流成本管理的含义

国际物流成本管理是对国际物流相关费用进行的计划、协调和控制。

2）国际物流成本管理的理论

（1）物流成本冰山一角理论。在跨境电子商务环境中，国际物流冰山一角的成本理论早已存在。在跨境电子商务1.0时代和跨境电子商务2.0时代，以货源为王，谁有优质的货源，谁就有竞争的优势，那时的跨境电子商务是蓝海市场。物流成本对于商家来说是忽略管控的，那时的物流成本被跨境电子商务的商家认为是整体成本的冰山一角。

（2）国际物流成本消减的乘法效应。在跨境电子商务的整体成本中，物流成本通常占据了销售额的20%～22%。如果企业的月销售额为1000万元（包含物流成本），那么物流成本比率为20%（200万元）。当物流成本下降5%时，企业只需要150万元的物流成本即可达到1000万元的销售额，那么企业物流成本保持200万元时，将产生1333.3万元的销售额。如果我们假设利润率也保持不变为20%，那么同样200万元的物流成本，当物流成本下降5%，则利润增加66.66万元。

（3）国际物流成本控制的策略。

① 通过整合物流综合方案来降低物流成本。跨境电子商务物流的需求是碎片化的，复杂且多样。不同的产品属性，不同的重量体积，不同的国家地区，不同的物流渠道，计费方式和成本相差甚远。根据自身平台对物流的要求以及买家的需求来整合和优化最合适的物流线路，以达到成本最优。物流成本的降低，必然会带来销售额度的增加。

② 通过实现供应链管理和提高物流服务管理来降低成本。实现供应链管理不仅要求企业的物流体制效益化，同时，物流部门、产品部门和采购部门等都要加强成本控制。提高物流服务可以确保平台和账号等企业利益，同时也是降低企业物流成本的有效方法。

③ 通过ERP信息系统管理来降低物流成本。通过标准化的系统管理来实现物流的操作和订单处理，通过ERP标准化的流程来节约人工成本，实现企业用工的最优化，并且通

过 ERP 系统监测和管控的物流数据对当前的物流状态和问题进行梳理和防范，让企业的物流管理成本大幅度下降，从而达到降低物流成本的目的。

（二）跨境电子商务运费计算

1. 计费重量单位

特快专递行业一般以每 0.5 千克为一个计费重量单位。

2. 首重与续重

特快专递货品的寄递以第一个 0.5 千克为首重（或起重），每增加 0.5 千克为一个续重。通常起重的费用相对续重费用高。

3. 实重与材积

需要运输的一批物品包括包装在内的实际总重量称为实重；当需寄递物品体积较大而实重较轻时，因运输工具（飞机、火车、轮船、汽车等）承载能力所限，需采取量取物品体积折算成重量的办法作为计算运费的重量，称为体积重量或材积。体积重量大于实际重量的物品常称为轻泡物。

4. 计费重量

按实重与材积两者的定义与国际航空货运协会的规定，货物运输过程中计收运费的重量是按整批货物的实际重量和体积重量两者之中较高的计算。

5. 包装费

一般情况下，快递公司是免费包装，提供纸箱、气泡等包装材料，但很多物品如衣物，不用特别细的包装就可以。但一些贵重、易碎物品，快递公司还是要收取一定的包装费用的。包装费用一般不计入折扣。

6. 通用运费计算公式

（1）当需寄递物品实重大于材积时

$$运费=首重运费+[重量×2-1]×续重运费$$

例如：7 千克货品按首重 20 元、续重 9 元计算，则运费总额为：20+(7×2-1)×9=137（元）。

（2）当需寄递物品实际重量小而体积较大时，运费需按材积标准收取，然后再按上述公式计算运费总额。求取材积公式为

规则物品：长（cm）×宽（cm）×高（cm）÷6000=重量（kg）

不规则物品：最长（cm）×最宽（cm）×最高（cm）÷6000=重量（kg）

（3）国际快件有时还会加上燃油附加费，比如燃油附加费为 9%，就需要在（1）中公式的结果上加：运费×9%的燃油附加费，一般会同运费一起打折。

7. 总费用

$$总费用=(运费+燃油附加费)×折扣+包装费用+其他不确定费用$$

二、跨境电子商务物流板块设置

（一）认识新手运费模板

卖家在发布产品时可以选择新手运费模板或自定义的运费模板，如果未编辑自定义模

板，则只能选择新手运费模板才能进行发布。下面我们以速卖通为例，依次来了解一下新手运费模板，并学习如何"自定义模板"。登录店铺后台以后，在"产品管理"下面的"运费模板"进行设置。

首先我们来了解一下新手运费模板，即后台显示的"Shipping Cost Template for New Sellers"，单击"模板名称"即可。

单击"模板名称"以后叫看到"运费组合"和"运达时间组合"。

在"运费组合"下平台默认的新手模板只包含了"China Post Registered Air Mail""Russian Air""EMS"和"ePacket"这些系统提供的标准运费，它们是各大快递运输公司在中国大陆地区公布的价格，对应的减免折扣率则是根据目前平台与中国邮政洽谈的优惠折扣提供的参考。而平台显示的"其余国家不发货"包含了两重意思，一是部分国家不通邮或邮路不够理想；二是部分国家有更优的物流方式可选，如收件人在中邮小包不发货的国家，卖家可通过 EMS 发货。

从"运达时间组合"上看，"承诺运达时间"为平台判断包裹寄达该收件国大约需要的时间。

（二）新建运费模板

对于大部分卖家而言，新手模板并不能满足需求，这种情况下就需要进行运费模板的自定义设置，设置入口有两个，一是直接单击"新增运费模板"；二是单击"编辑"新手运费模板。

值得注意的是：新手运费模板不可修改后直接保存。如果修改，请记得输入模板名称，保存生成新的自定义运费模板。

单击"新增运费模板"进去后，除了输入运费模板的名称外，还需要单击"展开设置"（通过编辑"新手运费模板"进入的则无须此步骤）。

两种方式单击进去显示的界面不同，但都包含几个方面：选择物流类型，卖家可以选择使用自选物流还是使用 AliExpress 无忧物流（官方物流）。

当选择无忧物流时，一是可以查看时效承诺详情；二是可以自定义运费。当选择自选物流时，一是选择物流方式，包括邮政物流、商业快递、专线物流和其他自定义的物流方式；二是设置优惠折扣；三是个性化地选择寄达国家；四是个性化地设置承诺的运达时间。

下面以 China Post Registered Air Mail（中国邮政挂号小包）的设置为例进行操作说明：

（1）勾选该物流方式。

（2）设置标准运费意味着对所有的国家均执行此优惠标准。

（3）如果对所有的国家均采取卖家承担邮费，即包邮（free shipping）处理，则勾选"卖家承担运费"。

（4）如果卖家希望对所有的买家均承诺同样的运达时间，则需要勾选运达时间设置，并填写承诺天数。

（5）大部分时候，买家希望进行更细致的设置，可以通过自定义运费和自定义运达时间来实现。卖家只需单击"自定义运费"即可对运费进行个性化设置，设置的第一步是选择国家地区，此处有两种选择方法：一是按照地区选择国家；二是按照区域选择国家。

 项目实训

物流板块设置

实训目标

1. 加强团队合作,发挥每一个团队成员的能力,学习小组讨论、分析的方法;
2. 培养自主学习和独立思考的能力。

实训内容

假如你在 eBay 英国站开了一家手工饰品的店铺,需要对六板块的设置有一个初步的了解,以便日后更加有效地节约成本。请以"如何设置物流板块"为题写一篇报告。

实训步骤

1. 教师带领学生学习相关知识,按照 3 人一组进行教学分组,每个小组设组长一名,负责确认每个团队成员的任务。
2. 根据教师教授的内容,整理出物流板块设置的分类。
3. 上网或者去图书馆查询物流板块设置的课外知识。
4. 每个小组派一个组员回答问题,教师和其他小组成员对其回答进行评价、讨论。

 复习与思考

1. 跨境物流运输的特点是什么?
2. 普通空运的基本流程是什么?
3. 专线物流的特点是什么?
4. 国际快递业务的特点是什么?

第七章　跨境电子商务库存

知识目标

- 了解跨境电子商务库存的概念；
- 掌握跨境电子商务库存管理的概念。

学习重点、难点

重点：

- 跨境电子商务库存的分类；
- 跨境电子商务库存的作用。

难点：

- 能够掌握 EOQ 模型；
- 能够了解跨境电子商务库存管理的方法。

本章思维导图

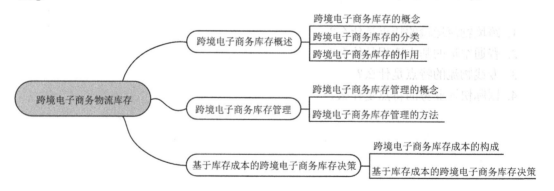

案例导入

外贸工厂"绝地求生"，库存电子商务异军突起

一周前，天浩朋友圈里又一位外贸工厂的老板老 L 宣布要"关闭"工厂，他的工厂坐落在曾有"世界工厂"称谓的珠江三角洲，十多年来他躲过了金融危机，靠拆东墙补西墙解决了一次又一次资金链危机。几月前因为美国一家品牌商的违约弃单，造成一大批库存

积压,早已千疮百孔的工厂似乎已经进入了"绝路"。

老 L 的遭遇并不是个例,在全球范围贸易摩擦加剧及中小企业融资难的双重压力下,许多企业因为上游违约弃单或传统销售渠道的瓦解而身陷资金链断裂的危机之中,堆积成山的库存无法"变现",最终不得已只能关门歇业。启信宝数据显示,2019 年前两月有 732 家外贸企业注销登记;外贸大省广东 2018 年全年注销登记的外贸企业则多达 4293 家,2019 年前两月注销企业达到 2311 家。

从当年只要有人有机器就有钱赚的"黄金生意",新的经济环境下传统的外贸工厂必须为自己找到一条出路。好消息是,国家统计局数据显示,2019 年上半年消费增长对经济增长的贡献率达 60.1%,内需高速增长是外贸工厂的新机会,能否抓住已关乎它们的生死存亡。

1. 外贸工厂的十年

老 L 是最早一批南下打工潮中的一员,高学历的他起点比大多数打工仔要高,两三年就积累了一笔可观的财富,在金融危机之前的"黄金时代"自办一个小工厂,主要从事服装加工制造,十几年来曾为许多知名的服装大品牌做过代工。

颇有头脑的他不断地将赚来的资金投入到工厂扩张中,逐渐由一个几个人的小厂子扩张成数百人的大厂,有房有车,一时风光无限。

而金融危机后的 2012 年制造业迎来"寒冬",这使他不得不勉力维持。以前每次遇到危机,老 L 总说只需要卖掉深圳的房子,就不仅能还清几百万贷款,还能有些盈余回老家"享福",但这一次显然没有这么幸运。

在广州珠三角做外贸业务的工厂不只老 L 一家,外贸制造行业在金融危机后就一直不景气。数年前,中国皮革协会曾发布《全国皮革行业 2012 年经济运行情况及 2013 年展望》,报告显示中国皮革行业在 2012 年增速下降,下行压力加大,皮革行业产值、利润、出口增速分别回落 11、19 和 17 个百分点。而在 2011 年时,三者的增速均超过 20%。这一状态一直坚持到现在。

一年前,一笔来自美国的"大单子"一扫老 L 心头的阴霾。根据他的规划,这笔订单如果执行完成,整个 2019 年工厂租金、员工工资及其他开支就都有了"着落",至少不必在 2019 年把房子卖掉了。

但不知道什么原因,在工厂进行大量生产后,品牌方以各种理由延期,最终竟然弃单,眼见着前期几百万的投入又要打水漂。老 L 自己调侃,这一"赌"自己最后的退路也没了。

罪魁祸首就是这一行业的"期货"经营方式。每一季的新款在上市之前 8~9 个月时就已经定下,经销商会提前 4~6 个月将货订好。一旦新产品因为款式或颜色不受市场欢迎,经销商就会找理由弃单,库存压力就会转嫁到下游制造工厂身上。加之近两年美国消费低迷的情况一直持续,外贸代工这一行业越来越难干。

老 L 透露,并不是所有的品牌方都会把风险全转嫁给下游工厂,只是自己当时为了抢单签了"不平等条约",现在后悔也来不及了。

各种原因造成的库存压力正在成为压垮中国服装产业的最后一根稻草,在正常情况下,服装企业健康的库存率应在 30% 左右,而我国的服装企业平均库存率为 40%~50%,绝大多数库存为过季商品,庞大的库存量已把传统的服装企业逼近警戒线。

因此，在中国帮助企业消灭库存也成为一门大生意。艾瑞咨询发布的《2019 中国库存电商行业研究报告》显示，库存电子商务 2022 年市场规模将达 1500 亿；以爱库存为代表的 S2B2C 模式的库存电子商务平台正在成为老 L 们的"救星"。中国消费结构完整，下沉市场的崛起带来许多新的机会，2018 年前后好衣库、唯品会等玩家也相继进入，中国庞大的库存背后正在诞生一个新的生意。

对于老 L 而言，急需一家能够"吞掉"这批货的靠谱渠道，只要资金流不断，就还有翻盘的机会。其实，和老 L 一样的许多外贸工厂同行已经开始转型，在产品、技术、品牌上实现自我革新。老 L 下定决心，只要渡过这次难关，也要从制造向"智造"升级。

2. 压死老板的"资金流"

工厂主们最怕的就是资金链断裂。

销路不好、利润不高都不是太大的难事，打垮企业的往往都是"钱"这个问题。销路不好可以建立新的经销渠道，利润不高可以引入设备提高自己的竞争力，只要手里有钱就有翻盘的资本。可钱一旦枯竭，一家看似强大的数百、数千人的工厂，会在瞬间就被打垮。

那资金流断裂究竟会带来什么坏影响呢？

第一，银行贷款违约。每一家工厂都免不了需要向银行贷款，2008 年之前银行贷款非常好拿，为了完成任务，银行的人每天都求着要给外贸工厂老板放贷。不过，现在银行审核客户贷款资质十分严谨小心，生怕产生坏账影响绩效。资金链断裂意味着银行贷款会违约，预示着下一季度的贷款计划也会受阻。恶性循环足以拖垮一家企业。

第二，丧失风险抵抗能力。只要是做生意就会有意外，制造业是重资产的行业，厂租、水电、人工工资、技术升级、设备换代等每个方面都是一笔不小的成本。因此，一旦客户拖款或产品堆积在库存里无法变现，工厂的运营风险就会大大增加。资金链断裂对外贸工厂而言往往是毁灭性的，因此现金流的充足对于其而言非常必要。

第三，背负上无休止的高利贷。没有人喜欢贷高利贷，但在没有任何资金来源时，高利贷就成了最后的"救命稻草"。就算能够按时"还款"，吓人的利息也会扒掉企业的一层皮。如果不能及时还上，利滚利可能会使一个老板输得一干二净。上海的许女士 2013 年向一家小额贷款公司借款 4 万，但仅仅半年时间，债务就变成 150 万。虽然国家严打高利贷，但还是有很多老板为了"挺"下去冒险。

设备老旧、审美跟不上时代、多元化战略失败等难题都不可怕，只要资金链不断，就有翻盘的机会。消灭库存是制造业首先要解决的难题，先让资金转起来，才有机会寻找新的出路。

3. 消灭库存三条路

和许多实体业老板一样，说要关闭工厂只是老 L 一时的气话，几百张嘴等着他吃饭，这一关无论如何都要挺下去。虽然外企毁约，但是这批外贸服装无论款式、颜色还是质量都属上乘，品牌商的售价在三四百元。如果以每件几十元去销售会非常畅销，没准儿还能比给人代工多赚上一些钱。

如何消灭库存是门大生意，选渠道最重要。

最早的时候，老板们都会选择一些"中间商"进行批发，这些人常年混迹于服装这个大市场，有着不错的上游渠道、下游渠道的关系，只要厂家肯狠心"甩卖"，就有人敢接盘。虽然会亏损不少,因为中间商会把价格压得比材料成本价还低,却也不失为一个快速回笼资金的办法,赔的这些钱下一次赚回来就好。

不过,库存电子商务的兴起,正在成为消灭库存的新生渠道,而且比重越来越大。据老L介绍,传统渠道去库存会带来很多麻烦,比如说品牌商为了保护自己的定价权,会采取手段惩罚。另外,这些传统渠道会把价格压得很低,一般除非真的太缺钱了,否则不会选择传统渠道去"抛货"。

近两年,以爱库存为代表的S2B2C模式的库存电子商务平台借助去中心化电子商务的模式应运而生,已经是许多外贸工厂甚至品牌商消减库存的重要渠道,相比于传统模式,S2B2C模式具备几个明显的优势,比如说流通渠道成本低,社交平台交易隐蔽性高(保护其他渠道价格体系不被冲击),库存电子商务带来了下沉红利,等等。最重要的是回款周期短,爱库存回款周期仅7天,这在传统经销模式中根本无法想象。

相比于传统库存销售渠道,社交天然的封闭性让爱库存可以有效保护在其平台上销售的"低价"商品,不会冲击其他渠道的定价。艾瑞报告认为,库存电子商务平台的快速发展主要是因为平台一方面提高了品牌商的库存周转效率,另一方面解决了小B端人群的经营痛点,此外也迎合了底线城市人群消费升级的需求。2019年,爱库存还上线了好货+选频道,是为优质工厂提供的一个销售通路,正适合老L这样的老板。通过这些库存电子商务新秀不仅可以快速消灭库存,回笼资金,未来还可以打出自己的"厂牌"。只有摆脱上游品牌商带来的束缚,才能实现真正的自主。

国家统计局的最新数据显示,2019年上半年,全国居民人均可支配收入15 294元,比上年同期名义增长8.8%,扣除价格因素,实际增长6.5%。其中,城镇居民人均可支配收入21 342元,增长(以下如无特别说明,均为同比名义增长)8.0%,扣除价格因素,实际增长5.7%;农村居民人均可支配收入7778元,增长8.9%,扣除价格因素,实际增长6.6%。

从2017年下半年至今,库存电子商务市场规模已达数百亿级。玩家量级在100~150家左右,第一梯队、第二梯队的玩家可占整体市场份额的80%以上。以爱库存为例,该平台已发展出超百万分销商,触达4.3亿消费人群,热销超过4000多万件商品,已是越来越多品牌商、工厂选择的销售渠道。

当然,除了以上两条路,工厂还可以自建渠道,组织一个团队在线下或线上进行售卖,同样可以消灭库存实现资金回流。不过,工厂自建渠道只适合小批量货的售卖,一旦库存规模够大,靠自己的力量很难快速销售出去。大批量的库存仍然要选择专业渠道进行处理。

出口转内需的转型大潮依然在继续,老L只是其中一个典型案例,制造业迫切需要早日摆脱对上游的依赖,将销售渠道掌握在自己手中,商品直达消费者不仅能让后者以低价买到高质产品,还能够使厂家赚取更多的利润。在内需经济快速增长的时代,如何顺应潮流实现转型,已是每一个工厂老板必须要考虑的问题。

资料来源:外贸工厂"绝地求生",库存电商异军突起[EB/OL].(2019-07-22). http://www.100ec.cn/detail--6518940.html. 有改动.

第一节　跨境电子商务库存概述

一、跨境电子商务库存的概念

库存（inventory）是指处于储存状态的物品或商品，具有整合需求和供给、维持各项活动顺畅进行的功能。从一般意义上来说，库存是为了满足未来需要而暂时闲置的资源。资源的闲置就是库存，与这种资源是否存放在仓库中没有关系，与资源是否处于运动状态也没有关系。汽车运输的货物处于运动状态，但这些货物是为了未来需要而暂时闲置的，就是库存，是一种在途库存。这里所说的资源，不仅包括工厂里的各种原材料、毛坯、工具、半成品和成品，还包括银行里的现金，医院里的药品、病床，运输部门的车辆，等等。

二、跨境电子商务库存的分类

（一）库存的基本类型

企业的库存主要包括原材料、在制品和产成品，库存有以下四种基本类型，也是库存的四个主要作用。

1. 周转库存

当生产或订货是以每次一定批量，而不是每次一件的方式进行时，这种由批量而周期性地形成的存货就成为周转存货。按批量进行生产或订货的主要目的是获得规模经济性和享受数量折扣。

2. 安全库存

安全库存是生产者为了应付需要和供应的不确定性，防止缺货造成的损失而设置的一定数量的存货。安全库存的数量除受需求和供应的不确定性影响外，还与企业希望达到的顾客服务水平有关。这些是制定安全库存决策时主要考虑的因素。

3. 运输库存

运输库存是处于相邻两个工作地之间或是相邻两级销售组织之间的库存，包括处在运输过程中的库存，以及停放在两地之间的库存。运输库存取决于输送时间和在此期间的需求率。

4. 预期库存

由于需求的季节性或是采购的季节性特点，必须在淡季为旺季的销售，或是在收获季节为全年生产储备的存货称为预期存货。决定预期存货的因素除了脱销的机会成本外，还应考虑生产不均衡时的额外成本。

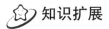

知识扩展

库存的其他分类

（二）单周期需求库存与多周期需求库存

1. 单周期需求库存

根据对物品需求的重复次数可将物品分为单周期需求与多周期需求。所谓单周期需求指仅仅发生在比较短的一段时间内或库存时间不可能太长的需求，也被称作一次性订货量问题。

单周期需求出现在下面两种情况：偶尔发生的对某种物品的需求；经常发生的对某种生命周期短的物品的不定量的需求。

第一种情况如由奥运会组委会发行的奥运会纪念章或新年贺卡；第二种情况如易腐物品（如鲜鱼）或其他生命周期短的易过时的商品（如日报和期刊等）。

2. 多周期需求库存

针对足够长的时间内对某种物品的重复的、连续的需求，其库存需要不断进行补充。与单周期需求比，多周期需求问题普遍得多。

（三）独立需求库存与相关需求库存

1. 独立需求库存

独立需求库存指对一种物料的需求在数量上和时间上与对其他物料的需求无关，只取决于市场和顾客的需求库存。

2. 相关需求库存

从属需求指对一种物料的需求在数量上和时间上直接依赖于对其他物料的需求。

来自用户的对企业产品和服务的需求称为独立需求。独立需求最明显的特征是需求的对象和数量不确定，只能通过预测方法粗略地估计。相反，我们把企业内部物料转化各环节之间所发生的需求称为相关需求。相关需求也称为非独立需求，它可以根据对最终产品的独立需求准确地计算出来。相关需求可以是垂直方向的，也可以是水平方向的。产品与其零部件之间垂直相关，与其附件和包装物之间则水平相关。

独立需求库存问题和相关需求库存问题是两类不同的库存问题。相关需求和独立需求都是多周期需求，对于单周期需求，是不必考虑相关与独立的。企业里成品库存的控制问题属于独立需求库存问题，在制品库存和原材料库存控制问题属于相关需求库存问题。

所谓独立需求是指需求变化独立于人们的主观控制能力之外，因而其数量与出现的概率是随机的、不确定的、模糊的。从属需求的需求数量和需求时间与其他的变量存在一定的相互关系，可以通过一定的数学关系推算得出。对于一个相对独立的企业而言，其产品是独立的需求变量，因为其需求的数量与需求时间对于作为系统控制主体——企业管理者而言，一般是无法预先精确确定的，只能通过一定的预测方法得出。而生产过程中的在制品以及需要的原材料，则可以通过产品的结构关系和一定的生产比例关系准确确定，属于从属需求。

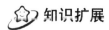

独立需求与从属需求的区别

三、跨境电子商务库存的作用

（一）缩短订货提前期

如果制造厂维持一定的成品库存，顾客就可以很快采购到他们所需的物品。这样就缩短了顾客的订货提前期，也使供应厂商争取到了顾客。

（二）稳定作用

外部需求不稳定，内部少产又要求平衡，可以维持一部分库存。

（三）分摊订货费用

需要一件就采购一件，可以不需要库存，但不一定经济。订货需要一笔费用，这笔费用若摊在一件物品上，将是很高的。如果一次采购一批，分摊在每件物品上的订货费就较少，但这样会使一些物品一时用不上，造成库存。对生产过程，采取批量加工可以分摊准备费用，但批量生产也会造成库存。

（四）防止短缺

维持一定量库存可以防止短缺。

（五）防止中断

在生产过程中维持适量的在制品库存，可以防止生产中断。显然，当某道工序的加工设备发生故障时，如果工序间有在制品库存，其后续工序就不会中断。同样，在运输途中维持一定量的库存，可以保证供应，使生产正常进行。

但并不是库存越多越好，应该保持适当的库存，并尽量降低库存，原因是大量库存造成成本升高，同时掩盖了许多生产过程中的缺陷，使问题不能及时解决。

案例 7-1

实战：亚马逊旺季过后跨境电子商务卖家清库存七大招

1月份旺季过后，销量虽然慢慢恢复了，但是也有很多跨境电子商务卖家由于错误评估销量导致积压了不少库存在亚马逊，所以从现在开始我们就要着手准备清理了，特别是那些旺季几十个集装箱运过去外国又卖得不怎么样的卖家。越大的卖家，越有过多的库存需要清理。而众所周知的好消息是，亚马逊今年也大发慈悲，减少了长期仓储费。

下面为跨境电子商务卖家介绍的几个清理库存的方法，1、2、3 为优先方案，4、5、6、7 为备选方案。

（1）打折促销。原来 Coupon 可能只有 5%~15% 的力度，这时候应该加大力度，例如 15%~50% 都是合理设置的范围，特别是对于一些季节性强的产品，更应该赶在冬季结束前把库存清理掉。

（2）加大广告预算投入。因为总体流量减少，所以在设置比较大的折扣后，更应该加大相应的客户流量，以尽快把多余库存去掉。

（3）报名参加 Best Deal，相比 LD 只有 4 小时这种运气成分较强的促销，BD 有 14 天的时间。而 BD 唯一的缺陷是需要亚马逊招商经理或者有 DI 账号的大卖家帮忙申报，而在此期间，通过加强广告、免费赠送、不要 Review 等手段，在 BD 期间让排名靠前，也可以走一次增强型的 Best Deal，加快清理库存步伐。

（4）借助亚马逊试点计划清算库存，这个计划在亚马逊运营中心用来清算库存，此计划仅仅比选择移除来得划算点，但也是一个比较糟糕的选项，建议卖家在别无他法时可以试用一下。

（5）建立移除订单。发到海外仓或者直接送给帮忙清理库存的服务商，但是这个也是下下策。据了解，一般收购的价格只有 1688 上同类产品的 4 折，也就是说得亏损包括出口物流费用、亚马逊移除费用外的工厂进货价格的 6 成，而且服务商也不一定所有类目都接收。

（6）寻找 Youtube 等网红清理。这个一般工作量比较大，适合已经有合作网红资源的成熟卖家。

（7）站外促销。上传到如 Kinja Deals、Woot 等电子商务平台，不过在亚马逊都卖不好，在这些平台也不会卖得怎么样。

资料来源：实战：亚马逊旺季过后跨境电子商务卖家清库存七大招[EB/OL]. （2019-01-22）. http://www.100ec.cn/detail--6492729.html. 有改动.

第二节　跨境电子商务库存管理

一、跨境电子商务库存管理的概念

库存管理（inventory management）是指根据外界对库存的要求，以及企业订购的特点，预测、计划和执行一种补充库存的行为，并对这种行为进行控制。库存管理重点在于确定如何订货、订购多少、何时订货等问题。库存管理的目的是在满足客户服务要求和企业生产运作正常的前提下，通过对企业库存水平的控制，力求降低库存水平，提高物流系统的效率，以强化企业的竞争力。

☆ 知识扩展

库存管理与仓储管理的区别

二、跨境电子商务库存管理的方法

（一）ABC 分类法

1. ABC 分类法概述

ABC 分类法（ABC classification）又称帕累托分析法，俗称"20/80"原则。它是根据事物在技术或经济方面的主要特征进行分类排队，分清重点和一般，从而有区别地确定管理方式的一种分析方法。ABC 分类法的核心思想是在决定一个事物的众多因素中分清主次，识别出少数的但对事物起决定作用的关键因素和多数的但对事物影响较小的次要因素。由于它把被分析的对象分成 A、B、C 三类，所以称为 ABC 分类法。

2. ABC 分类法在库存管理中的应用

将 ABC 分类法应用于库存管理领域，就是将存货按品种和占用资金的多少分为以下三类。

（1）A 类代表特别重要的库存。其品种可能只占总数的 10%，价值却占到总数的 70% 左右。

（2）B 类代表一般的库存。其品种占总数的 20% 左右，价值占总数的 20% 左右。

（3）C 类代表不重要的库存。其品种占总数的 70% 左右，但价值只占总数的 10% 左右。

除按价值分类外，还可以根据销售难易程度、缺货产生的后果（重要性）等因素进行 ABC 分类，或者综合几种因素进行分类，总之要符合库存管理的目标和仓库本身的具体情况。

分类完成之后，需要针对不同等级分别进行管理和控制。例如，A 类存货的管理应该非常严格，应将其存放在更安全的地方，而且为了确保记录准确，应经常进行盘点检查；而对于 C 类存货则可以制定安全库存水平，进行一般管理，订货批量也较大，年终进行盘点；B 类存货的管理介于两者之间。

3. 实施 ABC 分类法应注意的问题

（1）分类标准根据管理对象的不同而不同，它直接影响 ABC 分类法的最终结果。至于采用单一指标还是综合指标，应仔细调查研究对管理对象进行分类的目的和实际情况后确定，这样才能求得三类物资的合理比例数。

(2) ABC 分类法适用的范围极为广泛，应用也较灵活，因此对分类结果需根据实际情况进行核查和协调平衡，以便做出必要的调整。

（二）CVA 法

虽然 ABC 分类法简单易行，为库存控制提供了方便，但 ABC 分类法也有不足之处，因为某些 C 类物资往往得不到应有的重视。例如，一家工厂可能会把螺钉列为 C 类物资，但缺少一个螺钉往往会导致整个生产的停工。因此，有些企业引入了关键因素分析法（critical value analysis，CVA）来管理库存，CVA 的基本思想是把存货按照其关键程度分为三类到五类，具体如下。

（1）最高优先级。这类物资是经营的关键性物资，不允许缺货。

（2）较高优先级。这类物资是经营活动中的基础物资，只允许偶尔缺货。

（3）中等优先级。这类物资多属于比较重要的物资，允许合理范围内缺货。

（4）较低优先级。这类物资经营中需要，但可替代性高，允许缺货。

CVA 法与 ABC 分类法相比有更强的目的性，但使用中应注意，人们往往倾向于制定较高的优先级，使得高优先级的物资越来越多，最终导致没有主次之分。

案例 7-2

这三个亚马逊库存管理误区你踩雷了吗

库存管理在亚马逊之中占据着非常重要的位置，如果没有库存，你将无法销售产品，而且关键词排名会迅速下降，畅销榜单也会暴跌，还会给亚马逊留下坏印象，失去你的黄金购物车。三种库存管理的误区如下。

误区一：估测可用库存时，没有将销售速度考虑在内

销售速度即产品售出的速度。计算出平均每天销售的单位数量，可以推算出剩余的亚马逊库存天数，然后及时补货。

例如，你在 4 月底和 5 月初每天卖出约 50 个午餐包，此时仓库内还有 500 个午餐包，在这种情况下，我们将剩余的库存除以每天的销售额，得出在库存用完之前剩余的天数。

$$库存/平均每天销售个数 = 500/50 = 10（天）$$

所以，看看你自己的平均每天销售额，再注意一下你什么时候会缺货，这是一个衡量你何时应该开始补货，以及你应该补充多少的依据。

误区二：继续运行亚马逊 PPC 广告

当你估测到库存即将耗尽又无法及时补货时，应及时放慢销售速度，而控制此操作的最简单方法是立即暂停亚马逊 PPC 广告。

放缓销售速度能为补货提供多一点的补货时间，以防等待补货时间长给亚马逊留下不好的印象，让亚马逊收回黄金购物车或者拒绝给你黄金购物车。

误区三：没有及时调整价格

为了放慢库存消耗的速度，除了停掉 PPC 广告外，还可以做出的另一个简单的改变就是提高价格。

价格越高，需求越低。

例如：你将新款午餐包在亚马逊上以$15售出，接着，陆续有一些竞争对手推出类似产品，定价约为$12，在看到销售放缓后，你将价格降至$10。虽然你每单位销售的利润降低了，但订单数量却会急剧上涨。

此时你发现库存告急，这时你可以将价格改回$15，午餐包的销售速度会放缓，然后使库存持续更长时间。

最后补充一点，如果停广告、提价后仍然卖断货的话，可以在自己的listing下创建一个跟卖，用商业快递国内直发。

资料来源：这三个亚马逊库存管理误区你踩雷了吗[EB/OL].（2019-05-08）. http://www.100ec.cn/detail--6507628.html. 有改动。

（三）定量订货法

1. 定量订货法含义

定量订货法（fixed-quantity system）是指当库存量下降到预定的订货点（re-order point，ROP）时，按规定数量（一般以经济批量为标准）进行订货补充的一种库存控制方法。

2. 定量订货法的基本原理

定量订货法是当库存量下降到订货点 R 时，即按预先确定的订购量 Q 发出订货单，经过提前期 LT，库存下降为零，而这时正好到货，即

$$R = LT \times D/365$$

但在实际工作中，常常会遇到供货延迟等现象，提前期因某些原因而延长，这时必须设置安全库存 S 作为缓冲，这时订货点为

$$R = LT \times D/365 + S$$

式中，D 表示年需求量；S 表示安全库存量。

库存量下降到安全库存量 S 时，收到订货 Q，库存水平上升。

定量订货法主要靠控制订货点 R 和订货批量 Q 两个参数来控制订货，达到既很好地满足库存需求，又能使总费用最低的目的。在需求固定、均匀和订货提前期不变的条件下比较适用。

（四）定期订货法

1. 定期订货法含义

定期订货法（fixed-time system，fixed order interval system）是按预先确定的订货时间间隔进行订货补充的库存管理方法。

2. 定期订货法的基本原理

在这种方式下，企业根据过去的经验或经营目标预先确定一个订货间隔期，每经过一个订货间隔期就检查库存项目的储备量，然后根据盘点结果与预定的目标库存水平的差额确定每次订购批量，每次的订货量都有可能不同。定期订货法下，订货的计算公式为

$$订货量 = 最高库存量 - 现有库存量 - 在途量 + 客户延迟购买$$

由于定期订货法订货间隔期固定，所以不需要对存货进行经常性的检查和盘点，而且

由于多种货物可以同时进行采购，所以不仅可以降低订货成本，还能实现运输上的规模效应。但也正是因为不经常检查和盘点存货，所以对库存的信息不能及时掌握，有可能出现缺货损失。

> ☆ **知识扩展**

定量订货法与定期订货法的比较

第三节　基于库存成本的跨境电子商务库存决策

一、跨境电子商务库存成本的构成

库存成本是指存储在仓库里的货物所需的成本，包括订货成本、库存持有成本、缺货成本、补货成本、进货成本等。

（一）订货成本

订货成本与发出订单、收货活动有关，包括评判要价、谈判、准备订单、通信、收货检查等。订货成本一般与订货次数有关，而与每次的订货量无关。订货次数越多，总订货成本越高。当在一定期间内总需求量不变时，单位时间内的平均订货成本与订货批量成反比。

（二）库存持有成本

库存持有成本是指为保管货物所花费的全部费用，与被保管物资的数量的多少和保管时间的长短有关。被保管的物资数量越多、时间越长，库存持有成本就越高。也就是说，一次订货量太高，不仅会导致库存增加，还将导致库存持有成本的增加。

（三）缺货成本

由缺货导致的缺货损失就是缺货成本。当客户来买货时，仓库因为没有该货物而丧失了销售时机，同时也丧失了盈利的机会；如果延误合同的期限，轻则产生违约金，重则失去客户，从而失去市场竞争力。缺货成本与缺货量有直接关系，同时也可能与缺货次数和缺货时间相关。

（四）补货成本

当客户有货物需求时，仓库虽然没有现货，但可以马上进货，以最快的速度补货给用户，并不丧失销售机会。这种情况，只有在客户不急需货物的情况下才有可能实现，但是为了实现快速补货，往往会产生高价进货，给客户的招待费、回扣费等补货费用。在具体情况下，补货成本与补货量有关，并有可能与补货次数和补货时间有关。例如，在该商品短缺的季节，仓库为了满足客户的订单需求，在存量不足的情况下，就会产生高额的补货成本。

（五）进货成本

进货成本是指进货途中为进货所花费的全部费用，包括运费、延时费、装卸费等。当订货的数量和地点确定后，进货成本不会随着进货批量的变化而变化。通常把这种和订货批量无关的成本称为固定成本，而与订货批量相关的成本称为可变成本。

通常情况下，缺货和补货是相互排斥的，发生缺货时一般不会发生补货；发生补货时就不会发生缺货。具体可以将总费用归纳为四种类型：不允许缺货的情况下，会发生订货费、保管费、进货费；缺货的情况下，会发生订货费、进货费；不缺货的情况下会发生保管费，缺货期间会发生缺货费；补货情况下会发生订货费、进货费，在不补货期间会发生保管费，在补货期间会发生补货费。在一个很长的时间段内，根据市场和存货现状，有时实行缺货，有时实行补货，或者这次实行缺货，下次实行补货，此时以上五种费用都有可能发生。

案例 7-3

亚马逊 FBA 的积压库存是如何"陷入困境"的

亚马逊每个月都会对其物流中心库存进行清理。在物流中心，许多产品会因为种种原因无法销售。亚马逊称之为库存积压。

让我们先谈谈库存最终是如何陷入困境的，以及如何解决此问题。

1. 无法配送与库存积压

亚马逊 FBA 卖家对什么是无法配送的库存，以及亚马逊所说的库存积压有一些困惑。两者之间的主要区别是 listing 的状态。下面是区分它们的方法。

无法配送的库存指即使该产品是有效的，但不能（按原样）发货。例如由于产品损坏或组件丢失导致库存无法配送。

但无法配送的库存也可能是由于 listing 错误、标签或装运不符合要求。无论如何，你都需在每个月中的库存清理之后付费，直到解决问题为止。

库存积压则恰恰相反。产品存储在物流中心，但是 listing 缺失、不完整或无效。即使产品销售不出去，亚马逊也会继续把它储存起来，并向你收取服务费。

根据具体情况，你可以最终支付高额的亚马逊费用，直到你无法配送或积压的库存问题得到解决。你的库存可能会增加一些费用：月度仓储费、长期仓储费或超额费用。

2. 库存积压的常见原因

有几种众所周知的情况会导致亚马逊无法销售你的产品。首先是定价错误。当卖家在没有查看最低价格的情况下手动或自动调整价格时，就会发生这种情况。例如，挂牌价格低于底价。

有时，在将库存发送到物流中心之前没有创建 listing。有时，它们会被错误地删除或被竞争对手移除。有时，品牌所有者会对某些产品加以限制。如果这些产品已经在 FBA 的仓库里，它们就会被滞留。

库存积压的另一个常见原因是暂停上架。卖家可能需要一段时间来修复这个问题，以便亚马逊能够恢复该 listing。但即便如此，默认情况下也不会重新激活这些产品。所以，每个有这种特殊产品的卖家都需要重新列出他们的产品。

3. 如何解决库存积压问题

亚马逊卖家中心发布了一份库存积压报告。要访问单独的 listing，进入卖家中心，点击 More > Inventory > Manage Inventory > Fix Stranded Inventory。在这个页面上，你将看到一个表格，它允许你轻松地编辑 listing 或删除产品。你的选项显示在最后一列。

提示：将你的问题库存链接添加到书签中，并且每周检查一次。

要移除积压的库存，需要使用 Action 字段下拉菜单中的 Create Removal Order 选项。无论你选择将产品退回还是销毁，都必须支付移除订单费用并等待表格刷新。

你有时可能会看到一个"Change to Fulfilled by Amazon"选项。如果你的库存已经在物流中心，但它登记为 MFN，则可能是由于你在创建货件时向亚马逊发送的库存提要存在问题。选择此选项可恢复到 FBA 配送。

要重新上架积压的库存，你应该首先尝试确定是什么原因导致亚马逊停用你的 listing。但由于这并不总是一个明确的案例，你可以借鉴其他亚马逊 FBA 卖家的经验：调整积压库存价格并设置价格警报；检查你的库存文件并编辑数量、状态等；再次用库存加载器上传 listing；完全删除 listing，从头再创建一次；把情况反映到卖家支持，开 case。

资料来源：亚马逊 FBA 的积压库存是如何"陷入困境"的[EB/OL].（2020-02-27）.http://www.100ec.cn/detail--6546659.html. 有改动.

二、基于库存成本的跨境电子商务库存决策

（一）EOQ 模型

1. EOQ 模型概述

订货批量是企业的一个重要决策，一般情况下，每次订货的批量越大，在价格上得到的优惠就越多，同时因采购次数减少，采购成本相对能节省一些，但一次进货数量过大，容易造成积压，从而占压资金，多支付银行利息和仓储保管费用。如果每次采购的数量过小，在价格上得不到优惠，因采购次数的增多而加大采购费用的支出，而且运输费用也随着次数的增加而增加，并且要承担因供应不及时而造成停产待料的风险，这就是效益背反的一种体现，如图 7-1 所示。

经济订货批量模型（economic order quantity，EOQ），又称整批间隔进货模型，是固定订货批量模型的一种，可以用来确定企业一次订货（外购或自制）的数量。当企业按照经济订货批量来订货时，可实现订货成本和库存持有成本之和最小化。

该模型适用于整批间隔进货、不允许缺货的存储问题，即假设某种物资单位时间的需求量为常数 D，存储量以单位时间消耗数量 D 的速度逐渐下降，经过时间 T 后，存储量下降到零，此时开始订货并随即到货，库存量由零上升为最高库存量 Q，然后开始下一个存

储周期，形成多周期存储模型，如图 7-2 所示。

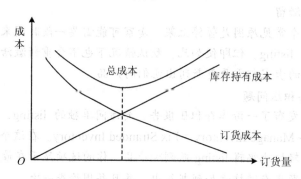

图 7-1　订货量与订货成本及库存持有成本的关系

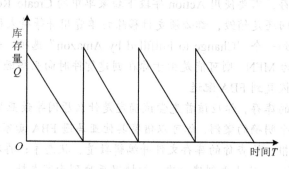

图 7-2　周期存储模型

2．EOQ 模型的假设条件

EOQ 模型是简单、理想状态的一种，需要满足如下假设条件：①需求率已知，为常量，年需求量以 D 表示，单位时间需求率以 d 表示；②一次订货量无最大最小限制；③采购、运输均无价格折扣；④订货提前期已知，为常量；⑤订货费与订货批量无关；⑥库存持有成本是库存量的线性函数；⑦补充率为无限大，全部订货一次性交付；⑧不允许缺货；⑨采用固定量系统。

3．EOQ 模型的相关公式

1）总库存成本

订货批量 Q 依据 EOQ 模型来确定，即总成本最小情况下的每次订货批量。年总库存成本的计算公式为

$$TC = \frac{DP}{Q} + \frac{QC}{2}$$

式中，TC 是年总库存成本；D 为年需求总量；P 为每次的订货成本，单位为元/次；C 为单位物资年库存持有成本，单位为元/年；Q 为每次的订货量。

2）EOQ 计算公式

经济订货批量是使库存总成本达到最低的订货数量，是通过平衡订货成本和保管成本两方面得到的。其计算公式为

$$EOQ = \sqrt{\frac{2DP}{C}}$$

（二）经济订货批量的延伸

虽然 EOQ 公式比较简单明了，但其假设条件使得其适用性大打折扣，在实际应用时，还必须考虑其他一些因素，最常见的就是那些与各种费用调整有关的问题，这是为了利用特殊的购买形式和单位化（unitization）特征而必须做出的调整。例如，EOQ 计算得出的结果并不是整数单位时；供应商不愿意在标准包装的基础上进行货物分拆；送货时采用固定运输能力的车辆进行。此时把订单近似到相邻的数字会更便于操作。与 EOQ 延伸有关的三种调整分别是：运量费率、数量折扣和其他调整。

1. 运量费率

EOQ 公式没有考虑运输成本对订货批量的影响。在根据交付数量购买产品并且卖方支付了从产地到存货目的地的运输费用时，这种忽略有时可能是正确的，因为这是由卖方负责装运，直至它抵达顾客的业务地点。然而，如果产品的所有权在产地就已转移，那么，在确定订货批量时，就必须考虑运输费率对总成本的影响。

一般来说，一次订货的数量越大，从产地到目的地的每千克运输成本就会越低，因此，大批量装运的运费费率折扣在卡车运输和铁路运输中很普遍，会出现在绝大多数的运输费率结构中。于是，在其他各因素都相同的条件下，一个企业自然希望以最经济的运输批量来进行购买，该数量也许大于用 EOQ 方法确定的购买数量。

较大的订货批量的第一个影响就是将平均存货从 150 个单位增加到 240 个单位。于是，以较大数量进行订货就会增加存货储囤成本；第二个影响是减少了所需订货的次数。订货次数的减少就会增加装运规模，于是就会提供更好的运输经济。

要完成这种分析，就必须明确地表示总成本中有无运输节约。虽然这种计算可以直接通过修正 EOQ 公式完成，但是通过比较可以提供更有参考意义的答案。唯一需要增加的数据就是按 300 个单位和 480 个单位数进行订货时所使用的运输费率。这时，企业进行决策就需要考虑运输费用，选择使总成本最低的方案。运输费率对购买总成本的影响是不能被忽视的。如果运输费用是由买方负责支付的话，那么任何 EOQ 方法都必须在批量的分类范围内测试运输成本的灵敏度。

一个值得注意的地方是，对订货周期或订货频率中出现的重大变化，EOQ 公式的灵敏度要大得多。同样，成本因素中的重大变化也必然会大大影响经济订货批量。

最后，在原产地购买（运输途中由买方负责运输费用和产品的风险）的条件下，有关存货成本的两个因素值得注意：第一，在装运时，买方对存货承担全部的风险。根据支付货款所需的时间，意味着中转存货有可能是企业平均存货的一个组成部分，并因此而承担适当的费用。继之而来的是，重量分类中的任何变化都将导致各种装运方法在在途时间方面的不同，所增加的成本或节约的费用都应该在总成本分析中进行适当的评估。第二，必须将运输成本添加到购买价格中以期精确地评估与存货相关的货物价值。一旦收到存货，投资在产品中的金额必然会因运输费用而增加。于是，存货储囤成本应根据产品项目加运输费用的联合成本进行评估。

2. 数量折扣

数量折扣是供应商提供给购买厂家的一种优惠条件，单位商品的购买费用随着购买数量的增加而有一定程度的下降，即通常所讲的"量大优惠"。购买数量折扣提供了类似于运量费率的一个 EOQ 延伸。

如果 EOQ 模型所确定的最佳订货批量刚好超过了数量折扣要求的数量，那么可以直接获得价格折扣。如果 EOQ 低于折扣要求数量的话，需要增加订货量才能获得折扣，这时就要在增加的库存成本和减少的购买价格之间做权衡。如果成本的增加比得到的折扣少，那么就应该提高订货量来获得折扣。在这样的情况下总成本变为

总成本=订货成本+库存成本-价格折扣

数量折扣可以用基本的 EOQ 公式直接处理，它按照与给定的数量有关的价格计算总成本，以确定相应的 EOQ 值。如果任何数量上的折扣足以弥补增加的维持成本减去降低的订货成本，那么，数量折扣就提供了一种可行方案。

但是，应该注意，数量折扣和运量费率各自对较大的购买数量产生影响，总成本最低的购买并不总是在数量上大于用 EOQ 方法计算出来的订货数量。

3. 其他调整

由于某种特殊的情况的发生，需要对基本的 EOQ 方法进行调整。其中可以列举的例子有批量生产、多产品购买、有限的资本、私营卡车运输、装载单元的单位化特征等。

从制造角度来看，批量生产是指最经济的数量。多产品购买所描述的情况是指当同时购买一种以上产品时，必须考虑数量折扣和运输折扣对产品的组合所产生的影响。有限的资本是指存货总投资中的预算受到种种限制。因为在预算限制内必须满足产品线的需求，所以确定订货批量必须考虑存货投资需要在整个产品线上进行分配。私营卡车运输之所以会影响订货批量，是因为一旦决定补给产品，就意味着它是一种固定成本。也就是说，如果决定使用私营车队运输补给产品，企业就应该装满卡车而不管 EOQ 批量是多少。由于只装半卡车的货物是毫无道理的，厂商的定购批量就代表了 EOQ 批量。

在确定订货批量时需要考虑的另一个因素是装载单元的单位化特征。许多产品是按标准进行储备和运输的，诸如货柜和托盘之类。既然这些标准化单位被设计用来专门适应运输工具和搬运工具，那么，当 EOQ 批量不是一种复式单位时，就有可能产生明显的不经济现象。从搬运或运输利用的角度来看，交替地或持续地定购一个或两个托盘的货，有可能效果更佳。在确定 EOQ 批量时，应该考虑使用标准的复式单位。

虽然用标准单位进行 EOQ 批量整合很重要，但随着越来越多的托运人有能力并且愿意提供组合单位或组合托盘，它们的重要性就下降了。组合单位或组合托盘包含了产品的组合，并且可以用来提供分类产品，同时可以节约运输费用和搬运费用。

在现实中，并不是所有的再补给情况都适合于统一使用 EOQ 的计算方法。在许多制造作业的场合下，具体零部件需求的产生在时间间隔上趋向于没有规律性，且需求量也变化莫测。这种没有规律性的使用要求是一种因果需求，取决于生产计划。也就是说，当制造作业发生时，所需组装的零部件必须是可得的。在每次需求间隔期间，都无须保持零部件存货处于储备状态，只要它在需要时可得到就行了。相关需求（dependent demand）的存货服务需要一种经调整过的方法来确定订货批量，这种批量被称作"间断订货批量"（discrete lot sizing）。之所以把这种技术标识为"间断的"，是因为采购的目的是要使在某个特定的时点上所要获得的零部件等于净需求。由于零部件需求此起彼伏，使用间断订货批量采购的数量将会在订货之间发生变化。

虽然使用 EOQ 方法可以按固定的或可变的时间间隔进行统一的批量定购，但间断订货批量技术可提供更大的灵活性，以适应不规则使用存货的情况。

项目实训

跨境电子商务库存管理的方法

实训目标

1. 加强团队合作，发挥每一个团队成员的能力，学习小组讨论、分析的方法；
2. 培养自主学习和独立思考的能力。

实训内容

假如你在 eBay 英国站开了一家手工饰品的店铺，需要对跨境电子商务库存管理有一个初步的了解，以便日后更加有效地节约成本。请以"如何管理跨境电商物流库存"为题写一篇报告。

实训步骤

1. 教师带领学生学习相关知识，按照 3 人一组进行教学分组，每个小组设组长一名，负责确认每个团队成员的任务。
2. 根据教师教授的内容，整理跨境电子商务物流库存的相关知识。
3. 上网或者去图书馆查询关于跨境电子商务库存管理的课外知识。
4. 每个小组派一个组员根据自己的报告上台演讲，教师和其他小组成员对其演讲进行评价、讨论。

复习与思考

1. 库存的基本类型有哪几个？
2. 跨境电子商务库存的作用是什么？
3. 跨境电子商务库存管理的概念是什么？
4. 跨境电子商务库存管理的方法是什么？
5. 跨境电子商务库存成本的构成是什么？

第八章　跨境电子商务海外仓

知识目标

- 了解海外仓的概念；
- 掌握头程费用；
- 了解海外仓选品规则；
- 了解海外仓的规划与布局。

学习重点、难点

重点：

- 海外仓的优缺点；
- 仓储管理服务费用；
- 海外仓选品定位与思路。

难点：

- 能够了解海外仓选址的原则与流程；
- 能够掌握海外仓运营流程；
- 能够掌握海外仓技术。

本章思维导图

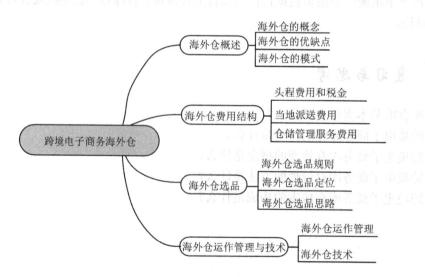

案例导入

Lazada 重点布局海外仓，两大方面为卖家赋能

受疫情影响，许多卖家供应链断裂，急需解决方案，为此，Lazada 将布局海外仓作为重点，并从降低费用和提升流量两大方面去帮助卖家解决痛点。

据介绍，Lazada 海外仓服务可帮助卖家提升三大竞争力。首先，其拥有更快的物流时效，包裹自清关后平均 3 天可送达消费者，媲美国内快递速度；其次，Lazada 海外仓拥有更低的物流费用，受疫情影响，平台对海外仓费用全面下调，各品类的费用对比可最高节省 80%的费用；最后，该服务拥有更多的流量曝光，平台将在日常销售中加大对海外仓卖家的流量扶持，相关商品日流量甚至可提升好几倍。

同时，Lazada 海外仓还可以帮卖家解锁新的热门品类，如不超过 10 000 毫安时的充电宝，电量小于 100 瓦特小时的带电产品等均可在海外仓销售。

此外，为帮助商家节省成本，提升产品利润空间，Lazada 还将推出海外仓商品的出口退税服务，同时进一步扩大华东区域的服务范围，降低商家的物流成本。

同时，许多卖家也急需通过海外仓布局来抵抗突发风险，降低成本。除 Lazada 外，其他各跨境电子商务平台也纷纷将重点放在海外仓，为卖家赋能。

资料来源：Lazada 重点布局海外仓，两大方面为卖家赋能[EB/OL]．（2020-02-18）．http://www.100ec.cn/detail--6545344.html. 有改动．

第一节 海外仓概述

一、海外仓的概念

海外仓又称海外仓储，指在跨境电子商务目的国预先租赁或建设仓库，通过国际物流预先把商品送达仓库，然后通过互联网销售商品，当接到顾客订单后从海外仓库进行发货与配送。这样一来，消费者下单后无须等待较长时间就可收到货物，因而大大改善了用户体验。同时，这种物流配送模式也降低了跨境电子商务因配送时滞而承担的风险和成本。由于是前期配货，物流方可以选择海运将商品运送至目的地，运输限制由此减少，电子商务企业的产品线获得极大丰富，因而利于跨境电子商务的横向拓展。

二、海外仓的优缺点

（一）海外仓的优点

1. 降低物流成本及清关费用

跨境卖家以一般贸易的方式将货物输出至海外仓，以批量的形式完成头程运输，比零散地用国际快递发货要节省成本，一些产品还能享受到出口退税的政策。

2. 缩短配送时间，提升客户满意度

举个例子，卖家同时用商业快递从国内发货给美国卖家，小包需要 7～15 天，快递需要 3～7 天，有时甚至更长。如果在本地使用海外仓进行发货，仅需要 2 天左右，相比国内发货的时间，缩短的不止一两倍。加快配送速度，缩短配送时间，也就缩短了整个订单交易的时间，让消费者享受到本土化的购物，更容易使其对卖家产生信任感，以很好地提升客户满意度。

3. 可以退换货，提高海外买家的购物体验

每个买家都是十分看重售后服务的，境外买家也不例外。如果境外买家购买了产品后，因为各种因素需要退换货，而卖家让买家将货退到国内，这样会很不划算。如果是退到海外仓的话，就方便多了。海外仓能给买家提供退换货服务，也就能提高买家的购物体验，提高买家的重复购买率。

4. 缩短贸易流程，降低贸易风险

将货物发往海外仓，相当于将仓储与配送这一块的业务外包给海外仓服务商。海外仓服务商因地制宜，拥有更专业的团队和丰富的仓储管理经验。只要卖家下达订单发货指令，他们就会为卖家处理订单。卖家不必再将时间花在产品仓储、库存盘点和打包配送这些环节之上。

5. 能有效避免物流高峰

以节日为例，每逢西方国家的节假日，如圣诞节、万圣节或"黑色星期五"这种疯狂扫货日，国内卖家会集中在节后大量发货，这势必会严重影响到国际物流商的运转速度，进而影响买家的收货时间。漫长的等待会让买家产生不满的情绪，甚至会取消订单，这样很容易令卖家流失掉客户。这时，海外仓的优势就凸显出来了，卖家已经提前将货物批量发到了海外仓，那么只要下达指令进行本土配送就行了，不会受物流高峰的影响。

6. 有利于开拓市场

海外仓更能得到国外买家的认可，从另外一方面讲，如果卖家注意口碑营销，自己的商品在当地不仅能够获得买家的认可，也有利于卖家积累更多的资源去拓展市场，扩大产品销售领域与销售范围。

（二）海外仓的缺点

1. 库存压力大，仓储成本高，资金周转不便

只要卖家的产品存放在海外仓一天，就要支付一天的仓储费用。假如出现了销量不理想的情况，那么货物会一直压在仓库中，就会继续增加仓储成本使卖家的资金周转不便。鉴于此，卖家可以在销售旺季选择使用海外仓，在淡季时则不用或减少使用。

2. 库存量要求

存放在海外仓的前提条件是卖家需要有一定的库存量，也就是说需要备货，这样增加了风险，对于新手卖家和销售特别定制产品的卖家来说是不合适的。

不过，此次疫情爆发，很多卖家备货不足，断货使得卖家无货可卖，店铺原先积累的流量也付诸东流，反而是海外仓备货因为周期长、销售快等因素库存会比国内备货库存多，有更多海外仓库存的卖家就会有比较出彩的表现。这也从另一方面说明卖家拥有海外仓的重要性。

3. 受服务商运营能力影响大，可控性差

海外仓受当地政策、社会因素、自然因素等不可控因素影响较大，如果海外仓的服务

商在某个环节出现了问题,那很可能会导致货物派送出现延误,甚至会造成仓库被查甚至货物没收的情况。

案例 8-1

跨境电子商务商品出得去退得回,江苏首单出口海外仓商品退运试点成功

近日,江苏全省首单跨境电子商务出口海外仓商品退运在园区海关完成申报放行手续。这标志着苏州跨境电子商务综试区出口海外仓退运试点工作取得圆满成功。

此次退运商品为铝合金制旅行箱和乳胶枕,是由苏州梦工厂信息科技有限公司以一般贸易方式出口至美国海外仓,通过电子商务平台销售,受市场环境影响退回境内的商品。

2020年1月初,海关总署开展跨境电子商务出口商品退货监管试点工作,南京海关作为海外仓退货试点海关,苏州市商务局和海关密切配合,第一时间确定试点企业、制定试点计划,在省内率先完成出口海外仓商品退运试点工作。据园区海关驻唯亭办事处科长吴国栋介绍,跨境电子商务出口海外仓包裹退运业务的顺利开展,将有效满足我国企业出口海外仓线上销售的商品因故退运进境的要求,实现跨境电子商务商品出得去、退得回。

苏州梦工厂有关负责人介绍,之前海外仓电子商务出口退货按进口流程走,企业往往只能低价处理这些商品或承担高昂的海外仓租费。

试点政策加强了出口电子商务企业的信心,减少了企业成本,解决了企业的后顾之忧,利于综试区电子商务出口业务更快、更健康地发展。

资料来源:跨境电子商务商品出得去退得回,江苏首单出口海外仓商品退运成功试点[EB/OL].
(2020-02-17). http://www.100ec.cn/detail--6545161.html. 有改动.

三、海外仓的模式

(一)出口企业自建仓

出口企业自建仓模式指跨境电子商务出口企业自行在主要进口国境内投资建设仓储公司,完成海外仓储、通关、报税、物流配送等一系列业务环节。通常情况下,往往是那些具有相当业务规模的出口卖家具备采用自建仓模式的能力。出口企业自建仓模式最大的优点就是业务自由度高,最大的不足之处就是建仓与运营难度大。

知识扩展

亚马逊物流(FBA)

（二）出口企业建立边境仓

出口企业边境仓模式指在跨境电子商务目的国的邻国边境内租赁或建设仓库，通过物流将商品预先运达仓库，通过互联网接受顾客订单后，从该仓库进行发货。根据所处地域不同，边境仓可分为绝对边境仓和相对边境仓。绝对边境仓指当跨境电子商务的交易双方所在国家相邻，将仓库设在卖方所在国家与买方所在国家相邻近的城市，如我国针对与俄罗斯的跨境电子商务交易在哈尔滨或中俄边境的中方城市设立仓库。

相对边境仓指当跨境电子商务的交易双方不相邻，将仓库设在买方所在国家的相邻国家的边境城市，如我国对巴西的跨境电子商务交易，在与之相邻的阿根廷、巴拉圭、秘鲁等接壤国家的临近边境城市设立仓库。相对边境仓对买方所在国而言属于边境仓，对卖方所在国而言属于海外仓。海外仓的运营需要成本，商品存在积压风险，送达后的商品很难再退回国内，这些因素推动着边境仓的出现，如对俄罗斯跨境电子商务中，我国在哈尔滨设立的边境仓和临沂（中俄）云仓。一些国家的税收政策和政局不稳定、货币贬值、严重的通货膨胀等因素，也会刺激边境仓的出现，如巴西税收政策十分严格，海外仓成本很高，那么可以在其接壤国家的边境设立边境仓，利用南美自由贸易协定推动对巴西的跨境电子商务。

（三）第三方物流

第三方物流指由买方、卖方以外的第三方专业物流企业以合同委托的模式承担企业的物流服务。目前，在国内电子商务中自建物流已成为一种趋势。但在跨境电子商务中，由于其复杂性及对物流投入的要求很高，虽然个别跨境电子商务在自建物流体系，如洋码头，但是有鉴于资金、跨境物流的复杂性以及各种物流障碍，大多数跨境电子商务更偏向选择第三方物流模式，如与邮政、国际快递公司合作等。即便是邮政或者国际快递公司，其在一些国家与地区也会选择与当地的第三方物流公司合作。在跨境物流链条中，会存在多种或多个第三方物流企业通力合作的现象。国内外大批海运企业、国际货代企业通常拥有丰富的进出口贸易、海外运作经验和海外业务网点布局及国际化操作能力，这些都是跨境电子商务或跨境物流企业可以合作的对象。在巴西，FedEx 和 UPS 等国际快递公司的业务量只能局限于城市，其在偏远地区主要依托于巴西邮政及其下属分支机构。

第二节　海外仓费用结构

一、头程运费和税金

（一）头程运费

头程运费是指从中国把货运送至海外仓库地址这段过程中所产生的运费。本节会针对使用航空运输的方式（以下简称"空运"）和使用货轮运送的方式（以下简称"海运"）运送。

1. 空运方式

空运费用结构：

费用包含：运费+清关费+报关费+其他费（文档费、拖车费、送货费）；

运费：按重量计算，有最低起运量限制（一般为 5 千克以上）；

清关费：按单票数量计算；

空运途径可为客机行李托运、普货空运和商业快递。

2. 海运方式

海运费用结构：海运可分为集装箱拼箱和集装箱整箱。

集装箱拼箱是指装不满一整箱的小票货物（less than container load，LCL）这种货物通常是由承运人分别揽货并在集装箱货运站或内陆站集中，而后将两票或两票以上的货物拼装在一个集装箱内，同样要在目的地的集装箱货运站或内陆站拆箱分别交货。以实际体积计算运费，体积会分层计算，1 立方米起运。

集装箱整箱：以集装箱数量计算运费（full container load，FCL），由发货人负责装箱、计数、机载并加铅封的货运。整箱货的拆箱一般由收货人办理。但也可以委托承运人在货运站拆箱。可是承运人不负责箱内的货损、货差。除非货方举证确属承运人责任事故的损害，承运人才负责赔偿。承运人对整箱货以箱为交接单位。只要集装箱外表与收箱时相似和铅封完整，承运人就完成了承运责任。整箱货运提单上，要加上"委托人装箱、计数并加铅封"字样。

☆ 知识扩展

集装箱规格

3. 头程注意事项

头程注意事项有：①空运时会对重量轻、体积大的货物进行计泡处理，重量计算方式：长（cm）×宽（cm）×高（cm）/6000；②VAT 相关；③EORI 码；④如货物需单独报关，那么申请出口退税。

☆ 知识扩展

EORI 码

（二）税金

税金是指货物出口到某国时，按照该国进口货物政策而征收的一系列费用。通常所称的关税主要指进口关税,进口关税是一个国家的海关对进口货物和物品征收的关税。征收进口关税会增加进口货物的成本,提高进口货物的市场价格,影响外国货物进口数量。因此,各国都把征收进口关税作为限制外国货物进口的一种手段。适当使用进口关税可以保护本国工农业生产,也可以作为一种经济杠杆调节本国的生产和经济的发展。有些国家不仅有进口关税,还有一些该国特定的费用。

二、当地派送费用

当地派送费用俗称二程派送费用,是指买家对其产品下单后,由仓库完成打包配送至买家地址所产生的费用。各国物流公司操作不尽相同。

案例 8-2

eBay 严正声明:严禁使用虚拟海外仓模式

2019 年 7 月 30 日,eBay 针对虚拟海外仓现象发布了关于维护平台公平健康发展的政策说明。

eBay 方面表示,现有部分卖家进行虚拟海外仓交易,刊登物品所在地在海外,但实际通过直邮或专线的方式从中国发货,此行为不仅误导买家,且有悖海外仓的公平竞争。eBay 对刊登物品所在地不属实的情况,将进行更加严格的管控以杜绝该行为的发生。

此外,为规避政策考核,有个别卖家刷单、上传虚假跟踪号等,严重违反了 eBay 平台的政策。eBay 称,一旦发现上述行为,违规账户将受到销售限制,甚至注销等惩罚措施。

据业内人士透露,国内直发的虚拟海外仓模式即海外仓的虚变模式。虽然商家注明发货地址为美国地址,显示本土发货,实际为商家在前端使用 Fedex、UPS、DHL 等快递,将小包拼成一定货值的大包,用商业快递发至海外合作方,美国合作方将收到的若干大包裹分拆为多个 2C(发往 C 端用户)的小包裹,再通过当地物流手段寄送至海外消费者手中。

实际上,在 2019 年 3 月,eBay 就发布"违规海外仓账号即日起将面临严重处罚"的公告。

据了解,该公告显示:如卖家并未实际使用英国海外仓派送物品,则务必如实修改物品所在地,自中国大陆地区发出的物流方案需符合 SpeedPAK 物流管理方案政策的要求;如果卖家确实使用英国海外仓,需确保物品在要求的承诺时效(即从付款开始 5 个工作日)内送达。

eBay 方面表示,将随时审查海外仓的真实性及海外仓的运送时效,违规账号即日起将面临严重处罚,包括下架、销售限制、账号彻底注销等。

资料来源:eBay 严正声明:严禁使用虚拟海外仓模式[EB/OL].(2019-07-31).http://www.100ec.cn/detail--6520600.html. 有改动。

三、仓储管理服务费用

仓储管理分为两部分:仓储费和订单处理费。

（一）仓储费

仓储费是存储商品在仓库而产生的费用，一般第三方公司为了提高产品的动销率，会按周收取费用。

（二）订单处理费

订单处理费指买家对其产品下单后，由第三方人员对其订单拣货打包而产生的费用。

第三节　海外仓选品

一、海外仓选品规则

（一）海外仓选品原则

随着跨境电子商务的发展，本地化服务进一步升级，本地化体验的良好口碑使海外仓越来越成为未来跨境电子商务的必然趋势。那到底什么类型的产品才最适合海外仓？在选品上应该注意些什么？下面就为大家解决海外仓选品时的困惑。

首先，我们要对海外仓的产品进行一个定位，这能使我们对哪些产品适合做海外仓有初步的判断。适合做海外仓的产品有如下特征。

（1）尺寸、重量大。因为此类产品的重量跟尺寸都已经超出了小包规格的界限，直接用国际快递的话，费用太过昂贵，而使用海外仓刚好可弥补这一缺点。

（2）单价和利润高。海外仓的本地配送服务相比于国际快递，丢包率跟破损率都可以控制在一个较低的水平，对于卖家而言，可以降低高价值产品的意外损失率。

（3）高人气。这一类产品由于受到本地市场的热捧，货物的周转率会大大地加快，货物积仓的风险减小，而卖家也能更快地回笼资金。

（二）海外仓产品基础定价

知道了海外仓的费用构成后，我们可以对产品进行基础定价，海外仓产品成本主要包括以下几点。

成本1：产品的采购成本+产品的国内运费；成本2：产品的到仓成本（运费+仓储费+处理费+当地派送物流费用+关税等）；成本 3：平台扣点和计提损失。通过上述的成本分析，最后我们可以计算出产品的定价应该是成本1+成本2+成本3+规划利润。

随着跨境电子商务行业的日渐兴盛，海外仓也将慢慢成为每个跨境电子商务从业者必不可少的"本领"之一，只有充分掌握了海外仓的每一个细节，我们才能在竞争激烈的跨境大军里面脱颖而出，早日走上成功的道路。

二、海外仓选品定位

通过上面几点，我们对适合做海外仓的产品有了一个初步的了解，有了相对应的判断依据。接下来，就让我们继续了解如何进行海外仓的选品以及海外仓选品需要注意的细节：一个产品是否在当地市场热销、当地民众偏好什么样的产品，甚至具体到某一种产品的某个功能跟某种颜色。我们从大量的平台数据中抽取我们想要了解的产品，通过买家的评论以及优秀卖家所展示的产品详情等，可以获得需要的信息。

数据的来源不仅仅限于平台的本身，通过第三方工具来获取也是个不错的选择，搜索词分析类的工具如 Google AdWords 就是一个比较典型的代表。我们可以从 Google AdWords 测出某个词在当地的被搜索量，同时还可以获得一个不错的关键词，这个方法可谓一举两得。

从现有数据去选品是方法之一，然而选品的方法并不局限于单纯的数据选品，一个产品的热销有很多促成因素，经济、政治、文化都可能是其中的因素之一。要想真正做好一个产品，我们在做到了解我们产品自身的同时，也应该花精力去了解愿意购买我们产品的将会是哪些人，我们的产品应该怎么做才可以让他们喜欢。当我们厘清了这些的时候，我们就可以做出一个优秀的、热销的、能给我们带来丰厚利润的产品。

综上所述，目前海外仓选品一般有 4 种情况，具体如下。

第一，高利润、高风险，如一些体积大且超重的物品，国内小包无法运输，或者运费太贵（如灯具、户外产品等）；

第二，高风险、低利润，如国内小包或快递无法运送的物品（比如危险品、美容美甲产品、化妆品等）；

第三，低风险、高利润，如日用快消品非常符合本地需求，需快速送达（工具类、家居必备用品、母婴用品）；

第四，低风险、低利润，如在国外市场热销的产品，批量运送更具优势，均揽成本低（3C 配件、爆款服装）。

在上述的 4 个类型中，第一和三类是比较适合做海外仓的，而第二和四类则不太适合做海外仓。

案例 8-3

盘点：eBay 合作海外仓有哪些

"海外仓，海外仓，eBay 有你有销量……"，相信 eBay 海外仓之歌已经耳熟能详了。以下为经过 eBay 物流部门挑选，和 eBay 官方合作的优质海外仓。

美国。目前和 eBay 合作的美国仓是万邑通，万邑通在美国有两个仓，西仓 CA 和东仓 KY，转运时间为 2~6 个工作日。

英国。目前和 eBay 合作的英国仓是万邑通，万邑通英国仓转运时间为 1~6 个工作日。

德国。目前和 eBay 合作的德国仓有万邑通和天坤两家，万邑通德国仓位于不来梅，天坤德国仓位于汉堡，两个仓的转运时间均为 1~2 个工作日。

澳大利亚。目前和 eBay 合作的澳大利亚仓有万邑通和斑马两家，万邑通澳洲仓位于悉尼，斑马在悉尼和墨尔本都有仓库，两家海外仓的转运时间均为 1~6 个工作日。

意大利/法国/西班牙。目前和 eBay 合作的意法西海外仓有谷仓和出口易两家，谷仓在意大利、法国、西班牙三个国家都有仓库,出口易在法国和意大利有仓库。出口易的意大利、法国仓转运时间为1~3个工作日;谷仓法国仓转运时间2~10个工作日,西班牙仓2~4个工作日,意大利仓1~4个工作日。

资料来源:盘点:eBay 合作海外仓有哪些[EB/OL].(2019-03-12). http://www.100ec.cn/detail--6499472.html. 有改动。

三、海外仓选品思路

海外仓的选品思路应该以当地买家的市场需求为基础来构建。

首先,确定在哪个国家建立海外仓。在建仓的时候要选择可以覆盖周围市场的地方,比如美国覆盖加拿大,那么欧洲仓有五个地方可以选,任选一个就可以,基于专攻哪一个国家来选。还可以通过选品专家热销词来参考海外仓选址。

其次,了解当地国家买方市场需求,从当地电子商务平台了解和调查。

再次,在国内寻找类似产品,开发海外仓产品。开发指标根据:产品的单个销量、单个到仓费用、单个毛利及毛利率、月毛利、成本收益率。以上这些指标根据公司自身来确定。

最后,运用数据工具选品。选品主要参考:数据纵横中选品专家的热销词、热搜词;搜索词分析中的飙升词。另外还可以选择一些其他的第三方工具来寻找打造爆款的主力词。

第四节 海外仓运作管理与技术

一、海外仓运作管理

(一)海外仓的规划与布局

仓库主要由以下几部分组成:物品储存区,验收、分发作业区,管理室及生活间,辅助设施,等等。仓库布局是指在一定区域或库区内,对仓库的数量、规模、地理位置和仓库设施、道路等各要素进行科学规划和总体设计。仓库布局是根据库区场地条件、仓库的业务性质和规模、储存物品的特性及仓储技术条件等因素,对仓库的主要建筑物(房、货棚、货场)、辅助建筑物、构筑物、货场、站台等固定设施和库内运输路线所进行的总体安排和配置,以最大限度地提高仓库储存能力和作业能力,降低各项仓储作业费用,更有效地发挥仓库在物流过程中的作用。仓库布局包括平面布局和空间布局。

1. 仓库货区布置方法

1)仓库平面布置应该遵循的原则

(1)便于储存保管。仓库的基本功能是对库存进行储存保管。在进行平面布局时要利于物品的合理储存和库存容量的充分利用,为保管创造良好的环境,提供适宜的条件。

(2)利于作业优化。仓库作业优化是指提高作业的连续性,实现一次性作业,减少装卸次数,缩短搬运距离,使仓库完成一定的任务所发生的装卸搬运量最少。同时还要注意各作业场所和科室之间的业务联系和信息传递。

（3）保证仓库安全。仓库安全是一个重要的问题，其中包括防火、防洪、防盗、防爆等。仓库建设时要严格执行《建筑设计防火规范》的规定，留有一定的防火间距，并有防火防盗安全设施，作业环境的安全卫生标准要符合国家的有关规定，有利于职工的身体健康。

（4）节省建设投资。要因地制宜，充分考虑地形、地质条件，利用现有资源和外部协作条件，根据设计规划和库存物品的性质更好地选择和配置设施设备，以最大限度地发挥其效能。仓库中的延伸性设施——供电、供水、排水、供暖、通信等设施对基建投资和运行费用的影响都很大，应该尽可能集中布置。

2）仓库空间布置

现代仓库的立体规划是指现代仓库在立体空间上的布置，即仓库建筑高度的规划。仓库基建时，应因地制宜地将场地上自然起伏的地形加以适当改造，使之满足库区各建筑物、库房和货场之间的装卸运输要求，并合理地组织场地排水。

（1）库房、货场、站台标高布局。库房地秤标高与库区路面标高的关系，决定于仓储作业机械化程度和叉车作业的情况。由于机械在载重作业时的爬坡能力受到限制，如库房地秤与路面之间的高度相差较大时，会影响叉车的作业效率。最好使仓库的地秤和库区路面在标高上相等；不得已时，可使两者之间有不超过 4%的纵向坡度。

货场一般沿铁路路线布置，多数跨在铁路专用线两侧。在货物标高方面，除确保符合铁路专门规定外，可适当略高或略低于铁路线。

装卸站台通常以其一侧纵边面向铁路，另一侧面向汽车线路或装卸货场。站台的高度和宽度以物资搬运方式和运输工具的不同而不同。用汽车运输时，根据汽车的一般类型，站台应高出道路路面 0.9～1.2 米。用火车运输时，站台的高度应与车厢底板相平。

（2）合理利用地坪建筑承载能力。仓库地坪单位面积的建筑承载能力因地面、垫层和地基的结构的不同而不同。例如，在坚硬的地上采用 300 毫米厚的片石，地面用 200 毫米厚的混凝土，其建筑承载能力为 5～7 吨/平方米。应当充分利用地坪的承载能力，采用各种货架存货，以充分利用空间，同时使用各种装卸机械设备配合作业，加速库存商品的周转。

2. 仓库作业功能区域布局

1）仓库作业基本功能

仓储中心功能分区包括进货区、储存区、中转区、分拣区（可选）、流通加工区（可选）、仓库管理区、出货区等。

2）仓库作业基本功能布置

根据当地的条件和物流需求，仓库作业功能分区布置必须对仓库各个作业区域以及区域之间的相互关系进行规划，以下为基本步骤。

（1）确定各个区域的关系：①流程上的关系即建立物料流和信息流之间的关系；②组织上的关系即建立在各部门组织之间的关系；③功能上的关系即区域之间因功能需要而形成的关系。

（2）确定仓库货物的流动形式：①直线形流动适合于出入口在厂房两侧、作业流程简单、规模较小的物流作业，无论订单大小和拣货多少都要经过厂房；②U 形流动适合于出入口在同侧的仓库；③T 形流动适合于出入口在厂房两侧的仓库。

3. 作业区空间位置布局

1）作业区空间位置布局注意事项

第一，确定仓储对外的连接形式；第二，确定仓储中心厂房的空间范围、大小和长宽比例；第三，确定物流中心由进货到发货的主要物流流动形式；第四，根据物流中心作业流程顺序安排各区域位置；第五，决定行政区与物流仓储区的关系。

2）仓库供给与排水布局

仓库供给、排水主要是生活用水和消防用水。库区的排水包括两个方面：①防洪问题，防止库外洪水冲淹仓库；②库区场地排水问题，即将生活污水和雨水排出库外。

供给、排水管道在地下铺设埋入的深度，取决于库区所在地的气象条件。一般而言，北方深埋以防冻；南方浅埋，但应加固以防压坏。

3）搬运与库区布局

仓库布局需结合所选择的材料搬运设备，因为仓库通道主要取决于材料搬运系统。

（二）海外仓选址

1. 海外仓选址应遵循的原则

1）系统性原则

海外仓的选址要具备长远发展的眼光，确保全面统筹物流运输以及仓储能力，使配送区域的基础设施能够在一定时期内做好为跨界电子商务企业发展服务，并构建系统化物流网络。

2）适应性原则

海外仓的选址应该充分调研当地经济的发展趋势和潜力，同时结合该地区的物流资源以及政策法规，确保海外配送中心具有极强的适应性，使双方都能够通过海外仓实现最佳利润。

3）协调性原则

海外仓的选址要平衡好物流网络的各个环节，力争在建设之后的生产、运营和管理都能够相互协调支撑。而且海外仓的设计还要从不同影响因素入手，进而用定性及定量的分析方法或量化模型选出最适宜的选址方案。

4）经济性原则

海外仓的建设成本十分重要，通常来讲，地址多选择在地价相对较低的地段，同时与客户或供应商距离较近，能够形成一定的辐射区域。因此海外仓的布局规划要遵循经济性原则，确保经济与效率的对应、统一。

5）战略性原则

海外仓的选址应该从战略的角度出发，最大限度地将当下与未来发展需求统筹兼顾，而且必须理性调研并具有大局意识，使海外仓能够成为跨界电子商务经济增长的新动力。

2. 海外仓选址的流程

1）充分做好前期市场调研工作

海外仓选址意义重大，因此首先要做好相关的信息收集工作。例如，当地国家的政治、经济发展现状及前景，尤其要掌握和了解当地消费人群的特征及市场动态与潜力。另外，还要集思广益，不但要得到股东的支持，而且要广泛征集基层员工的想法，最终结合专家的指导，为海外仓建设调研提供信息保障。

2）运用 SWOT 模型分析法

SWOT 模型是分析跨界电子商务海外建仓可行性与否的关键依据，该模型能够针对电子商务企业外在与内在的优劣势，分析得出企业海外仓建设中机会与威胁孰轻孰重。当得出外部机遇超出威胁以及内部建仓优势高于劣势的分析结论后，就说明外部建仓具有可行性，因此应该集中精力加大物流资源投入构建海外仓，以确保行业竞争优势的持久。

3）宏观选址

海外仓选址应该积极考虑各种宏观影响因素，例如，当地政府政策、区域经济、人文因素、法律因素、地质和气候因素以及战略影响因素等。而宏观选址就是将上述的各个影响因素进行评分加总，即采用加权平均法为决策者提供细化的数据决策，以确保候选方案的质量。

4）微观选址

微观选址的目的就是确保物流成本性价比最高，在此环节中需要明确海外仓服务的具体费用，进而利用层次分析法对物流方案展开对比，以量化出实际耗费最小且综合实力最为可靠稳定的优质方案。微观选址注重参数、套用公式的引入，更加体现了科学的严谨和细节的力量。

（三）海外仓运营流程

海外仓模式下的物流运作流程为：跨境电子商务企业自行将商品运至海外仓储中心，或者委托跨境电子商务物流企业将货物运至跨境电子商务物流企业海外的仓库，该部分一般采取海运、空运方式。跨境电子商务企业通过跨境电子商务物流企业的物流信息系统，根据海外消费者的订单需求，远程操作海外仓库内的货物，跨境电子商务物流企业按照跨境电子商务企业的指令对货物进行存储、分拣、包装、配送等一系列的物流活动。

海外仓的运作流程分为三步：

第一步，卖家—国内仓库。首先卖家要将货物运输到海外仓服务商的国内集货仓中。

第二步，国际仓到仓运输（国内港到目的港）。工作人员会根据要求整合货物，通过空运或海运将货物运输到海外的代理仓库。

第三步，海外代理仓库—尾程派送—海外买家。一旦产品产生订单，境外海外仓工作人员会将货物挑拣给当地的物流人员，并由物流体系将货物交付到海外买家手中（最后一千米）。

（四）海外仓费用结构

通过对海外仓选品的介绍，在选出自己的海外仓产品后，我们需要对海外仓产品的费用进行计算。目前海外仓费用主要包括：头程费用+处理费+仓储费+尾程运费+关税/增值税/杂费。其中头程费用包括了空运、海运散货、海运整柜、当地拖车；处理费包括入库费用、出库费用；仓储费有淡季、旺季之分；尾程运费有自由物流、FedEx、UPS、当地邮政之分。

第八章 跨境电子商务海外仓

案例 8-4

Wish Express 海外仓启动新注册流程

近日，Wish Express 启动了新的注册流程，降低了 Wish 卖家加入 Wish Express 海外仓（以下简称"WE 海外仓"）的门槛。

据了解，Wish Express 是 Wish 重点推进的海外仓项目，为 Wish 平台卖家开展海外仓运营提供了诸多扶持，如：增加曝光量；提供前端专属分类展示 WE 海外仓产品；WE 专属小黄车标识增强用户信任感，促进销售；产品更快确认妥投，回款时间缩短；WE 促销返现活动；等等。目前，WE 海外仓中在售产品种类已经突破 8 万种。

2019 年，Wish 继续重点推进海外仓建设，结合不同国家市场具体发展情况，覆盖美国、欧洲、拉丁美洲、东南亚等热门市场，通过当地的海外仓覆盖，进一步提升本地消费体验和时效。

此前，Wish 商户发展运营总监 Sam He 透露了 2019 年上半年 Wish 关键数据。数据显示，WE 海外仓、FBW 海外仓产品销售额占平台总销售额的比重也在逐步增加，其中，WE 海外仓产品销售额同比上涨超过 25%。

资料来源：Wish Express 海外仓启动新注册流程[EB/OL]．（2019-08-01）．http://www.100ec.cn/detail--6520872.html. 有改动。

二、海外仓技术

（一）海外仓管理系统

海外仓储意味着出口跨境电子商务将货物全部发到海外仓运营主体的仓库，由后者进行仓储、配送甚至库存管理。两者之间的密切沟通并相互协调，沟通内容包括库存的明细、货物的种类、SKU 条码的类别、结算费用的基准等。出口跨境电子商务每一次发货都要预报一遍。如果出口跨境电子商务在自己的货物库存管理、信息技术应用等方面做得不够好，就不太适合做海外仓储。

仓库管理系统（warehouse management system，WMS）是通过入库业务、出库业务、仓库调拨、库存调拨和虚仓管理等功能，综合批次管理、物料对应、库存盘点、质检管理、虚仓管理和即时库存管理等功能综合运用的管理系统，有效控制并跟踪仓库业务的物流和成本管理全过程，实现完善的企业仓储信息管理。该系统可以独立执行库存操作，与其他系统的单据和凭证等结合使用，可提供更为完整全面的企业业务流程和财务管理信息。

管理海外仓必须使用海外仓 WMS。

1. WMS 的实施要求

1）货架位信息科学合理

货架位信息科学合理有利于对库存商品进行保管，商品在出入库过程中，根据货架位信息可以快速、准确、便捷地完成操作，提高效率，减少误差。

应确保一个仓库的货架位采用同一种规则进行编号，以便于查找。

2）商品信息条理化、明晰化

商品信息的规范有利于库存商品的科学管理，合理的 SKU 编码有利于实现精细化的库存管理，同时有利于及时准确地拣货，提高效率。

商品 SKU 信息不完善，卖家将无法有效监控自己商品的详细库存，这既不利于分析销售数据，及时进行采购补货，配货时也无法准确显示拣货信息。

3）跨境电子商务 ERP 对接海外仓管理系统

目前，市面上很多跨境电子商务 ERP 都支持海外仓发货功能。以跨境天下 ERP 为例，通过与海外仓管理系统对接，可以将订单上传到海外仓管理系统，将订单标记为海外仓已确认订单。再由海外仓系统上传跟踪号到出口电子商务平台，在跨境天下 ERP 已出库中标记对应海外仓系统中的订单是否为已出库状态，标记为已出库后，海外仓系统中库存立即扣减，最后由海外仓进行发货。

在整个海外仓发货流程中，卖家可以通过跨境天下 ERP 在国内实时掌握海外仓库存信息和订单发货信息。将商品运到海外仓时，还可在系统中进行国内仓与海外仓之间的商品调拨，同时管理国内仓和海外仓。

2. WMS 的基本功能

1）基础功能

海外仓管理系统必须能够如实反馈仓库的存储结构、存储设备及存储的库存位置信息，这是其基础功能。具体反映在统计仓库的仓位（或者是其他存储单位）信息，如仓位的编码、仓位的位置；仓位本身的属性信息，如仓位的尺寸大小，仓位的存储设备（货架、托盘、堆场等）能够承受的重量、能够提供的物理空间特性，如恒温恒湿、防静电等；库存的存储信息就是放在哪个仓位，放了多少，等等，并能够通过多种维度来展示。

2）硬件控制功能

硬件控制功能由自动化的传送设备与无线操作设备实现。自动化的传送设备有自动化上架、分拣设备等；无线操作设备有条形码、手持设备、LED 电子指示灯等。

3）智能功能

系统需要根据一定的参数或数据来决定入库的货物放到哪些货架，产生仓库内调拨需求，根据但不限于销售订单、生产订单安排仓库下架，对订单进行组合或分割，规划最优拣配线路，指定并反馈拣配工作，分配拣配点或包装点，调动自动化设备自动进行拣配、包装、分配或自动送往装车月台等。这是海外仓管理系统的智能功能。

（二）仓储自动化与智能化

自动化智能仓储是现代物流技术的核心环节和最新发展阶段，适合于大型、大量、大流量及高速物流的自动化处理。其能最大限度地提高物件周转速度和流通效率，加速仓库储备资金的周转，有效利用货物资源，并且最大限度地降低货物的破损率；能适应各种特殊要求，例如低温、黑暗、有毒、污染、易爆、易燃等特殊场合，实现无人化。其应用领域遍及汽车制造、化工、医药、橡胶、邮电、纺织、日用品、家电产品等各行各业。

目前，自动化智能仓储主要分为自动化立体仓库、自动化智能货柜、智能立体循环货柜、自动化联体货柜。

1. 自动化立体仓库

自动化立体仓库又称立库、高层货架仓库、自动化仓库。它是一种用高层立体货架存储物资，用自动控制的巷道堆垛起重机及其他机械进行搬运存取作业，用计算机控制管理的仓库。

知识扩展

自动化立体仓库的主要功能及组成

2. 自动化智能货柜

智能垂直提升货柜以托盘为存储单元，通过载体的升降运动，将存放物品的托盘取出，放到工作台面前或者送到库内适合的货格里。存放货物时，通过入口处自动测高装置检测所存物品的高度，自动合理地安排存储位置，有效利用存储空间。

垂直提升货柜主要由骨架、内部结构、外壳和电气四部分组成。骨架分为左、右支撑架、顶盖、底座等组件；内部结构主要由小车和托盘两部分组成。外壳由前板、拉伸门、后板和侧板组成；电气部分由PLC、触摸屏、变频器、测高光幕、安全光栅及一些辅助器件组成，实现设备的运行控制和安全保护。

提升柜的升降小车采用四链条悬挂系统，保证小车不会前后倾斜和左右偏离。同时四链条悬挂系统是目前最安全、可靠性最好的传动系统。

3. 智能立体循环货柜

循环货柜是以料斗为存储单元的自动化存储设备，通过电机转动带动链条循环转动，实现"由货到人"的物料存储方式。操作者通过点击触摸屏控制系统进行最优化路径选取，使物料快捷到达操作者手中。

循环货柜可最大限度地节约人力，并能充分利用现有空间，可远程集中控制，也可单独控制，以提高工作现场和仓储管理水平，实现物料管理的现代化。

4. 自动化联体货柜

自动化联体货柜存储空间由数组货柜构成，每组货柜以钢制托盘为存储单元，多组货柜共用一台托盘小车，小车在水平和垂直方向移动，实现货—人的全自动存取操作，有效提高了存取效率，优化了库存空间。

自动化联体货柜由以下结构组成：面板；支撑隔距板；取货口的照明灯；操作者安全光幕；取货平台，内置称重装置；电气装置；顶盖；侧板，下面为检修门；立柱；存储区托盘；链条，传动系统托盘上放置的刀具小车；托盘高度检测光幕；驱动系统、电机等。

项目实训

海外仓选品实训

实训目标

1. 加强团队合作，发挥每一个团队成员的能力，学习小组讨论、分析的方法；
2. 培养自主学习和独立思考的能力。

实训内容

假如你要在 eBay 英国站开一家店铺，需要对海外仓选品的内容有一个初步的了解，以便日后更加有效地节约成本。请以"海外仓如何选品"为题写一篇报告。

实训步骤

1. 教师带领学生学习相关知识，按照 3 人一组进行教学分组，每个小组设组长一名，负责确认每个团队成员的任务。
2. 根据教师教授的内容，整理海外仓选品的相关知识。
3. 上网或者去图书馆查询关于海外仓选品的课外知识。
4. 每个小组派一个组员根据自己的报告上台演讲，教师和其他小组成员对其演讲进行评价、讨论。

复习与思考

1. 海外仓的优点是什么？
2. 海外仓的模式有哪几个？
3. 海外仓的选品原则是什么？
4. 进行仓库平面布局时应遵循什么原则？
5. WMS 的基本功能是什么？

第九章 跨境电子商务海关清关

知识目标

- 了解海关的定义；
- 掌握清关的定义；
- 了解我国主要跨境出口国的物流市场情况；
- 掌握跨境电子商务物流进口模式。

学习重点、难点

重点：

- 海关的性质、职能与权力；
- 清关的基本流程；
- 跨境电子商务出口包装。

难点：

- 能够掌握清关的基本流程；
- 能够了解常见的海关清关情况；
- 能够掌握跨境电子商务物流进口通关的便利化。

本章思维导图

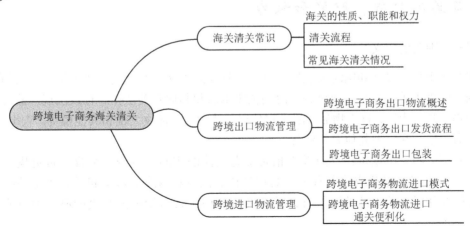

> **案例导入**
>
> 新疆首个跨境电子商务公共清关中心启动运营
>
> 乌鲁木齐跨境电子商务公共清关中心（简称"公共清关中心"）26日下午启动运营，该中心配备两条专业化流水线、X光机等智能通关设备，单日最大处理包裹量10万单，主要面向中亚、欧洲以及俄罗斯提供出口电子商务包裹清关服务。
>
> 清关中心是发展跨境电子商务不可或缺的综合服务平台。该中心作为新疆首个跨境电子商务公共清关场地，由乌鲁木齐国际陆港区联合海关及关联机构等为国内跨境电子商务企业提供公共清关及配套服务，企业可自由选择跨境出口物流通道。长三角和珠三角地区发往欧洲、中亚以及俄罗斯、巴基斯坦等的跨境电子商务包裹汇集在此进行海关申报。
>
> 公共清关中心启动后，将进一步提升跨境包裹通关时效，实现24小时内清关，日处理能力可达10万单。由百世集团开发的BSR系统与跨境电子商务公共服务平台无缝对接，数据实时传输，实现了订单申报信息全程透明可追踪。
>
> 公共清关中心的前身是百世新疆跨境电子商务分拣清关中心，于2017年挂牌成立。目前该清关中心转变为公共性质，鼓励不同类型的企业入驻乌鲁木齐国际陆港区。
>
> 乌鲁木齐拥有完善的多式联运体系以及丰富的航空、铁路、公路国际运能资源，电子商务包裹在此清关后，跨境电子商务企业可充分利用乌鲁木齐西向陆空资源、中欧班列集结等资源优势，自由选择跨境出口物流通道，特别是最新开通的国际公路运输，拥有更便捷的过境通关能力，可大幅节省通关时间和运输成本。
>
> 资料来源：新疆首个跨境电商公共清关中心启动运营[EB/OL]．（2020-12-30）．http://www.100ec.cn/detail--6531715.html. 有改动．

第一节 海关清关常识

一、海关的性质、职能和权力

（一）海关的定义

现行《中华人民共和国海关法》（以下简称《海关法》）规定："中华人民共和国海关是国家的进出关境监督管理机关。海关依照本法和其他有关法律、行政法规，监管进出境的运输工具、货物、行李物品、邮递物品和其他物品，征收关税和其他税费，查缉走私，并编制海关统计和办理其他海关业务。"

《京都公约》中规定："海关"指负责海关法的实施、税费的征收并负责执行与货物的进口、出口、移动或储存有关的其他法律、法规和规章的政府机构；"海关办公机构"指负责办理海关手续的海关行政单位及为此由主管机构批准开设的办公地点或其他场所。

（二）海关的性质

1. 海关是国家行政机关

海关从属于国家行政管理体制，是国家行政机关。海关总署是国务院直属机构。海关的权力来自国家，具有国家权力的基本特点，即主权性和强制性。

2. 海关是国家进出关境监督管理机关

海关是由国家设立，代表国家专门对所有进出关境的运输工具、货物、物品实施监督管理的行政机关。海关依据法律和行政法规赋予的权力，制定具体的海关行政规章和行政措施，对进出关境活动实施监督管理，并对相关违法行为依法实施处罚。

3. 海关是国家行政执法机关

海关是执行国家行政管理有关制度的行政执法机关。海关的监督管理活动包括行政监督、行政处理、行政处罚、行政强制执行等执法行为。海关执法的依据是：现行《海关法》；其他有关法律，即全国人大或者全国人大常委会制定的与海关监督管理相关的法律规范；行政法规，即国务院制定的法律规范。此外，海关总署可以根据法律和国务院的行政法规、决定、命令制定规章，作为执法依据的补充和细化。

（三）海关的权力

根据《海关法》及有关法律法规的规定，海关在执行公务过程中，可以行使以下权力。

1. 检查权

除法律另有规定以外，在海关监管区检查进出境运输工具；在海关监管区和海关附近沿海沿边规定地区，检查有走私嫌疑的运输工具和藏匿有走私货物、物品的场所，检查走私嫌疑人的身体，检查与进出口活动有关的生产经营情况和货物。

2. 查阅、复制权

查阅、复制进出境人员的证件，查阅、复制与进出境运输工具、货物、物品有关的合同、发票、账册、单据、记录、文件、业务函电、录音录像制品和其他的有关资料。

3. 查问权

查问违反《海关法》或相关法律法规的嫌疑人。

4. 查验权

查验进出境货物、个人携带进出境的行李物品、邮寄进出境的物品。

5. 查询权

查询被稽查人在商业银行或者其他金融机构的存款账户。

6. 稽查权

稽查企业进出境活动及进出口货物有关的账务、记账凭证、单证资料等。

7. 扣留权

扣留违反《海关法》的进出境运输工具、货物和物品及与之有关的合同、发票、账册、单据、记录、文件、业务函电、录音录像制品和其他资料。扣留走私犯罪嫌疑人，时间一般不超过24小时，特殊情况可延长至48小时。

8. 连续追缉权

对违抗海关监管逃逸的进出境运输工具或个人连续追至海关监管区和海关附近沿海沿边规定地区以外,将其带回处理。

9. 行政处罚权

对尚未构成走私罪的违法当事人进行行政处罚,包括对走私货物、物品及违法所得处以没收,对有走私行为和违反海关监管规定行为的当事人处以罚款,暂停或取消违法的报关企业和报关员的报关资格。

10. 佩带和使用武器权

海关为履行职责,可以依法佩带武器,海关工作人员在履行职责时可使用武器。根据海关总署、公安部联合发布的《海关工作人员使用武器和警械的规定》,海关使用的武器包括轻型枪支、电警棍、手铐以及其他经批准可使用的武器和警械。使用范围为执行缉私任务时,使用对象为走私分子和走私嫌疑人。使用条件必须是在不能制服被追缉逃跑的走私团体或遭遇武装掩护走私,不能制止以暴力掠夺查扣的走私货物、物品和其他物品,以及以暴力抗拒检查、抢夺武器和警械、威胁海关工作人员生命安全非开枪不能自卫时。

11. 强制执行权

在有关当事人不依法履行义务的前提下,为实现海关的有效行政管理,海关执法人员可按照法定程序,采取法定的强制手段,迫使当事人履行法定义务。海关的强制执行权包括强制扣税、强制履行海关处罚决定等。

(四)海关的职能

1. 海关职能的内涵

海关职能属于政府职能,是指海关依法对涉外经济活动进行监督管理所具有的职责和作用。不同类型国家的海关职能各有不同,同一国家不同历史时期的海关职能也会有所不同。监管、征税缉私、统计是中国海关的传统职能。随着社会发展和国家形势的变化,海关职能逐步发生着变革,尤其是中国加入世界贸易组织以后,海关履行传统职能的任务更加艰巨,维护贸易安全与便利、保护知识产权、履行原产地管理职责、协助解决国际贸易争端、实施贸易救济和贸易保障、参与反恐和防止核扩散、进行口岸规划管理等非传统职能任务不断加重。

2. 海关职能的特性

海关职能的基本特点主要包括执行性、多样性和动态性。

1) 执行性

海关职能相对于国家权力机关的立法职能而言,具有明显的执行性质。其对内职能的性质被定为贯彻执行国家对外开放和经济体制改革国策及国家有关外贸、关税、外交等进出口政策、法律、法令的重要工具。作为依照特定法规行政的国家机关,海关依照特定的法律法规来调整特定社会关系,保证国家政策、法规的统一与有效实施。

2) 多样性

海关职能的多样性主要体现在以下方面:实施国际贸易管理、监督执行口岸管理体制和知识产权边境保护制度、维护国际贸易秩序;征收关税,执行反倾销和反补贴税制度、关税配额制度,保证国家财政收入;制止国际贸易中的不正当竞争,惩罚违法犯罪活动,促进国民经济健康发展,保障国家的政治、经济和公共安全;向进出口贸易及其他国际交往提供优质服务,提高国际贸易效率,等等。海关监督管理的运行又有监管、征税、保障、稽查、查私、统计、加工贸易监管、通关管理、海关估价与归类、特定减免税、海关事务担保、结关放行、电子数据交换、电子商务等各种不同内容与层次的具体职能。

3)动态性

海关职能具有动态性。海关职能是发展变化的,这是由社会经济、政治和文化的不断发展,国家形势和任务的不断变化所决定的。海关监督管理是一个管理过程,是由各种主客观要素构成的动态系统,有些要素及其相互关系的变化是无法事先全部掌握的,因而出现实际与计划不符情况的可能性是存在的。因此,海关职能不是静止不变的,行政环境的变化,国家政治、经济、科学技术的发展,将推动海关职能的范围、内容、主次关系等发生必然变化。

3. 海关职能的自身特点

1)"把关"

海关是国家进出境监督管理机关,顾名思义,海关就是一道"关"。从传统意义上说,海关以守住关口、征收税款和实施贸易管制为基本职能。因此,海关首先要把好国门。

2)"服务"

海关管理既要执法把关,还必须为贸易提供便利,通过规范进出口经济秩序,提高通关效率和贸易效率,为提升本国的产业竞争力和企业竞争力服务。

3)"把关"与"服务"的平衡

海关关徽由金钥匙和商神杖组成,意味着海关既要坚守国家经济大门,又要促进国际贸易的繁荣和发展。因此"把关"与"服务"的平衡,是提高企业竞争力和国家经济竞争力对海关管理的必然要求。这就是海关职能的自身特性。

知识扩展

菜鸟国际联合海关打通跨境电子商务出口退货通道

二、清关流程

(一)清关的定义

清关也称通关、结关,是指进出口货物的收、发货人或其代理人、运输工具的负责人、进出境物品的所有人按照海关的规定,向海关申请办理货物、运输工具、物品的进出境及相关海关事务的手续,海关对其呈交的单证和申请进出境的货物、运输工具、物品依法进行审核、查验、征缴税费、批准进口或者出口的全过程。

根据《海关法》的有关规定，国家在对外开放的口岸和海关监管业务集中的地点设立海关，进出境运输工具、货物、物品都必须通过设立海关的地点进境或出境。在特殊情况下，经国务院或国务院授权的机关批准，可以经过未设立海关的地点临时进境或出境，但必须依法办理海关手续。

（二）清关的基本流程

通关程序是指进出口货物的收、发货人或其代理人、运输工具的负责人、进出境物品的所有人按照海关的规定，向海关申请办理货物、运输工具、物品的进出境及相关海关事务的手续和步骤。本章所指的通关程序主要限于进出境货物的通关程序。

货物进出境应当经过审单、查验、征税、放行 4 个海关作业环节。与之相适应，进出口货物的收、发货人或其代理人应当按程序办理相对应的进出口申报、配合查验、缴纳税费、提取或装运货物等手续，货物才能进出境。但是，这些程序还不能满足海关对所有进出境货物的实际监管要求。比如，加工贸易原材料进口，海关要求事先备案，因此不能在"申报"和"审单"这一环节完成上述工作，必须要有一个前期办理手续的阶段；如果上述进口原材料加工成成品出口，在"放行"和"装运货物"离境的环节也不能完成所有的海关手续，那么必须有一个后期办理核销结案的阶段。因此，从海关对进出境货物进行监管的全过程来看，通关流程按时间先后可以分为 3 个阶段：前期阶段、进出口阶段和后续阶段。

1. 前期阶段

前期阶段是指进出口货物的收、发货人或其代理人根据海关对进出境货物的监管要求，在货物进出口之前向海关办理备案手续的过程。

2. 进出口阶段

进出口阶段是指进出口货物的收、发货人或其代理人根据海关对进出境货物的监管要求，在货物进出境时，向海关办理进出口申报、配合查验、缴纳税费、提取或装运货物手续的过程。

3. 后续阶段

后续阶段是指进出口货物的收、发货人或其代理人根据海关对进出境货物的监管要求，在货物进出境储存、加工、装配、使用、维修后，在规定的期限内，按照规定的要求，向海关办理上述进出口货物核销、销案、申请解除监管等手续的过程。

案例 9-1

韩国：B2C 清关若无个人清关 ID 商品将被扣押

日前，香港 DHL 发出通知，称韩国海关已于 6 月修订了快递货物清关通知，并最终要求从 2019 年 9 月开始对发往韩国的 B2C 和 C2C 最低限度清关的货物，收件人需要提供个人清关 ID（人员海关编码）。

据亿邦动力了解，该新政策将于 2019 年 9 月 2 日正式生效。政策生效后，B2C 和 C2C

货物将被作为最低限度清关的货物进行清关,收件人的个人清关 ID 或 DOB 应提交给韩国海关。

届时,如果没有个人清关 ID 的货物运到韩国,货物将一直暂扣直到收件人提供他们的个人清关 ID 并收取额外费用、存储费用。

作为发件人,则需要从接收方获取个人清关 ID,并在 DHL Express 电子运输解决方案中将个人清关 ID 或出生日期(YYYYMMDD)输入收货人/收货人增值税字段。

而韩国 DHL 将个人清关 ID 转交给韩国海关进行最低限度清关,并收集收件人的个人清关 ID,以便在没有个人清关 ID 的情况下通过短信通知收件人。

资料来源:韩国:B2C 清关若无个人清关 ID 商品将被扣押[EB/OL]. (2019-06-23). http://www.100ec.cn/detail--6514364.html. 有改动。

三、常见海关清关情况

(一)一般贸易方式清关

一般贸易方式清关,指中国境内有进出口经营权的企业按一般贸易交易方式,从境外供应商进口商品。根据《海关法》的规定,以一般贸易方式进入中国境内的货物,收货人或其代理人必须向中国海关申报,交验规定的证件和单据,接受海关对所报货物的查验,依法缴纳海关关税和其他由海关代征的税款,然后海关才会批准放行货物和运输工具。除了享受特定减免税优惠和保税的商品外,其他以一般贸易方式进入境内的商品需要缴纳进口税和进口增值税。

在天猫商城、京东商城、聚美优品、1 号店商城、我买网等 B2C 网站上销售的进口商品,通常都是以一般贸易方式进口的,只是有些企业是直接通过海外直采办理清关,有些企业则是向境内的贸易商、代理商采购已经清关入境的商品。

(二)进出境快件清关

进出境快件,指的是进出境快件运营人(如 DHL、UPS、TNT、FedEx 等国际快递企业)以向客户承诺的快速商业运作方式,承揽、承运的进出境货物、物品。此类货物需要自运输工具申报进境之日起 14 日内,在运输工具离境 3 小时之前向海关申报。

在进出境快件清关中,如果属于货物类的清关,除了免征税的货样、广告品外,其他货物通常参照一般贸易方式进行清关和征税;如果属于个人物品类和文件类的清关(指海关法规规定自用、合理数量范围内的进出境的旅客分离运输行李物品、亲友间相互馈赠物品和其他个人物品),通常参照邮政方式清关的做法。目前常见的海外直邮商品大部分是以个人物品类进出境快件的方式清关。

(三)邮件方式清关

邮件方式清关是指将包裹、小包邮件以及印刷品等物品通过邮政运输渠道进出境。对于进出境的个人邮递物品,海关要求以自用合理数量为限,另外将依法征收进口税,但应征进口税税额在人民币 50 元(含 50 元)以下的,予以免征。

通常国外的海淘直邮卖家会选择万国邮政（简称 UPU）将货物邮寄回国，这种清关方式进口税较低，且很可能会免税，另外，与海外邮政公司签订代理协议还能进一步降低邮费。

（四）出入境旅客行李清关

出入境旅客行李清关是指海关要求旅客所携带的全部行李物品在进出境时必须向海关申报，海关依法查验行李物品并办理进出境物品征税、免税验放或其他相关监管手续。

根据中国海关的规定，旅客携带的"自用、合理数量"范围内的进出境行李物品，没有超出规定免税限量的，海关予以免税验放；超出规定免税限量的，经海关审核准予征税放行；超出"自用、合理数量"范围的进出境行李物品，一般不予进境或按照货物通关的相关规定办理手续，如果超出限度且没有缴纳进口税就会构成走私。目前，国内消费者因旅游、出差、留学等原因出国，在回国时为自己或朋友购买的物品，大部分是以出入境旅客行李清关方式进入中国境内的。

第二节　跨境出口物流管理

一、跨境电子商务出口物流概述

（一）我国主要跨境出口国的物流市场情况

以下是我国主要跨境出口国的物流市场情况。

1. 英国

英国消费者在国外购物网站上的人均花费很高，而且对线上零售很有信心，因此他们随时准备着从国外购买产品。英国互动媒体零售集团（IMRG）最新的调查表明，有近65%的受访者曾跨境线上消费，影响他们购买决定的最大因素仍然是配送服务和退换货问题。英国的线上购物主要集中在伦敦和英格兰东南部，但是对于国外来的零售业者来说，想要成功进入市场，仍然需要覆盖整个国家的物流服务。所以，当面对英国线上消费者时，跨境电子商务需要制订最优物流方案，同时也要在购买流程中清楚且再三强调物流信息。三分之二的英国消费者认为，如果在付款前可以清楚地看到配送和退换货方面的信息，那么购物流程会更方便。同时，配送和退换货已经是区别零售商的重要标准之一。跨境零售商们要赢得英国消费者，就需要注意，70%的英国消费者表示，好的配送体验会让他们再次购买这个零售商的产品。

2. 印度

物流服务很大程度上是电子商务能否取得成功的关键因素。虽然目前全球电子商务市场已经实现了"当天达"，但不可否认的是，一个脆弱的物流链条无法支撑电子商务市场的发展。基础设施不足成为印度电子商务物流面临的最大挑战，这也成了影响服务的主要因素。在开发印度这个新兴市场时，中国跨境电子商务卖家通常会采取直邮的方式把产品从中国运到印度的消费者手上，因为这不需要在新市场备货，免去产品"水土不服"和滞销的烦恼。

而快件到印度的时长大概为 7~15 天, 邮政渠道到印度的时长大概为 20~30 天。但是, 印度市场用户对时效的要求非常高, 因为类似 Flipkart、Amazon 印度等当地电子商务已经培养其用户养成了今天下单、两天后就收到货物的习惯。

因此, 为了提高用户的体验, 亚马逊近年在印度的仓储总面积几乎翻了一倍, 达 32 258 平方米, 为印度数以千计的零售商和中小企业提供物流仓储服务。除此之外, 如 Flipkart、Snapdeal、eBay 等, 也在建立自己的物流中心和分销网络。

值得一提的是, 拥有新鲜血液的年轻物流公司更容易吸引电子商务公司, 因为新兴物流公司可以提供快速交付服务、IT 服务和 COD (货到付款) 机制, 这些因素是电子商务公司取得成功的最基本要素。第三方承运物流企业也开始崛起。所以, 中国出口电子商务企业走 B2B2C 的海外仓模式实现更快的物流体验, 更符合消费者的期待。

3. 德国

在整个欧洲, 德国在物流配送方面处于领先地位, 90%的德国人喜欢送货到家, 配送方式及时间对他们来说是至关重要的。供应商要保证货物在承诺的时间顺利送达, 而且在配送过程中消费者能够知晓货物的配送情况。社交媒体的广泛应用和手机技术的发展让每个消费者都可以与供应商和物流公司随时联系。83%的消费者表示, 他们会根据卖家的物流评价来决定是否购买一样的商品。而且, 55%的消费者认为标准的送货时间 (3~5 天) 应该是免邮费的。德国当地的主要物流供应商包括 Depost (德国邮政)、DHL、DPD 等。从德国到主要的欧盟国家一般 2~7 天就可以了, 德国当地的货物派送时间一般是 1~3 天。总体来看, 在给予顾客多种配送方式选择后, 德国零售商收获了 79%的顾客好评或忠诚度。另外, 德国境内经常出问题的是东南部。多数物流集散中心坐落在莱茵或者鲁尔区。在这两个最大的区, 物流执行情况经常是不稳定的, 因为大区中的货物转运并不能保证及时和无缝连接, 给在运输截止时间前将货物送到增加了很大压力。因为德国面积大, 最远的仓库之间的长途运输可能需要 6~8 小时才能到达。而如果从莱茵或鲁尔区出发, 这个最远距离就是到德国的东北或者东南部。

4. 俄罗斯

物流仍然是俄罗斯跨境电子商务最大的痛点, 俄罗斯国土面积达 1709.82 万平方千米。东西端最长距离约为 9000 千米, 交通"大动脉"仅依靠铁路, 单程运输需要的时间是 6 天半。对于居住在莫斯科等大中型城市的消费者而言, 网购商品的妥投时效一般要 15~30 天。只要这些消费者对网购商品的时效不是很在意, 当地的物流服务还是能勉强满足他们的基本需求。但俄罗斯地广人稀, 尤其是一些远东和新西伯利亚地区, 货物的妥投时效几乎没有保障, 签收时效极大地遏制了当地居民跨境购物的热情。电子商务企业应该在当地选出一个合适的物流合作伙伴, 这个合作伙伴能高效地应对俄罗斯的广大地域和气候与温度的差异, 履行物流配送的责任。在这里, 运送费用会比西欧国家的高出许多, 在很大程度上是因为货物需要长距离运输。除此之外, 在俄罗斯设置仓储也可以节省跨国运输花费的大量时间, 避免单个货物运送至顾客手中所带来的成本和流程中的麻烦。跨国零售商应该将货物以大宗货物方式运送到俄罗斯, 虽然这样也会有不同的流程和复杂手续产生。当然这个选择并不适用于数量不多的跨境销售货物 (成本可能会超过收益)。在这种情况下, 寻求第三方仓储会是比较好的解决办法。

5. 美国

美国电子商务的标准配送时间是 5~7 天，如需一天或是两天送到则需支付运费 3.99~7.99 美元。美国不少网站也会提供当日达服务，基本上运费都要 20 美元左右。提高配送时效在硬件上取决于三点：仓库分布和数量、道路运输条件、快递公司质量。美国道路运输条件优势明显，美国相比中国是真正的地广人稀，道路运输网四通八达，仓库的选址相对容易，投资也相对合理。问题出在每个州的税率不同上，免税和税后差价最高可相差近 10%。而在相应的州建立仓库，消费者下单购买商品就要缴纳消费税。这也是为什么之前几个大仓库都集中在美国中部和免税区域。

目前美国所有电子商务公司的配送环节仍然由第三方专业物流公司操作，如 UPS、FedEx 和 USPS。美国快递行业基本由以上三家垄断，比如 Amazon Prime 会员下单，其 80% 的订单都由 UPS 配送，从下单到接收订单基本见不到快递员，而大街上见到的快递员也是标准深棕色制服，开着同色的 UPS 无门货车在大街小巷穿梭送货。

因为美国本土电子商务配送的具体时间还取决于配送费，同时和跨国经销商的配送时间相差并不太多，因而中国电子商务企业还是可以与本土企业竞争的。

（二）跨境出口物流模式

1. 国际邮政小包

据不完全统计，我国目前跨境电子商务有超过 60% 的商品通过邮政体系运输。中国邮政积极开展跨境物流快递业务，为 eBay 中国内地卖家量身定制了全新国际邮递产品——国际 e 邮宝。国际 e 邮宝是中国邮政为适应国际电子商务寄递市场的需要，为中国电子商务卖家量身定制的一款全新经济型国际邮递产品。国际 e 邮宝和中国香港国际小包服务一样，是针对轻小件物品的空邮产品，目前，该业务限于为中国电子商务卖家寄件人提供发向美国、加拿大、英国、法国和澳大利亚的包裹寄递服务。国际 e 邮宝经济实惠，支持按总重计费，50 克首重，续重按照每克计算，免收挂号费。

2. 国际商业快递

国际快递是指货物通过国际快递公司实现在两个或两个以上国家或地区之间的物流与配送活动。全球性国际快递公司主要有 UPS、FedEx、DHL、TNT、Aramex 等，中国知名的快递公司也扩展了国际快递业务，包括 EMS、顺丰速递、申通、韵达等。国际快递在对货物计费时一般分为按重量计算与按体积计算，常以两者中费用最大的一项为最终计费方式，并在货物包装方面要求较高。

国际快递可以根据不同的客户需求，如地域、货物种类、体积大小、货物重量等选择不同的渠道实现货物运输与速递。国际快递与国际邮政小包具有明显的互补性，国际邮政小包的优势是国际快递的劣势，国际邮政小包的劣势一般是国际快递的优势。国际快递具有速递时效性高、丢包率低、可追溯查询等优点，国际快递全球网络较完善，能够实现报关、报检、保险等辅助业务，支持货物包装与仓储等服务，可以实现门到门服务以及货物跟踪服务。

但是，国际快递的价格偏高，尤其在一些国家或偏远地区收取的附加费更是惊人。国际快递也会遭遇一些国家的限制，尤其针对某些货物种类，一些国家会将其列为禁运品或限运品。在美国，一些货物被列入国际快递的禁运目录，如新鲜、罐装的肉类与肉制品，植物种子，蔬菜，水果以及非罐装或腌熏的鱼类及鱼子等。

3. 国际物流专线

国际物流专线是针对某一特定国家或地区的跨境专线递送方式，多在广州、深圳等出口城市设有仓库，以供分拣、整理、包装、分配货物，再将去向相同的货物用同一航班统一发出。主要是航空包仓的方式，比如东航物流。另外，目前许多物流公司整合各种资源开发了自己的国际物流专线渠道，例如恒盛通物流公司具有俄罗斯专线、中美专线等国际物流专线，并且提供清关、关税、送货上门等一站式服务。

这类物流渠道成本相对较低，配送效率相对较高。其物流起点、物流终点、运输工具、运输线路、运输时间基本固定。物流时效较国际邮政小包快，物流成本较国际快递低，且在其服务范围内的通关、衔接等业务中表现规范并高效。因此，针对固定路线的跨境电子商务而言是一种较好的物流解决方案。国际物流专线的突出的弊端是具有区域局限性。

4. 中欧班列

中欧班列是指按照固定车次、线路等条件开行，往来于中国与欧洲及"一带一路"沿线各国的集装箱国际铁路联运班列。我国铺划了西中东 3 条通道为中欧班列运行线：西部通道由我国中西部经阿拉山口（霍尔果斯）出境，中部通道由我国华北地区经二连浩特出境，东部通道由我国东南部沿海地区经满洲里（绥芬河）出境。

中欧班列联通了中国 62 个城市和欧洲 15 个国家的 51 个城市，铺行的路线达到 68 条。现在应该说从中国任何一个城市都可以通过三个出口：西边的阿拉山口、东部的满洲里、中部的二连浩特经过中亚，经过白俄罗斯、俄罗斯，到达欧洲任何一个国家。

亚欧之间的物流通道主要包括海运通道、空运通道和陆运通道，中欧班列以其运距短、速度快、安全性高的特征及安全快捷、绿色环保、受自然环境影响小的优势，已经成为国际物流中陆路运输的骨干方式。中欧班列物流组织日趋成熟，班列沿途国家经贸交往日趋活跃，国家间铁路、口岸、海关等部门的合作日趋密切，这些有利条件为铁路进一步发挥国际物流骨干作用，在"一带一路"倡议中将"丝绸之路"从原先的"商贸路"变成产业和人口集聚的"经济带"起到重要作用。

5. 境外配送

任何物流方式最终都无法绕开境外的末端配送。纵观全球物流网络，"最后一千米"的运作既是最简单的，又是最难的。

各国情况各异，全程时限差异很大，新兴国家和欠发达地区的基础设施短板明显，几乎没什么可选择的服务。而发达市场，从投递上来说，邮政及快递的投递分层服务做得很好，一分钱一分服务，完全差异化。

在美国，亚马逊推出了 FBA（fulfillment by amazon），即亚马逊提供的海外仓储及代发货业务。国内供应商仅需将商品运输到 Amazon 在中国的库房 FBA 即可，后续的运输、清关等流程由 Amazon 负责，省去了其中烦琐的物流流程，减少了供应商的物流时间和费用。最终，商品到达 Amazon 在目的国当地的 FBA，FBA 实质上成为供应商的海外仓库。

> 知识扩展
>
> **跨境出口物流淡季背景下的行业洗牌**
>
>

二、跨境电子商务出口发货流程

下面以海外仓为例简要说明跨境电子商务出口发货流程：海外仓的操作是指中国卖家通过海运、空运或者快递等方式将商品集中运往海外仓储中心进行存储，并通过物流服务商的库存管理系统下达操作指令。首先需要在海外仓服务商提供的物流平台注册会员，开通后台账号，成为会员；然后在后台系统建立自己的产品信息单，接着可以备货了；最后就等候海外仓确认订单后的出货安排通知。主要步骤为：卖家自己将商品通过国内物流运至头程仓库；在头程仓库进行整理包装后，送到海关，完成清关、结汇或退税等手续；通过国际物流方式（海运、铁路运输或空运等），将货物运抵目的国；在目的国完成清关、报税等手续；货物送达海外仓；从海外仓通过目的国物流将货物送达消费者手中。在此过程中，卖家在线远程管理海外仓储。

卖家使用物流商的物流信息系统，远程操作海外仓储的货物，并且保持实时更新。海外仓的工作人员根据卖家指令进行货物操作。根据物流商海外仓储中心自动化操作设备，严格按照卖家指令对货物进行存储、分拣、包装、配送等操作。系统信息实时更新。发货完成后系统会及时更新，以便卖家实时掌握库存状况。

三、跨境电子商务出口包装

（一）跨境电子商务出口中包装的必要性

商品的包装是商品生产过程的继续，是流通领域的首道工序。包装绝不是可有可无的，它是商品进入流通领域的必备条件之一。除了极少数的原材料外，绝大部分商品都要有适当的包装才便于装卸、储存、运输、入库堆码和保管等。

随着商品生产和商品流通的发展，商品包装已逐渐发展成一门综合性的学科——商品包装学。它不仅包括包装机械、包装材料、包装工艺，还包括包装标准、包装美术等许多内容。

国际货物包装的目的是保护货物本身质量和数量上的完整无损，便于装卸、搬运、堆放、运输和理货，危险品货物的包装还有防止其产生危害的作用。

在国际贸易过程中，多数商品在运输、装卸、分配、使用的过程中都离不开包装。这是由于在进出口业务中商品一般需要经过长距离的转运，因此经过适当包装的商品须便于运输、装卸、搬运、储存、保管、清点、陈列和携带，且不易丢失或被盗，为各方面提供便利。

在国际贸易中，商品进行良好包装是吸引顾客、进行价格竞争的重要手段之一，也是实现商品价值和使用价值的重要手段，是商品生产和消费之间的桥梁。因此，在国际贸易中，包装是货物说明的重要组成部分，是主要交易条件之一。

合同中应签订包装条款。一些国家的法律规定：如卖方交付的货物未按约定的条件包装，或者货物的包装与行业习惯不符，买方有权拒收货物。如果货物虽按约定的方式包装，但却与其他货物未按约定混杂在一起，买方可以拒收违反包装规定的那部分货物，甚至可以拒收整批货物。因此，搞好包装工作和按约定的条件包装对国际商品与货物包装具有重要的意义。

（二）包装的种类

为了对国际货物的包装进行经济、合理的管理，有必要对国际货物包装进行分类，一般来说，按功能可将包装分为运输包装和商业包装，按形态可将包装分为逐个包装、内部包装和外部包装三种。

1. 按功能分类

1）运输包装

运输包装是以运输、保管为主要目的的包装，也就是从物流需要出发的包装，亦称工业包装。我国的国家标准对运输包装的定义是"以运输储存为主要目的的包装。它具有保障产品的安全，方便储运装卸、加速交接、点验等作用"。从我国的国家标准中可以看出运输包装涉及多部门协同作业。包装的好坏在一定意义上反映了一个国家的综合生产力的发展水平。在国际包装标准中，"运输包装"前须冠以"完整的、满装的"字样，即必须是毫无损坏的、内装被保护的产品经过包装所形成的总体。

2）商业包装

商业包装又称零售包装或消费者包装，是在商品制造出来以后用适当的材料或容器进行的包装，直接接触商品，直接与消费者见面。

不过，在有些情况下运输包装同时也是商业包装。此外，还可以采用商业包装的办法来做运输包装，以使运输包装更加合理并促进销售，如家电用品用的是兼有商业包装性质的运输包装。商业包装的主要功能是定量功能（形成基本单件或与此目的相适应的单件）、标识功能（容易识别）、商品功能（创造商品形象）、便利功能（处理方便）和促销功能（具有广告效力，唤起购买欲望）；主要目的则在于促销、便于商品在柜台上销售或提高作业效率。为了使商业包装适应国际市场的需要，在设计和制作商业包装时应体现下列要求：便于陈列展售、便于识别商品、便于携带及使用、有艺术吸引力。

出口商品的包装应符合科学、经济、牢固、美观、适销等方面的要求。超级市场和一些连锁商店里没有售货员，只有少数理货员和收银员。各种商品分别摆在货架上，吸引顾客全靠产品的"自我介绍"，如"自我介绍"不突出，就不能引起顾客的兴趣和促使顾客产生购买的欲望。因此，无论是做广告还是制作包装都要考虑 AIDMA 的因素。AIDMA 是 attention、interest、desire、memory、action 五个单词的缩写，其意思就是要使商品的包装能引起消费者的注意，从而使其感兴趣，产生购买的欲望，即使顾客一时不买也会牢记不忘，终归会有一天让其采取购买行动。

2. 按形态分类

按形态对包装进行的分类大致包括逐个包装、内部包装和外部包装三种。

1）逐个包装

逐个包装是指交到使用者手里的最小包装,是把物品全部或一部分装进袋子或其他容器里并予以密封的状态或技术。

2）内部包装

内部包装是指将逐个包装的物品归并为一个或两个以上的较大单位并放进中间容器的状态或技术,其中也包括为保护里边的物品,在容器里放入其他材料的状态和技术。

3）外部包装

外部包装是指从运输作业的角度考虑,为了对物品加以保护并为方便搬运,将物品放入箱子、袋子等容器里的状态和技术,包括缓冲、固定、防湿、防水等措施。

3. 其他包装方法

（1）包装按商品销售地点分为内销包装和外销包装。外销包装的特点是要适应进口国的国情、气候、风俗、习惯等要求。此外,搬动和装卸次数多,因此在构造、包装技法、图案等方面应与上述要求一致。

（2）包装按使用次数分为一次性使用包装和重复使用包装。重复使用包装又可以分为两种情况：一是收回复制再用,二是回收后直接复用。

（3）按包装材料分为纸质包装、塑料包装、金属包装、木质包装、玻璃和陶瓷包装等。

（三）包装容器

1. 包装袋

为物品采用包装袋包装是柔性包装中的重要技术。包装袋材料是柔性材料,有较高的韧性、抗拉强度和耐磨性。一般的包装袋结构是筒状结构,预先封死一端,在包装结束后再封装另一端,包装操作一般采用填充操作。包装袋广泛用于运输包装、商业包装、内装、外装,因而使用较为广泛。包装袋一般分成集装袋、一般运输包装袋和小型包装袋。

2. 包装盒

包装盒是介于刚性包装和柔性包装两者之间的包装技术。包装材料有一定的柔性,不易变形,有较高的抗压强度,刚性高于袋装材料。包装结构是规则几何形状的立方体,也可裁制成其他形状,如圆盒状、尖角状,一般容量较小,有开闭装置。包装操作一般采用堆码或装填,然后将开闭装置闭合。包装盒的整体强度不大,包装量也不大,不适合做运输包装,适合做商业包装、内包装,并适合包装块状及各种异形物品。

3. 包装箱

包装箱是刚性包装技术中的重要一类。包装材料为刚性或半刚性材料,有较高强度且不易变形。包装结构和包装盒相同,只是容积、外形都大于包装盒,两者通常以 10 升为分界。包装操作主要为码放,然后将开闭装置闭合或将一端固定封死。包装箱的整体强度较高,抗变形能力强,包装量也较大,适合做运输包装、外包装;包装范围较广,主要用于固体杂货包装。

4. 包装瓶

包装瓶是瓶颈尺寸有较大差别的小型容器,是刚性包装中的一种。其所用的包装材料有较高的抗变形能力,刚性、柔性要求一般也较高。个别包装瓶介于刚性材料与柔性材料之间。瓶的形状在受外力时可发生一定程度的变形,外力一旦撤除,仍可恢复原来的瓶子形状。包装瓶的结构是瓶颈口径远小于瓶身,且在瓶颈顶部开口;包装操作是填灌操作,然后将瓶口用瓶盖封闭。包装瓶的包装量一般不大,适合美化装潢,用于商业包装、内包装,主要包装液体、粉状货物。包装瓶按外形可分为圆瓶、方瓶、高瓶、矮瓶、异形瓶等若干种。瓶口与瓶盖的封盖方式有螺纹式、凸耳式、齿冠式、包封式等。

(四)包装与物流成本

1. 包装对物流成本的影响

包装会影响每一项物流活动的成本。例如,库存盘点要求人工或自动化识别系统具有较高的准确性,而识别与商品包装密切相关;分拣的速度、准确性和效率也受包装的形状和操作的简便程度等的影响;包装尺寸和密度直接影响到运输的成本,也会影响仓储成本,因为它会占用仓库空间、影响堆码的稳定性等;包装的尺寸和密度还会影响到装卸和搬运的效率和成本。

2. 减少包装对物流成本的影响的方法

企业如果要降低包装对物流成本的影响,可采用以下方法:①在实现所需的必要保护的前提下,改变包装形状、尺寸及结构;②尽量减少包装物的重量。

案例 9-2

呼吁快递箱循环用

2019 年 8 月,部分市区人大代表就《北京市垃圾分类管理条例》修订下基层听意见时,不少居民、社工代表、餐饮企业和物业单位都提出了限制过度包装的建议。

1. 买家很无奈——4 件食品装了 3 个大箱子

趁着"双 11"价格优惠,曲先生在网上选购了 4 块牛排,为了凑单又在购物车里放进了一盒羊肉片和一块巴掌大的黄油。

第二天一早,送货的快递员就将一个包裹得严严实实的泡沫塑料快递箱送到了小区门口。抱着枕头大小的泡沫塑料快递箱回到家,曲先生拆开箱子,只见箱子里堆放着三个沉甸甸的冰袋,最底下则压着两袋牛排。"这么大一个箱子,里头空荡荡就放了四片肉。这也太浪费了。"转念一想,曲先生觉得不对劲,凑单买的羊肉片和黄油呢?客服人员表示,另外两件货物和牛排没有包进同一个包裹内,稍后将送到。

在家连椅子都还没坐热,同一名快递员的电话又打过来了:"有您的快递。"这回交到曲先生手里的,是个和刚才一模一样尺寸的泡沫塑料快递箱。打开箱子,空荡荡的箱子里除了两个冰袋外,还有迟到的一袋羊肉片。显然黄油还在路上。

几个小时后,曲先生收到了第三个同等尺寸、同样材质的快递箱。这回,还不如冰袋大的一块黄油可怜巴巴地躺在箱底。

曲先生将三个包裹内的生鲜食品都集中堆放在一个箱子内，箱子也不过被填满了一半。他家的地板上，三个泡沫塑料快递箱堆成了高高的一摞，冰袋就攒了8个。"快递包装加在一起比买的东西体积还大。"左思右想，实在不知道要拿泡沫塑料快递箱作何用途，曲先生只得将箱子和冰袋扔进了楼下的垃圾桶内。

明明能一次就送来的东西，为什么非要分开送三次呢？客服人员解释，因为牛排、羊肉片和黄油分别位于不同的仓库，所以只能分开单独配送。

2. 卖家不得已——5颗草莓得用5层包装

"说我们是过度包装，我们也有苦衷啊。"在北京一家公司从事高端水果销售的王先生一肚子苦水。

"双11"之前，王先生采购了一批辽宁丹东本地的新鲜草莓在北京销售。王先生向记者展示了一盒刚上市的"精品草莓"，5颗草莓售价高达40元。

每一颗草莓都必须先用一个独立的小网兜小心包裹，然后轻轻塞入已经提前挖好凹槽的泡沫模具内，盖好模具的盖子后进行封存。最后，将模具塞入填满保温棉的纸箱中，就可以进行快递配送了。如果是买来当作礼品的，还会额外为顾客提供一个印有产品名称等信息的手提包装袋。为了保护5颗草莓，最多的时候，要搭配5重包装。

能不能将包装简化呢？王先生解释，"草莓这种水果特别娇气，一整盒草莓送到买家手中，打开包装一看，只要有一个烂的，人家就得给你差评，或者要求退货赔偿。快递运输的时候，稍微有一点儿磕碰，一整盒草莓就都废了。"

王先生说，因为草莓这种水果的特殊性，只能依靠工人纯手工进行包装。包装的网兜、泡沫模具、保温棉、纸箱、手提袋甚至人工，都是不得不支出的额外成本。"就拿一盒3斤的草莓来说吧，包装的成本就在10块钱左右。"

"简化包装，我们举双手赞成，这样还能节约成本呢。但是不能因为简化了包装，影响了产品的品质和正常销售。从目前的技术水平来看，这里三层、外三层的包装，我们还得接着用。"王先生也有着自己的无奈。

3. 专家支招——快递箱循环用，严格控制体积

知名垃圾对策专家王维平在接受本报记者采访时表示，其实，世界上很多国家都对商品的包装出台了明确的法律规定，对于禁止和限制的内容有具体的条款。比如，包装物的体积不能比被包装物大十分之一。"市面上常见的中药西洋参，很大的一个盒子，但里头装的西洋参其实就只有薄薄的一层。"这就属于包装物的体积超标了。

另外，包装物的重量不能大于被包装物，在仓储和运输的过程中，包装物越大、越重，运输的成本也就越高。此外，包装物的价值不能高于被包装物。

巨大的快递量面前，如何减少包装垃圾、减少快递各个环节造成的环境污染？记者发现，很多新兴的"概念"与活动悄然兴起，"回箱计划""科学打包法"，使用45毫米及以下窄胶带封装，拒绝使用难回收的包装材料，等等。以京东物流的"青流计划"为例，在推出两年多的时间内，通过"胶带瘦身"及可循环生鲜保温箱等环保措施共减少一次性快递垃圾近3万吨，可循环快递箱"青流箱"投放超过1000万次以上，纸箱回收目前已超540万个。

王维平也提出建议，最好能推动快递箱、快递盒等包装循环使用，并且对快递包装的体积进行明确的要求和严格的限定。比如，顾客想要寄快递，快递员就带一个可重复使用的快递箱上门，等这个快递送到卖家手里之后，快递员负责将快递箱子回收，再循环利用，以此避免浪费。

资料来源：呼吁快递箱循环用[EB/OL].（2019-11-13）. http://www.100ec.cn/detail-- 6533976.html. 有改动.

第三节　跨境进口物流管理

一、跨境电子商务物流进口模式

（一）主要进口物流模式

跨境电子商务环境下的进口物流模式主要包括直邮模式和转运模式。其中直邮模式又分商业快递直邮和两国快递合作直邮；转运模式又分阳光海淘和灰色海淘。具体跨境电子商务进口物流模式分析如图9-1和表9-1所示。

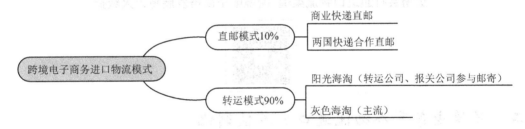

图9-1　跨境电子商务进口物流模式

资料来源：庞燕. 跨境电商环境下国际物流模式研究[J]. 中国流通经济，2015（10）：15-20.

表9-1　跨境电子商务进口物流模式

模　式	商业快递直邮	两国合作直邮	转运公司参与邮寄	报关企业参与邮寄	灰色转运
揽收	国外快递	国外快递	国外快递	国外快递	国外快递
出口国境内物流	国外快递	国外快递	国外快递	国外快递	国外快递
出口国清关	国外快递	国外快递	国外快递	国外快递	国外快递
跨境物流	国外快递	国外快递	转运公司、国际货代	转运公司、国际货代	转运公司
进口国清关	国外快递	国外快递	国内快递	报关企业	利用非法途径规避
进口国境内物流	国外快递	国内快递	国内快递	国内快递	国内快递

资料来源：庞燕. 跨境电商环境下国际物流模式研究[J]. 中国流通经济，2015（10）：15-20.

（二）保税区跨境物流

2012年年底，郑州与上海、重庆、杭州、宁波一道成为首批跨境贸易电子商务服务试点城市。同时，郑州也成为唯一一个综合性E贸易试点城市，主要依托于郑州中大门保税直邮进口物流模式。其特点是海外段变成大宗商品B2B运输，成本因此大幅降低；时效也缩短为境内送达时间，客户体验相应加强。同时能够实现信息流、支付流、物流三流合一对接海关平台，从而利于海关实现透明化监管。

上海跨境贸易电子商务保税物流中心的保税物流模式主要利用海关监管保税店，针对奶粉、电子产品、保健品等热销日常消费品，向国内消费者开展零售业务。保税店内商品整批进入保税区，根据客户订单分批以个人物品出区并征缴行邮税。另外，上海跨境电子商务保税物流中心还采取国际物流模式进行"直购进口"。该模式主要立足于上海口岸，消费者在与海关联网的电子商务平台上跨境网购后，交易形成的电子订单、支付凭证、电子运单等均由电子商务平台实时传输给海关，商品通过海关跨境电子商务专门监管场所入境，并按个人行邮物品征税或免税。

知识扩展

进博会打通进口物流渠道 跨境电子商务发展将大大获益

二、跨境电子商务物流进口通关便利化

（一）分类通关

1. 分类通关的概念

分类通关是指海关通过科学运用风险管理的理念和方法，以企业守法管理为核心，综合企业类别、商品归类、价格、许可证件、贸易国别、航线、物流信息等各类风险要素，按照风险高低对进出口货物实施分类，在通关过程中根据不同的管理要求和管理程序实施差别化作业的通关管理模式。

2. 分类通关的基本作业流程

分类通关以企业守法管理为核心，综合企业类别、商品归类、价格、许可证件、贸易国别、航线、物流信息等各类风险要素，由H2010通关管理系统对报关单电子数据进行实时风险分析，分拨到高风险、未知风险和低风险处理。全国海关各业务现场按风险高低分别实施"低风险快速放行""中风险单证审核"和"高风险重点审核"；对所有进出口货物实现差别化管理；对高风险报关单实施专业审单，根据专业审单结果、风险布控子系统和选查子系统的风险分析结果，由接单现场实施上述3种作业方式。现场作业包括以下具体流程。

1）低风险快速放行

对经 H2010 通关管理系统风险分析或经专业审单确定为低风险和未知风险的货物，不涉及许可证件和税费，或仅涉及通关单并且通关单联网比对正常，由计算机系统完成电子审核后，自动放行。以下为具体业务流程。

（1）申报人向海关申报报关单电子数据。

（2）H2010 通关管理系统完成电子审单后，经风险分析或经专业审单确定为低风险或未知风险且符合快速放行条件的，系统自动放行。

（3）H2010 通关管理系统向监管场所和申报人发送海关放行信息。对于纸质报关单证，申报人按照规定向海关递交单证，现场海关设置专门岗位抽核部分纸质单证。

在全国范围内，继续推进"报关单证企业暂存"工作。对经海关批准免于现场递交并由企业暂行保管的，不涉及许可证件，不涉及征税、减免税且无须查验的低风险快速放行报关单及随附单证实行单证暂存；对符合条件的无实际货物进出境的报关单适用"报关单证企业暂存"。

2）中风险单证审核

对经 H2010 通关管理系统风险分析或经专业审单确定为低风险和未知风险，但涉及许可证件管理或征收税费要求的货物，申报人现场递交纸质单证。现场接单审核岗位关员根据风险提示审核纸质报关单及随附单证（发票、提运单、装箱清单、许可证件等），完成许可证件核注、税费征收及放行作业。以下为具体业务流程。

（1）申报人向海关申报报关单电子数据。

（2）H2010 通关管理系统完成电子审单后，经风险分析或经专业审单确定为低风险或未知风险且符合需人工审核纸面单证条件的，H2010 通关管理系统向申报人发送现场交单回执。

（3）海关收取报关单证，按相关审核要求进行审核并征收税费、核注许可证件后直接完成验放作业。对审核过程有疑问的，可退回企业修改或布控查验核实。

（4）H2010 通关管理系统向监管场所和申报人发送海关放行信息。

3）高风险重点审核

对经 H2010 通关管理系统风险分析或经专业审单确定为高风险的货物，由现场接单审核/选择，查验岗位关员根据风险提示或专业审单审核结果对报关单及随附单证进行重点审核，选择高风险货物布控查验。以下为具体业务流程。

（1）申报人向海关申报报关单电子数据。

（2）H2010 通关管理系统完成电子审单后，经风险分析或经专业审单确定为高风险的，系统向申报人发送现场交单回执。

（3）海关收取报关单证，根据相关风险提示或专业审单审核结果进行重点审核。对审核有疑问的，进行布控查验；对审核无疑问的，征收税费、核注许可证件后完成验放作业。

（4）H2010 通关管理系统向监管场所和申报人发送海关放行信息。

案例 9-3

合肥海关助推跨境电子商务发展，削减制度性成本，提升通关便利

2019年6月27日，3辆满载网易考拉跨境电子商务平台网购保税进口货物的车辆抵达合肥出口加工区海关卡口，仅用十几分钟，车辆就办完手续进入仓库。为服务跨境电子商务产业快速发展，2019年上半年，合肥海关出台了《合肥海关促进跨境电子商务零售进出口措施》，极大地提升了跨境电子商务零售进出口业务的通关便利。

这些措施包括：实行"代收代缴、汇总计征"的零售进口缴税模式，无须逐票清单进行纳税，削减制度性成本；对境外入区动植物产品的检验项目，实行"先入区、后检测"，减少企业等待时间；跨境电子商务零售出口一般工业制成品，在有第三方检验合格或企业承诺符合国家标准的前提下，不实施检验；开展申报前咨询服务，对归类、优惠促销价格、运费、保险费等申报要素进行预认定，提高通关便利化水平；等等。

据了解，近年来，合肥市跨境电子商务贸易新业态快速发展。2018年1月，国务院将合肥跨境电子商务综试区列入适用跨境电子商务过渡期政策名单；2019年6月3日，网易考拉合肥跨境电子商务物流开仓。

在一系列利好政策的拉动下，合肥跨境电子商务实现了飞速发展。数据显示，2018年全年，合肥海关共办理跨境电子商务零售进口商品申报清单11 371票，商品总值669万元，同比分别增长236倍、178倍；其中，网购保税业务10 763票，价值643万元。2019年上半年，共办理跨境电子商务零售进口商品申报清单41 736票，商品总值1237万元；其中网购保税进口38 789票，货值1066万元；直购进口2947票，货值171万元，均已超过2018年全年。

资料来源：合肥海关助推跨境电商发展，削减制度性成本，提升通关便利[EB/OL]. （2019-07-01）. http://www.100ec.cn/detail--6515534.html. 有改动。

（二）通关作业无纸化

1. 通关作业无纸化的概念

通关作业无纸化是指海关以企业分类管理和风险分析为基础，按照风险等级对进出口货物实施分类，运用信息化技术对企业联网申报的报关单及随附单证的电子数据进行审核、征税、验放的通关作业方式。

2. 通关作业无纸化的基本作业流程

1) 三方协议签约

企业适用"通关作业无纸化"方式，需通过"通关无纸化签约系统"向办理进出口业务对应的主管海关发送《通关作业无纸化协议》签约申请。

经海关审核准予适用"通关作业无纸化"通关方式的进出口企业需要委托报关企业代理报关的，应当委托经海关审核准予适用"通关作业无纸化"通关方式的报关企业。

2) 企业申报

签约的经营单位可以选择自理报关，也可以委托签约的代理报关企业向海关申报。经营单位或其代理人向海关申报无纸化报关单时，应根据海关要求上传随附单证电子数据。

3）海关审单

海关 H2010 通关管理系统对报关单电子数据进行规范性、逻辑性审核，并检查报关单是否满足通关无纸化要求，对不能通过的，系统退单。对审核通过的电子数据，系统根据风险甄别结果自动进行分拣操作，并根据分拣结果对报关单进行分类处置。

对分拣结果为"低风险快速放行"的报关单，到货确认（出口货物运抵报告、进口货物理货报告等）的电子信息与 H2010 系统成功对碰后，系统自动完成放行操作；未启用到货确认电子信息的，系统将报关单转入"通关无纸化待审核列表"。对分拣结果为"中风险单证审核"或"高风险重点审核"的报关单，系统将报关单转入"通关无纸化待审核列表"。

对转入"通关无纸化待审核列表"的报关单，现场通关无纸化审核岗位按相关审核要求，对报关单和随附单证电子数据进行审核。审核无误的，完成接单、征税操作，由系统自动放行；审核确定需要查验的，下达布控指令，完成接单操作。

4）查验与放行

现场查验部门按现有规定办理查验手续。查验正常的，录入查验结果后由系统完成放行；操作查验异常的，按规定移交相关部门处理。

海关完成报关单放行后，向监管场所和申报人发送放行信息。对实施联网的监管场所，监管场所凭海关放行信息为企业办理提货/装运手续。对未实施联网的监管场所，海关确认报关单已放行的，在企业递交的提运单上或放行凭证上签注放行意见并加盖放行章，监管场所凭加盖海关放行章的单证为企业办理提货/装运手续。

5）结关与理单

报关单放行后，现场海关按规定完成进出口货物报关单结关、证明联签发手续，由 H2010 通关管理系统自动完成理单操作。

（三）区域通关一体化

1. 区域通关一体化的概念

区域通关一体化是指这样的海关业务模式：区域内对企业、舱单、商品等风险要素进行统一的风险分析和甄别，设立区域审单中心，在风险分析和风险甄别的基础上，各审单分中心区域按照税则分工开展跨关区专业审单；申报人在区域内各口岸办理货物进出口手续时，可自主选择向收发货人注册地或货物实际进出境地海关办理申报、纳税和查验放行手续。目前，区域通关一体化已覆盖至以下全国五大区域。

（1）京津冀：北京海关、天津海关、石家庄海关。

（2）长江经济带：上海海关、南京海关、杭州海关、宁波海关、合肥海关、南昌海关、武汉海关、长沙海关、成都海关、重庆海关、贵阳海关、昆明海关。

（3）泛珠四省：福州海关、厦门海关、广州海关、深圳海关、拱北海关、汕头海关、黄埔海关、江门海关、湛江海关、南宁海关、海口海关。

（4）丝绸之路经济带：青岛海关、济南海关、郑州海关、太原海关、西安海关、兰州海关、银川海关、西宁海关、乌鲁木齐海关、拉萨海关。

（5）东北地区：大连海关、沈阳海关、长春海关、哈尔滨海关、呼和浩特海关、满洲里海关。广义的区域通关一体化包括口岸清关、转关、一体化通关等通关模式。其中，一体化通关为区域通关一体化改革新增的通关模式，该模式要求报关单运输方式须为水路运输、铁路运输、公路运输、航空运输或邮件运输；如报关单申报口岸与进出口岸跨直属关区，则为"跨关区一体化"；如报关单申报口岸与进出口岸跨隶属关区，则为"关区内一体化"。

2. 区域通关一体化进口流程

1）舱单传输

运输工具进境前，在海关规定的时间内，舱单传输人向口岸海关传输进口原始舱单电子数据。

口岸海关接受舱单数据并确认后，有关舱单内容通过电子口岸公共查询平台公布。口岸海关对舱单传输人提前传输的进口原始舱单电子数据从安全、环保、准入等方面进行重点风险分析和布控。

2）电子申报

进口货物的申报人在口岸海关接受进口原始舱单电子数据申报后，除海关另有规定外，可根据实际需求在区域通关一体化的通关模式中择一向海关办理申报手续，申报方式可选择有纸或通关无纸化。

申报人在办理报关手续时，按照收货人注册地、货物进出境地（或直属海关集中报关点）自主选择接单现场，据此确定报关单的申报口岸，应用申报口岸规定的报关单编码规则，根据报关单填制规范录入电子数据报关单、传输随附单据，向海关申报。

3）电子审单

海关计算机系统对报关单电子数据进行规范性、逻辑性审核，对不能通过规范性审核的电子数据报关单，系统不接受申报；对通过规范性审核的电子数据报关单，根据区域各海关协商确定并统一加载的风险参数、布控指令、通道条件等对报关单进行风险甄别和通道判别，对需人工审单的转入专业审单环节，无须人工审单的由系统自动审结。

4）专业审单

区域内各审单分中心专业审单岗位按照税则章节分工并结合风险提示对报关单进行人工审核，审核通过的，完成审结操作。

5）接单审核

接单岗位按现行规定办理报关单审核、税费征收、无纸转有纸、许可证件验核、汇总征税等业务。

接单现场承担区域通关一体化联络职责，可通过综合业务管理平台或各区域商定的联络方式与相关部门联系。

6）布控查验

申报地海关根据风险分析结果在报关单放行前下达布控指令。进口一体化通关报关单如需查验的，可在口岸海关或申报地海关实施。如在申报地海关查验的，按查验分流相关规定办理。货物查验完毕后，由查验地海关录入查验结果；查验后续处理及处理结果录入，根据各区域协商由申报地海关或查验地海关办理。

7）货物放行

对于运抵口岸海关监管场所且无查验的货物，由申报地海关办理报关单放行手续。对于查验货物，查验正常的，由查验地海关办理放行手续；查验异常的，由负责查验后续处理的海关办理放行手续。

8）货物提取

海关完成报关单放行后，向监管场所发送放行指令，申报人凭海关电子或纸质放行凭证到监管场所办理货物提取手续。

9）后续理单

接单现场负责理单。异地查验的，查验地海关负责原始纸质"查验记录单"的理单归档。

（四）关检合作"三个一"

1. 关检合作"三个一"的概念

以党的十八届三中全会决定为指导，依法履职、大胆创新，进一步增强关检双方深化改革意识，健全完善关检联动配合机制，不断创新工作理念，优化工作模式，全面推进关检（即海关与检验检疫部门）合作"三个一"（一次申报、一次查验、一次放行的简称），有效简化通关手续，切实提高通关效能，降低企业成本，提升贸易便利化水平，促进经济贸易持续、健康、稳定发展。

2. 关检合作"三个一"的作业流程

将关检合作"三个一"全面推行到全国所有直属海关和检验检疫部门、所有通关现场、所有依法需要报关报检的货物和物品，让关检便利措施最大限度惠及企业。具体作业方式如下。

1）一次申报

"一次申报"即"一次录入、分别申报"，是指企业一次输入申报数据，分别向海关和检验检疫部门发送。具体流程如下：①关检双方共同开发"一次申报"系统，统一"一次录入"界面，企业通过申报软件一次性输入申报数据；②企业将申报数据分别发送给海关 H2010 通关作业系统和检验检疫业务管理系统；③企业申报后，申报数据发生更改的，海关、检验检疫部门应及时相互通报更改后的申报数据。

2）一次查验

"一次查验"即"一次开箱，关检依法查验/检验检疫"是指关检双方依法需要对同一批货物实施查验/检验检疫的，海关与检验检疫部门按照各自职责共同进行查验/检验检疫。具体流程如下：①海关、检验检疫部门对需要查验/检验检疫的货物，分别发出查验、检验检疫的指令；②对同一批货物，海关和检验检疫部门都发出指令并对碰成功的，关检双方按照各自职责共同进行查验/检验检疫；③对于信息对碰不成功的货物，海关、检验检疫部门各自进行查验/检验检疫。

3）一次放行

"一次放行"即"关检联网核放"，是指对于运抵口岸的货物，海关和检验检疫部门分别发出核放信息，企业凭关检的核放信息办理货物提离手续。具体流程如下：①海关和检验检疫部门分别发出对货物的核放信息；②企业及其代理人凭海关和检验检疫部门的核放信息办理货物提离手续。

项目实训

跨境出口模式实训

实训目标

1. 加强团队合作，发挥每一个团队成员的能力，学习小组讨论、分析的方法；
2. 培养自主学习和独立思考的能力。

实训内容

假如你在 eBay 英国站开了一家手工饰品的店铺，需要对跨境出口模式有一个初步的了解，以便日后更加有效地节约成本。请以"如何选择跨境出口模式"为题写一篇报告。

实训步骤

1. 教师带领学生学习相关知识，按照 3 人一组进行教学分组，每个小组设组长一名，负责确认每个团队成员的任务。
2. 根据教师教授的内容，整理跨境出口模式的相关知识。
3. 上网或者去图书馆查询关于跨境出口模式的课外知识。
4. 每个小组派一个组员根据自己的报告上台演讲，教师和其他小组成员对其演讲进行评价、讨论。

复习与思考

1. 海关的性质是什么？
2. 清关分为哪几个阶段？
3. 跨境出口物流有哪几种模式？
4. 分类通关的基本作业流程分为哪几个阶段？
5. 关检合作"三个一"的作业流程主要分为哪几步？

第十章　跨境电子商务物流发展环境与服务创新

知识目标

- 了解跨境电子商务物流发展的需求环境；
- 了解关税的概念；
- 掌握 VAT 的概念。

学习重点、难点

重点：

- 跨境电子商务物流发展的知识产权环境；
- 跨境电子商务物流发展的税收环境。

难点：

- 能够掌握 AliExpress 无忧物流服务的相关内容；
- 能够掌握亚马逊物流的相关知识。

本章思维导图

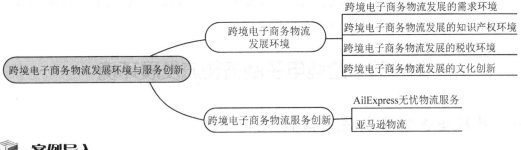

案例导入

敦煌网：新增 Inglesina、Asalvo 等品牌知识产权保护公告

3月9日消息，《电子商务报》获悉，敦煌网连续发布多条公告，称接到相关品牌方的相关投诉，有部分卖家销售的产品涉及侵犯 Inglesina、Asalvo、Graco、Britax、SU.CHENY、Slice Right、Sani Sticks、Snappie、Slim Clip、AirFort、Scratch-dini、ZWILLING、rapala 等多个品牌的相关知识产权。相关知识产权信息如图 10-1 所示。

品牌	图形商标	知识产权类型	产品类型	产品举例
Inglesina	Inglesina	商标	婴儿车	
Asalvo	asalvo	商标	婴儿车	
Graco	GRACO	商标	婴儿车	
Britax	britax	商标	婴儿车	

图 10-1 敦煌网新公布的相关知识产权信息

敦煌网强调，平台对于侵犯知识产权的行为将进行严格的监控以及严厉的打击。卖家需及时进行自查，确保店铺所有产品均不存在侵犯知识产权的问题。如在监控或审核的过程中发现卖家账户存在侵权问题，平台将根据《知识产权禁限售违规处罚》的相关规则进行处罚，违规情节严重者，平台将直接给予关闭账户的处罚。据《知识产权禁限售违规处罚》显示，卖家账户若存在侵权问题，则有可能得到平台的警告、循环放款、期限冻结 7 天、全店降权、店铺屏蔽、关闭账户等处罚。

值得一提的是，2020 年 1 月，敦煌网受邀出席国际知识产权保护组织 React 及越南市场监管总局于越南首都河内举行的知识产权保护研讨会，并因其 2019 年在知识产权保护领域的积极贡献，受到主办方表彰。

案例来源：敦煌网：新增 Inglesina、Asalvo 等品牌知识产权保护公告[EB/OL]．（2020-03-10）．http://www.100ec.cn/detail--6548076.html. 有改动．

第一节 跨境电子商务物流发展环境

一、跨境电子商务物流发展的需求环境

跨境电子商务物流的发展建立在跨境电子商务需求扩张的基础上。所谓需求，是指消费者在一定时期内在各种可能的价格下愿意并且能够购买的商品或服务的数量。消费者运用跨境电子商务平台在全球范围内购买商品或服务的需求扩张推动了跨境电子商务的发展，进而为跨境电子商务物流的发展提供了原动力。跨境电子商务需求的井喷式增长，源自以下几方面原因。

（一）传统国际贸易转型

全球金融危机爆发后，国际市场需求持续低迷，国际贸易增长趋缓。对消费者而言，

收入增长的趋缓推动其改变既往的消费方式,转而直接通过网络从海外市场购买物美价廉的商品;对进口商而言,出于缓解资金压力和控制库存风险的考虑,也倾向于将大额采购转变为中小额采购,将长期采购转变为短期采购,单笔订单的金额明显减小,大部分不超过 3 万美元。

国际贸易正在经历从"集装箱"式的大额交易向小批量、多批次的"碎片化"贸易转型。国际贸易不再主要是大企业、大贸易商的舞台,中小企业,甚至小微企业逐渐在外贸订单中占据越来越多的份额。中小企业开始建立直接面向国外买家的国际营销渠道,以便降低交易成本,缩短运营周期。传统国际贸易向跨境电子商务的转型给传统的国际货物运输带来了新挑战,相对于运输量的扩张,运输形式的多样化发展和交货的即时性渐渐成为国际物流竞争的新热点。在此背景下,邮政渠道、商业快递、自主专线和海外仓等物流模式纷纷涌现。

(二)消费者需求变化

全球金融危机后,受经济形势低迷的影响,海外消费者的消费需求悄然发生变化,借助互联网产业的发展,海外消费者通过互联网采购物美价廉的中国产品的消费习惯逐渐养成,eBay、亚马逊等电子商务平台也开始逐渐成熟,被欧美普通消费者所接受。与此同时,国内的电子商务经营者们也发现,价廉物美的中国商品在欧美发达国家有着众多的潜在客户,全球金融危机后,珠三角的传统外贸企业经营惨淡,相比之下,小额跨境零售市场却迅速扩张。在国内市场日渐饱和的情况下,海外市场成为手机等电子产品厂商摆脱困境的主攻方向,由此催生了一批 B2C 电子商务企业。

(三)政府政策的大力推动

随着网络强国战略的实施,以及国家政策对跨境电子商务扶持力度的大幅提高,我国跨境电子商务迎来加速发展的新时期。"互联网+"进一步为跨境电子商务插上坚实的翅膀,跨境电子商务作为新兴的贸易业态,得到了国家频繁的政策支持,为行业发展提供了更强的内生动力。随着"互联网+"行动计划的深入实施,壮大电子商务经济规模,培育发展新产业、新业态、新模式,推动互联网经济加速发展,成为"十三五"时期我国经济发展的一个重要任务。

跨境电子商务的发展潜力以及国家对跨境电子商务发展的政策扶持推动传统运输企业加速转型,使传统运输企业试图通过涉足跨境电子商务的物流环节,开辟新的发展空间。中海集团与阿里巴巴联手,谋求双方在跨境电子商务物流和航运电子商务平台方面的合作。以中海集团为代表的国际航运企业集团向航运电子商务平台的转型,标志着我国跨境电子商务物流企业生态的初步形成。航运企业推出的电子商务板块可以提供包括船期和运输路径查询、费率查询、网上订舱、网上支付、货物跟踪、进出口单证等一系列服务项目。全球化的仓储管理、独立化的运输配送以及配套的供应链管理,将是跨境电子商务浪潮下的物流大趋势。

二、跨境电子商务物流发展的知识产权环境

(一)知识产权的含义

知识产权又被称为"知识所属权",指的是"权利人对其所创作的智力劳动成果所享有的财产权利",一般只在有限时期内有效。各种智力创造,如发明、文学和艺术作品,以及在商业中使用的标志、名称、图像以及外观设计,都可被认为是某一个人或组织所拥有的知识产权。

知识产权是关于人类在社会实践中创造的智力劳动成果的专有权利。随着科技的发展,为了更好地保护产权人的利益,知识产权制度应运而生并不断完善。

(二)知识产权的分类

知识产权是智力劳动产生的成果所有权,它是依照各国法律赋予符合条件的著作者以及发明者或成果拥有者在一定期限内享有的独占权利。它有两类:一类是著作权(也称为版权、文学产权),另一类是工业产权(也称为产业产权)。

著作权又称版权,是指自然人、法人或者其他组织对文学、艺术和科学作品依法享有的财产权利和精神权利的总称,主要包括著作权及与著作权有关的邻接权。通常我们说的知识产权主要是指计算机软件著作权和作品登记。

工业产权则是指工业、商业、农业、林业和其他产业中具有实用经济意义的一种无形财产权,由此看来"产业产权"的名称更为贴切,工业产权主要包括专利权与商标权。

(三)知识产权保护

知识产权制度是激励和运用创新、实现创新价值的重要载体。发达国家为保持其在国际分工中的高端地位,普遍强调知识产权的储备、保护和运用,重视知识产权在技术创新、品牌创新和质量升级中的作用,为此,发达国家纷纷通过立法对知识产权施加保护。

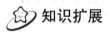 知识扩展

如何对电子商务平台上的知识产权侵权行为进行有效维权

(四)跨境电子商务环境中知识产权保护的必要性

十几年前,国内跨境电子商务刚刚起步时出口货物中有相当大比例的产品是仿品,随着越来越多的传统外贸企业涉足跨境电子商务,低价仿品在出口中的比例下降,大量的国产品牌和无牌商品通过跨境电子商务平台销往国外。跨境电子商务市场规模的扩大,让知识产权保护问题的重要性凸显出来,因知识产权产生的纠纷也不断涌现。这一方面与跨境

电子商务平台经验不足导致审核失误有关，另一方面也因电子商务卖家经验不足，在不经意的情况下出售了仿品。在传统国际贸易流程中，国外买家的购买量较大，为了规避知识产权风险，进口商通常都会在交易之前主动进行知识产权调查和风险防范。而在跨境电子商务流程中，卖家以中小企业为主，个人卖家的数量也呈增长态势，这个群体普遍缺乏规避知识产权风险的意识和专业知识，而国外买家的分散性与临时性也增加了知识产权纠纷发生的概率。

知识产权侵权行为大致分为 5 种，即生产、使用、销售、许诺销售和进出口。在很多知识产权纠纷中，很多卖家并未实际销售侵权产品，但资金仍然被冻结清零，原因就在于卖家发布了图片并告知买家自己"有"买家感兴趣的产品，这样一来就导致侵权行为中"许诺销售"一项得以成立，任何广告和展示的行为都会导致侵权。因此，对于跨境电子商务卖家而言，需要注意以下几方面：一是针对出口量较大的产品，应当进行事前知识产权归属查询，以便对可能的侵权风险加以评估；二是避免在任何宣传材料中使用与国外知名商标相同的字样；三是在收到境外海关、检察机关或法院的法律文书后，一定要提出书面异议，并且避免在咨询律师前在任何文本上签字。

随着我国出口电子商务市场的快速发展，整个跨境电子商务行业所面临的监管环境会不断趋紧，知识产权风险也会逐渐加剧。这势必会倒逼中国出口企业在知识产权保护、专利保护、品牌化发展方面持更加积极主动的态度。跨境电子商务卖家需要提高知识产权保护意识，主动规避知识产权风险。当研发出新产品时，应及时申请版权登记。哪怕是在公司网站、聊天工具等载体上发布图片、销售记录等信息，都需要注意将这些信息截图并保存，日后有纠纷时可当作在线使用证据。在我国，专利包括发明专利、实用新型专利、外观设计专利。如申请外观设计专利时，申请人只要向国家知识产权局专利局递交请求书、外观设计图片或照片、外观设计简要说明等必要文件即可，审查合格率较高。

需要注意的是，知识产权具有地域性。以专利为例，每个国家对于专利的叫法不同。比如，日本与我国相似，也分发明、实用新型、外观设计三类；美国分发明专利、外观设计专利和植物专利；英国则分发明专利、外观专利。从长期来看，需要在相应国家注册商标，才能保证自己的产品通过海关，一旦碰到投诉也有谈判余地。由于商标具有地域限制，国内商标失效，产品要想推向全球市场，就必须注册国际商标。当然，除了顺利入驻跨境电子商务平台，进军国际市场外，提前注册国际商标的重要功能是起到品牌保护的作用，避免遭遇侵权或恶意抢注，导致品牌形象和商家利益受损。

近年来我国的跨境电子商务行业发展迅速，但快速发展的表象背后隐藏着不少问题。尤其是占据卖家主体的中小跨境电子商务卖家的知识产权风险意识不强，面对巨大的海外市场，中小卖家在实现以价取胜的同时忽略了产品自身所蕴含的知识产权风险。中国跨境电子商务出口规模的持续扩大已引起欧美跨境电子商务的主要目标市场国的极大关注，知识产权风险骤然增大。因此，中小卖家需要转换思维，从知识产权入手，走品牌化道路。为应对激烈的市场竞争，要选择那些注重产品设计、突出产品特质的企业所生产的产品，从产品源头做起，改变以往单纯依靠价格竞争的模式，提升产品质量，塑造产品品牌，从而使我国跨境电子商务走上可持续发展的道路。

三、跨境电子商务物流发展的税收环境

（一）关税

1. 关税的概念

关税是指一国海关根据该国法律规定，对通过其关境的进出口货物征收的一种税金。它属于国家最高行政单位指定税率的高级税种，对于对外贸易发达的国家而言，关税往往是国家税收乃至国家财政的主要收入。

2. 关税的征收

关税的征税基础是关税完税价格。进口货物以海关审定的成交价值为基础的到岸价格为关税完税价格；出口货物以该货物销售与境外的离岸价格减去出口税后，经过海关审查确定的价格为完税价格。

关税应税额的计算公式为：应纳税额=关税完税价格×适用税率。

3. 关税的特点

关税是进出口商品经过一国关境时，由政府设置的海关向进出口商征收的税收。关税具有强制性、无偿性、预定性。

4. 关税的作用

关税的作用有维护国家主权和经济利益、保护和促进本国工农业生产的发展、调节国民经济和对外贸易、筹集国家财政收入。

5. 关税的税则

关税税则又叫海关税则，是指一国对进口商品计征关税的规章和对进口的应税商品和免税商品加以系统分类的一栏表。它是海关征税的依据，是一国关税政策的具体体现。

从内容上来看，海关税则一般包括两部分：一是海关征收关税的规章、条例和说明；二是关税税率表。关税税率表又由税则号、商品名称、海关税率等栏目组成。

（二）税率

1. 世界贸易组织税率

这里的世界贸易组织（WTO）税率指最惠国税率。订有双边或多边贸易协定的国家采用此税率，最惠国待遇是关税和贸易总协定中的一项重要条款，按此条款规定，缔约国双方相互之间现在和将来所给予第三国在贸易上的优惠、豁免和特权同样给予缔约对方，体现在关税上，即为最惠国税，这种形式的关税减让是互惠的。现在世界贸易组织成员之间的贸易都适用最惠国税率，最惠国税率是正常的税率。一般普惠制以及自贸区的优惠关税都是在WTO关税基础上再进行关税减免。

2. 优惠税率

优惠税率是指对来自特定受惠国的进口货物征收的低于普通税率的优惠税率关税。优惠关税一般是互惠的，通过国际上贸易或关税协定，协定双方相互给予优惠关税待遇；但也有单方面的，给惠国给予受惠国单向的优惠关税待遇，不要求反向优惠，如普惠制下的优惠关税；世界贸易组织实行多边的普遍最惠国优惠关税，任一缔约方给予所有缔约方。

目前优惠关税包括两种。

1）普惠制优惠幅度

普惠制优惠幅度是发达国家向发展中国家提供的一种优惠税率，它在最惠国税率的基础上进行减免，因而是最低税率，是单向的、非互惠的税率。实施的国家包括欧盟国家以及日本、加拿大、挪威、瑞士、澳大利亚等。

2）自贸区优惠幅度

自贸区优惠幅度是以优惠贸易安排和自由贸易区等形式出现的区域贸易安排，在这些区域内部实行的一种比最惠国税率还要优惠的"优惠制"税率，是世界贸易组织最惠国待遇原则的例外情形之一。实施的国家包括东盟国家、亚太贸易协定国家、巴基斯坦、智利、秘鲁、新西兰等。

（三）VAT

1. VAT 简述

VAT 全称为 value added tax，是欧盟的一种税制售后增值税，是指货物售价的利润税。它适用于在欧盟国家境内产生的进口、商业交易以及服务行为。VAT 销售增值税和进口税是两个独立缴纳的税项，商品进口到欧盟国家的海外仓会产生商品的进口税，而商品在其境内销售时会产生销售增值税——VAT。

如果卖家使用欧盟国家本地仓储进行发货，就属于 VAT 增值税应缴范畴，即便卖家所选的海外仓储服务是由第三方物流公司提供的，也从未在当地开设办公室或者聘用当地员工，也需要交纳 VAT。

为了能依法缴纳增值税，卖家们需要向海外仓本地的税务局申请 VAT 税号。VAT 税号具有唯一性，只适用于注册当事人。

2. 德国税号申请流程

按照德国联邦税务局的规定，海外商家和个人纳税者在德国本地的经营和服务活动没有免税金额，无论业务大小都需要向德国联邦税务局进行注册申报，以获取德国的 VAT 税务号并履行相应税务申报和缴纳的义务。

申请德国 VAT 税号主要有两种方式，一种是以公司的名义，另一种是以个人的名义，以下为具体细节。

1）以公司的名义申请

以公司名义申请德国税号，要先注册德国公司，再以德国公司名义申请税号，以下为具体细节。

（1）注册德国公司（第三方代理）。

① 卖家须提供如下档案和资料：拟注册德国公司的英文/德文名称 3 个（如有）；注册设立德国公司的目的、原因及经营范围；注册成立德国公司要求股东核查/验资，注册资本不低于 25 000 欧元。在公司成立之前，配额持有者必须在德国银行存入已缴全额股本（到位资金），随同公司文件提交说明在德国银行有资本账号的证明文件（卖家需要提供证明书）；提供至少 1 名股东的护照影印本（必须是中英文的公证档，并载明出生日期和住所）；向代理提交登记文件及申请德国公司的资料；申请参考时间为 90 天。

② 卖家注册德国公司成立所得的全套资料：德国公司注册档案；注册成立德国公司的注册地址和德国公司营业地址，并委任 1 名德国当地居民担任董事（非德国公司股东；德国政府签发的德国公司注册证书（C.T.）/营业执照，在德国官方宪报上发布注册成立德国公司通告；德国公司组织大纲及组织细则（M&A），德国公司股票簿，德国公司法定之股东、董事、秘书及公司会议纪要；德国公司金属钢印（common seal），银行支票签名原子印章。

③ 卖家注册德国公司所交费用的用处及其他事项：德国公司注册处费用，德国政府税号、德国律师及翻译、德国营业位址、委托当地代理人、档案印刷、德国官方宪报刊登等费用。

④ 注册德国公司说明。

注册德国公司：申请人须由德国居民担任董事或公司担保人；申请人须出具 25 000 欧元注册资本银行证明。

（2）申请德国 VAT 税号。

① 所需的资料信息：公司的名称，地址，联系方式，中国公司在其他国家（包括中国）是否有固定资产（若有子公司要提供公司名字、地址）、是否有法人代理人及其相关信息，新公司预计启用时间，香港或者德国银行账户信息，中国公司的性质（有限公司或无限公司）、在中国注册的申请和被批准时间、注册资金金额、股东个人信息、预估算总营业额、营业执照、国税登记证书或者香港公司的注册证明（复印件）等。

② 申请步骤：填写表格→交由德国会计审核并在网上重新填写、确认→由德国会计转发德国税务局→将原件寄往德国税务局。

2）以个人的名义申请

如果卖家有德国的工作签证，即可以个人名义申请。

（1）所需的资料。卖家要提供的信息如下：姓名、出生日期、家庭住址、所在城市与邮编、联系方式、境外银行账户（如香港离岸账户，用于退税）、申请人的护照或者身份证复印件、经营类别（贸易）等。

（2）申请步骤。填写表格→交由德国会计审核并在网上重新填写、确认→由德国会计转发德国税务局→将原件寄往德国税务局。

3. 英国税号申请流程

自 2012 年 12 月 1 日开始，按英国税务和海关总署（HMRC）新规，只要海外公司或个人在英国销售商品，无论销售金额多大，都应申请注册 VAT 增值税号，并上缴售后增值税，除非这些商品或服务属于免缴增值税的范畴。

1）申请者身份

个体户，独资经营人（sole proprietor）；合伙人经营（partnership）；公司经营（corporate body）；协会或俱乐部（club or association）。

2）自行申请

卖家可以在网上或者通过邮寄的方式自行向英国政府申请 VAT 税号。

（1）如果卖家在英国没有办公室或者业务机构，也没有英国居住证，则属于 NETP（non-established-taxable person）。NETP 只能通过邮寄方式申请 VAT 税号。首先，下载

"VAT 申请表格"和"填写 VAT 申请表格提醒事项"（下载地址见下文）。然后，参考"VAT1 notes（填写 VAT 申请表格提醒事项）"并将"Application for registration（VAT1）"填写完整后打印签字，邮寄至以下地址：

Non Established Taxable Persons Unit (NETPU)

HM Revenue &Customs

Ruby House，8 Ruby Place，Aberdeen

AB10 1ZP

United Kingdom

（2）如果卖家有英国办公室或英国居住证则可以直接在网上申请 VAT 税号（申请前需先注册一个 HMRC 的账户）。另外，也可以通过邮寄方式申请，同 NETP 一样，先在网上下载 VAT 申请表格，填写完整后打印签字，但邮寄至另外一个地址：

Wolverhampton Registration Unit

Deansgate，62-70 Tettenhall Road

Wolverhampton

WV1 4TZ

United Kingdom

更多详情可以前往英国税务部门 HMC 网站了解：https://www.gov.uk/vat-registration/how-to-register。

4. 第三方代理

卖家也可以授权给代理公司或者中介协助注册 VAT 税号。

1）VAT 申请流程

VAT 申请流程如图 10-2 所示。

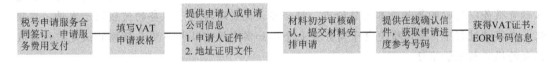

图 10-2　VAT 申请流程

（1）签订税务服务合同。

（2）提交申请表格及证件材料。

① 申请表格包括：VAT 申请表格，客户信息表格。

② 证件材料包括：

以个人名义申请：个人身份证和护照的复印件或扫描件；地址证明复印件或扫描件（包含近期三个月内的任意一个月的银行账单/水电费单/电话账单/信用卡账单）。

以公司名义申请：公司营业执照扫描件（如：香港公司需提供 BR 及 CR 扫描件）；公司法人身份证和护照的复印件或扫描件；公司地址证明复印件或扫描件（包含近期三个月内的任意一个月的银行账单/水电费单/电话账单/信用卡账单）。

③ 申请参考时间：资料审核提交后 4~8 周。

④ 获得 VAT 税号证书文件及 EORI 号码信息。

2）收费及维护

一般代理会收取英国 VAT 增值税号及 EORI 海关号的申请费用，另外还有英国 VAT 季度税务申报（quarter return）费用及英国税务代理年费。其中，税务申报以英国税务局通知时间为准，3个月为一个季度，即一年申报4次；税务代理费用包括 VAT 税号注册地址费用（一般都使用代理在英国的税务所地址）和税务师与税务局不定期的沟通和处理信件等代理费用。根据不同代理公司的情况收费也会有所不同。

案例 10-1

林智勇：出口电子商务所得税新政有利于税收规范化和阳光化

日前，国家税务总局发布《关于跨境电子商务综合试验区零售出口企业所得税核定征收有关问题的公告》，出台跨境出口电子商务所得税核定征收办法，应税所得率统一按照4%确定，2020年1月1日起施行。公告显示，符合核定征收的跨境电子商务企业需满足的条件包括：综合试验区注册、出口货物通过所在地海关办理申报手续等。那么所得税新政对跨境电子商务企业将带来怎样的影响？

以下为网经社电子商务研究中心特约研究员林智勇主要观点。

继跨境出口零售增值税、消费税政策之后，此次国家出台跨境零售出口所得税政策填补了跨境电子商务税收空白，对于跨境电子商务企业全面实现税收规范化和业务阳光化又走出了重要一步，意义十分重大。

跨境电子商务企业终于可以走出"灰色地带"，告别"地下工作"，能够名正言顺依法纳税，正规运营；广大跨境电子商务从业者解除了后顾之忧，创业动力得到进一步释放；政府有关部门以及海关可以做好跨境电子商务监管与统计工作，对下一步全面利用跨境电子商务数据打下基础；不仅如此，资本机构、金融机构由此可以进入跨境电子商务行业，进入融资服务以及收购兼并资本运作阶段，将会极大促进跨境电子商务的健康快速发展。本项政策在实施过程中，确保跨境电子商务企业全部如实申报以及相关贸易数据的认定依然存在很大的操作与监管难度。

一般情况下，跨境电子商务企业拥有多个公司和销售网络店铺，交易数据分散，数据无法统一在主公司账户。如何通过账户主体备案，主、子账户关联，实现跨境电子商务公司一家贸易主体多个境外平台账户的备案及数据统一归集还需要进一步进行操作和监管规范。

不少跨境电子商务企业按照一般贸易方式把商品发到海外仓，然后通过跨境电子商务渠道进行销售。这种情况以前是完全参照普通外贸企业按照一般企业所得税征收的。跨境电子商务所得税新政出台后，该如何计算所得税还需要进一步明确。

另外，现在很多企业既做一般贸易，又做跨境电子商务，情况比较复杂。如何进行企业所得税申报、分类、征收与减免还需要进一步明确规范。因此，虽然政策下来了，但在具体操作应用过程中，还需要根据实际情况进行补充与调整才行。

资料来源：林智勇：出口电子商务所得税新政有利于税收规范化和阳光化[EB/OL].（2019-11-09）. http://www.100ec.cn/detail--6533523.html. 有改动。

四、跨境电子商务物流发展的文化环境

（一）文化环境的差异

各个国家国情不同，文化各异，跨境电子商务物流企业在将自己的配送网络拓展到全球市场的过程中，进行本地化的改变是必不可少的。只有充分了解目标国的文化、习俗，才能较好地融入当地市场，实现业务的顺利开展，提升顾客服务的效果。

世界各国因民族、文化的差异，会形成不同的消费文化，这要求跨境电子商务物流企业不仅需要了解目标市场国家的经济环境和法律环境，还需要熟悉对方的文化，避免在跨境物流服务中引发争端。

（二）各国客户消费习惯

与不同国家客户沟通，首当其冲的就是要掌握各国客户的消费水平和消费理念。只有充分了解不同国家的消费文化差异，才能做到有的放矢，提高市场地位的有效性。

1. 美国

美国是世界上最发达的国家之一。国民经济实力也最为雄厚，不论是美国人所讲的语言，还是美国人所使用的货币，都在世界经济中占有重要的地位。英语几乎是国际谈判的通用语言，世界贸易有 50% 以上用美元结算。美国人最关心的首先是商品的质量，其次是包装，最后才是价格。因此产品质量的优劣是进入美国市场的关键。在美国市场上，高、中、低档货物差价很大，如一件中高档的西服零售价在 40～50 美元，而低档的则不到 5 美元。商品质量稍有缺陷，就只能放在商店的角落，减价处理。

2. 俄罗斯

近几年随着中产阶层和富裕阶层的扩大，俄罗斯已经成为世界上增长最快的消费品市场之一。富裕起来的俄罗斯人喜欢旅游，也喜欢购买奢侈品，其中不乏时装类的消费。价格因素在俄罗斯人的购买决策中占很大的比重，但其中也有部分人更偏重有品牌的优质产品。一般中产阶级的消费者选择在现代购物中心或者流行时尚店铺购买时装，而对价格比较敏感的俄罗斯人通常会选择在高级百货或者迅速发展的时装连锁店购物，那些还无法追赶时尚的消费者则会更多选择在较为传统的马路市场购物。

俄罗斯人的消费并不仅仅取决于他们的实际收入水平，同样也受到生活方式的影响。例如在每年的新年、妇女节、男人节、情人节，俄罗斯人都要送礼，而且俄罗斯人热爱运动，在他们看来运动是生活的重要组成部分，正因如此，他们经常会购买专业的运动服、运动鞋及配件。另外，俄罗斯人在外面和在家时穿的衣服不一样，他们在家一定会穿家居服，洗澡完会披浴袍，睡觉的时候又会穿上薄一点舒服一点的睡衣。

在这里我们可以把消费行为和消费者的消费需求直接联系起来。例如，就拿俄罗斯女性消费者来讲，她们对于美容类产品的需求是很大的，她们外出时一般都会打扮和化妆，就像俄罗斯很多政府及公司的员工在很多节日和正式场合都会选择穿西装（正装）一样。俄罗斯女性还很喜欢追赶潮流，一些当季热门和热卖的，新奇、有创意的商品会特别受

3. 巴西

巴西拥有丰富的自然资源和美丽景色，这使巴西人形成了热情、慵懒、喜欢享受的个性。同时，宗教特性以及对劳动者的保护制度，更是影响巴西人消费和生活观的主要因素。在巴西，很多人的生活方式都跟欧美较为类似，巴西人普遍喜欢超前消费，他们习惯于购买分期付款的商品，也正是分期付款的方式让巴西人养成了"什么都敢买"的习惯，所以在巴西不管是什么阶层的人都喜欢消费，而且这种消费方式对于热爱足球的巴西人来讲是再合适不过的了，因为巴西人热爱足球，所以他们更舍得花钱去购买昂贵的球服。

在巴西，虽然贫富差距很大，但是每个人都有自己独特的生活方式。对于普通人而言，他们就有属于他们自己"穷开心"的生活方式。例如在巴西人看来，过生日是一件非常重要的事，他们会把平时攒的钱拿来给自己的亲人庆生，而且把钱用完了他们不但不会觉得忧虑和困苦，反而会感到非常高兴。

4. 加拿大

无论经济是发展还是衰落，加拿大消费者都很喜欢新产品，大多数人表示支持创新并且愿意为新产品"多付一些钱"，而且多数加拿大人更喜欢享受购物过程，例如加拿大人普遍喜欢购买家居用品，在他们看来寻找划算交易的过程会让购物更加有趣。

加拿大人在交易时最不喜欢绕圈子、讲套话。他们不喜欢拿加拿大和美国进行比较，尤其是拿美国的优越方面与他们相比，也不喜欢他人过多地询问他们的政治倾向、工资待遇、年龄以及买东西的价钱等，因为他们认为这些都属于个人的私事。

（三）各国客户的网络消费特点

在很多国家，网购已经成为消费者的主流消费方式。但不同国家的消费者在网络消费习惯上仍然存在差异。本部分将围绕速卖通的主要买家市场——美国、巴西、俄罗斯等展开分析。

1. 美国

美国统计局的一项研究数据显示，美国在商品销售总额方面，仍然是线下居多。但是书籍和杂志、服饰、电子产品等品类的线上购买则占据了主导位置。虽然黑色星期五是公认的美国传统购物日，但近年兴起的、紧接着黑色星期五的网购星期一（cyber monday）有后来居上之势。美国人网购习惯已经逐步养成。有网络公司调查后发现，部分零售商在"网购星期一"给的优惠还较多，此外因为网购没有地域限制，有调查报告发现越来越多美国人有意加入网购星期一行列。美国是一个注重效率的国家，消费者对于发货速度要求较高，浪费时间就等于浪费生命，他们希望下单后可以尽快收到自己理想的产品。除此之外，美国人对于产品也有自己的特定搜索引擎。Bloom Reach 的调查显示，44%的美国消费者网购时首先选择到亚马逊搜索产品，34%的人会选择谷歌之类的搜索引擎搜索产品，21%的人选择特定零售商的网站。

在美国，每个季节都有一个商品换季的销售高潮，如果错过了销售季节，商品就要削价处理。美国大商场和超级市场的销售季节是：1～5月为春季，7～9月为初秋升学期，主要以销售学生用品为主；9～10月为秋季，11～12月为假期即圣诞节时期，这时又是退税季节，人们都趁机添置用品，购买圣诞礼物。他们此时对各类网店的访问量极高，这一时期的销售额占全年的 1/3 左右。

由于美国版图比较大，横跨三个时区，所以不同时区买家的上网采购的时间也不同。为了提高商品的关注率，卖家应该积极总结，选择一个买家上网采购比较集中的时间段来针对性地发布商品。

北美地区是全球最发达的网上购物市场，北美地区的消费者习惯并熟悉各种先进的电子支付方式。网上支付、电话支付、电子支付、邮件支付等各种支付方式对于美国的消费者来说都不陌生。在美国，信用卡是在线使用的常用支付方式。熟悉这些电子支付方式，是做美国人生意的商家必须了解的知识，一定要习惯并善于利用各种各样的电子支付工具。

在交易原则方面，美国消费者在交易中坚持公平合理，他们认为双方进行交易，双方都要有利可图，如果双方出现分歧，他们只会怀疑对方的分析、计算而坚持自己的看法。

2. 巴西

巴西电子商务的发展非常迅速，网购习惯比较成熟，同时网购人群也较为普及。巴西消费者在网购过程中，最看重的是价格实惠、选品丰富、打折促销以及免运费。人们更喜欢二流质量三流价格的产品，巴西人对便宜的商品孜孜不倦且不追求品牌。他们选择的商品主要集中在服装配饰、美容保健和家居用品等。以服装为例，他们追求休闲大气、欧美风格，配色夸张，但是要求尺码准确、适应潮流。巴西人大多喜欢超前消费，喜欢分期付款的交易方式。在网上支付方式的选择上，他们会选 Boleto，这种支付方式在巴西一直占据着主导地位。

3. 俄罗斯

根据 Yandex 和 GFK 发布的一项研究报告，俄罗斯男性更喜欢从英文网店（54%）购买商品，而大多数俄罗斯女性更喜欢从中文网店购物（52%）。这种现象可能与购买的商品品类有关，女性购买的品类多为服装、饰品、儿童用品和家居用品。与此同时，男性经常集中购买电子产品和汽车配件。俄罗斯人对于审美的偏好与中国人有很大区别。以俄罗斯女性消费者为例，成年女性不喜欢太过可爱的穿衣风格，她们更喜欢欧洲的性感风，并偏好在销售网站上看欧美模特展示服装，认为这样更有助于判断衣服是否合身。

4. 加拿大

在加拿大，人们网购的产品主要集中在体育用品、婚纱礼服和服装上。加拿大体育用品零售是一个稳定且持续发展的市场，经常参加体育活动的加拿大人占加拿大全部国民的54%，可以说加拿大是一个热爱运动的国家。婚纱礼服也是一个稳定的市场，由于婚前各种聚会少不了对礼服的需求；婚礼宾客礼服需求也比较旺盛，比如伴娘服、伴郎服、花童服装等。60%的加拿大新娘是社交网站的活跃用户。

在服装方面，儿童的时尚服装最受欢迎，父母在孩子服装的消费上占预算总额的比例最高，大多数父母都会把大部分钱用于购买服装。与此形成鲜明对比的是，科技产品不受父母欢迎，只有很少的父母把大部分钱用于给孩子购买计算机或其他电子产品。

另外，随着智能手机的流行和移动网络的普及，智能手机的网购量在加拿大逐年上升。很多加拿大人习惯于直接使用智能手机货比三家。Brand Spark Canadian 针对加拿大人购物习惯的调查显示，58%的加拿大智能手机用户会在购物时拍下产品照片，保存起来等以后再看。当在手机上看到满意的商品时，他们会直接在网上进行下单。此外，加拿大人还经常用手机联系其他卖家，更详细地了解相关促销信息，以获得最大可能的优惠。

第二节 跨境电子商务物流服务创新

一、AliExpress 无忧物流服务

自 2016 年 9 月 14 日起，一贯致力于做中国好卖家、货通全球的速卖通平台也从物流着手，不断优化物流配送服务。全球速卖通联合菜鸟网络正式上线"AliExpress 无忧物流"服务以来，速卖通卖家通过这种跨境全链路一站式物流服务有效打通了国外市场。AliExpress 无忧物流提供包括国内揽收、国际配送、物流追踪、物流纠纷处理、售后赔付在内的一站式物流解决方案。

案例 10-2

阿里巴巴旗下 AliExpress 允许外国零售商销售商品

据英国《金融时报》消息，阿里巴巴批发市场部总裁戴楚迪表示，阿里旗下在线交易平台"全球速卖通"（AliExpress）正在进行变革，使其他国家的零售商也能在其平台上销售产品。此前，AliExpress 被称为"国际版淘宝"，面向海外买家，向 150 多个国家的客户销售中国零售商商品。

AliExpress 目前已允许俄罗斯、土耳其、意大利和西班牙四国的中小企业在 AliExpress 网络上注册并向其他国家销售其产品。阿里表示，AliExpress 是"本地到全球"战略的一部分，阿里巴巴的子公司——东南亚最大的电子商务平台 Lazada，以及世界各地的其他附属公司也支持这一战略。

资料来源：阿里巴巴旗下 AliExpress 允许外国零售商销售商品[EB/OL].（2019-05-08）. http://www.100ec.cn/detail--6507723.html. 有改动.

二、亚马逊物流

（一）亚马逊

亚马逊（Amazon；NASDAQ：AMZN）是美国最大的网络电子商务公司，位于华盛顿州的西雅图。亚马逊是网络上最早开始经营电子商务的公司之一，成立于 1995 年，一开始只经营网络的书籍销售业务，现在则扩及了范围相当广的其他产品，已成为全球商品品种最多的网上零售商和全球第二大互联网企业。亚马逊名下有 Alexa Internet、A9、Lab126 和互联网电影数据库（Internet Movie Database，IMDB）等子公司。

亚马逊及其他销售商为客户提供数百万种独特的全新、翻新及二手商品，如图书、影视、音乐和游戏、数码下载、电子和计算机、家居园艺用品、玩具、婴幼儿用品、食品、

服饰、鞋类和珠宝、健康和个人护理用品、体育及户外用品、玩具、汽车及工业产品等。

知识扩展

轻小商品计划大更新 亚马逊物流全球再扩张

（二）亚马逊物流模式

1. 自建配送中心

亚马逊在创立后的第三年就开始投资自建物流配送中心。目前，亚马逊在美国的 11 个州建有 19 个配送中心，在英、法、德等欧洲国家，以及日本、中国等亚洲国家都建有配送中心。通过电子数据交换系统（EDI），亚马逊的顾客可以随时查询订购状况，追踪自己的包裹。亚马逊认为，这种直接物流分配模式对于 B2C 网站来说，虽然可能意味着增加成本，但对于全程掌控消费者的体验却至关重要。亚马逊在继北京之后又分别在上海（后迁至苏州）、广州建立了仓库，这样的布局不仅满足了业务量较高的当地消费者的需求，也有利于亚马逊对中国市场的覆盖、布局与协调。目前，亚马逊已完成了对中国一、二、三级 30 多个城市的覆盖，三地仓库的建立大大缩短了配送时间和配送成本。

1）降低库存，提高周转

亚马逊在库存管理方面并没有选择像淘宝网那样的零库存的方式，而是投入巨资建立自己的实物资产网络，然后自己管理。同时亚马逊有一套自己的数据分析系统，通过对客户过去购买行为的分析，来预测自己库存中所需货物的数量。1999—2003 年，通过自动化和对提高生产率管理最佳实践的不断努力，亚马逊的物流生产率提高了三倍，运营成本由原来的营业收入的将近 20% 下降到 10% 以下。如此卓越的绩效，让亚马逊开辟了在线订单服务，为其他电子商务公司管理网上订单的交货业务。

2）按商品类别设立配送中心

亚马逊的配送中心按商品类别设立，不同的商品由不同的配送中心进行配送。这样做有利于提高配送中心的专业化作业程度，使作业组织简单化、规范化，既能提高配送中心作业的效率，又可降低配送中心的管理和运转费用。

3）组合包装，扩大运输批量

亚马逊建议顾客在订货时不要将需要等待的商品和有现货的商品放在同一张订单中。这样在发运时，承运人就可以将来自不同顾客、相同类别，而且配送中心也有现货的商品配装在同一货车内发运。亚马逊的发货条款非常完善，在其网站上，顾客可以得到拍卖商品的发运、送货时间的估算。完善的发货条款、灵活多样的送货方式缩短顾客等待时间，也扩大了运输批量，提高运输效率，降低运输成本。所有这些都表明亚马逊配送管理上的科学化、法制化。

4）降低退货比率

在商品采购环节亚马逊就严格把关，对商品品种选择适当，价格合理，商品质量和配送服务等能满足顾客需要，以此从源头规避较高的退货率。有些网站为了减少订单流失会故意将取消订单流程设计得十分复杂，但亚马逊取消订单很容易。而客户在亚马逊订购商品后，如果到真正开始发售配送时价格出现下调，系统会自动将已生成的订单价格下调，保障了客户的利益。传统书店的退书率一般为 25%～40%，而亚马逊的退书率只有 0.25%。极低的退货率不仅减少了退货成本，也保持了较高的顾客服务水平，并取得了良好的商业信誉。

5）高效的仓储管理

亚马逊对企业内部流程进行了改革，产品摆放的标准由之前的档案化管理改为随机摆放，这完全是按照美国亚马逊的模式和流程设置的。所有的货物都按节省空间的原则随机摆放，以一个毛绒玩具为例，在产品入库时，库房管理员首先找到存放母婴产品的区域，但不必固定到某一个货架，而是可找一个空档（如在婴儿车之间）将其摆放好，并用电子枪扫描其位置上的编码和毛绒玩具编码。当有消费者选购一本奥特曼漫画和一个毛绒玩具时，配货员从一个入口进入，输入其想要的货品代码，计算机就会自动帮他找出一条最优的道路，带他找到奥特曼和那个存放在婴儿车空档间的毛绒玩具。这样的改变，大大节约了库房空间，更重要的是，最快地满足了消费者的需求。这种杂乱无章的摆放，既能提高分拣工人的效率，也能提高订单配置工人的效率。

2. 与第三方物流公司合作

1）亚马逊通过"邮政注入"减少送货成本

亚马逊使用自己的货车或由独立的承运人将整卡车的订购商品从亚马逊的仓库送到当地邮局的库房，再由邮局向顾客送货。这样就可以免除邮局对商品的处理程序和步骤，为邮局发送商品提供便利条件，也为自己节省了资金。首先，这种方式能将物流业务从网站的主体业务中剥离，最大限度地降低物流给网站带来的成本压力，并可使网站集中优势资源进行市场开发和提高核心竞争力。其次，它将配送外包给专业的第三方物流公司，增强网站在国内众多干线配送上的物流能力。同时具有灵活的扩展性，开拓新的区域时只要在该地区选择优质的物流提供商即可完成区域布局，实现远程物流配送服务。在美国，亚马逊的配送业务主要通过外包给 FedEx、UPS 和 DHL 来完成。2000 年，亚马逊与网络快运公司 Kozmo.com 达成合作协议，推出 1 小时内将书、光盘和玩具等商品交付给顾客的服务。

2）以消费者满意度为考评指标对第三方物流进行管理

亚马逊在选择第三方物流方时，首先根据地区经济发展状况和订单量来选择在不同地区合作的第三方物流方的数量；同时，在确定合作方后，又根据地区差异确定绩效考核的具体标准。亚马逊在对第三方物流公司的管理方面，包括对物流供应商的选择、财务管理、质量管理以及实现订单分拆等新业务要求，均采取以消费者满意度为考评指标。这样做的意义在于，一方面，企业实现了对消费者体验和需求的即时掌控和跟踪服务；另一方面，也有利于最大限度在满足消费者体验的同时有效地控制成本、提高运营管理效率。

3. 信息技术的投入

1）IT 系统支持

春节期间，年货呈现网购大趋势，对于大量订单带给消费链的压力，许多快递公司出现爆仓的局面，而亚马逊有一贯强大的 IT 系统支持，在特殊时期，完善强化内部管理，进行流程控制，减少不必要的环节上的浪费，使得库存在全国范围内得到最有效、流畅的调配、调动，保证了后续运输、物流、快递的流畅，最终带给用户的是最便捷、最快速的网购体验。

2）完善的 ERP 系统

每一点微小体验的改善，背后都是亚马逊后台经历的一次业务流程变革，提升供应链效率。比如，用户在亚马逊下订单后，页面会显示出具体的送货日期以及预期到货日期，而以前仅显示此商品有货或没货。因为亚马逊和部分供应商进行了 IT 系统对接，当亚马逊接到订单后，立即通过 IT 系统传给供应商，对方会将货物尽快送到亚马逊的仓库。除了亚马逊自建的物流队伍进行配送以外，大部分与之合作的物流企业也将从自己与亚马逊对接的 IT 系统里看到需要配送的订单情况，到仓库去取货。在由 IT 构建的透明供应链里，亚马逊能看到所配送的货物处于物流公司的哪一个环节。

4. 优点的发挥

1）物流已成为亚马逊的促销手段

在电子商务举步维艰的日子里，亚马逊推出了创新、大胆的促销策略——为顾客提供免费的送货服务，并且不断降低免费送货服务的门槛。免费送货极大地激发了人们的消费热情，使那些对电子商务心存疑虑、担心网上购物价格昂贵的网民们迅速加入亚马逊消费者的行列，由此产生了巨大的经济效益。

2）完善物流系统

电子商务是以现代信息技术和计算机网络为基础进行的商品和服务交易，具有交易虚拟化、透明化、成本低、效率高的特点。在电子商务中，信息流、商流、资金流的活动都可以通过计算机在网上完成，唯独物流要经过实实在在的运作过程，无法像信息流、资金流那样被虚拟化。因此，作为电子商务组成部分的物流便成为决定电子商务效益的关键因素。亚马逊虽然是一个电子商务公司，但它的物流系统十分完善，其电子商务 IT 系统、仓储系统以及 ERP 管理已经走在了全球一线水平，一点儿也不逊色于实体公司。它由于有完善、优化的物流系统作为保障，因此可以做到快速响应，并将物流作为促销的手段，严格地控制物流成本和有效地进行物流过程的组织运作。

项目实训

英国税号申请

实训目标

1. 加强团队合作，发挥每一个团队成员的能力，学习小组讨论、分析的方法；
2. 培养自主学习和独立思考的能力。

实训内容

假如你在 eBay 英国站开了一家手工饰品的店铺，需要对英国的税号的申请有一个初步的了解，以便日后更加有效地节约成本。请以"如何申请英国税号"为题写一篇报告。

实训步骤

1. 教师带领学生学习相关知识，按照 3 人一组进行教学分组，每个小组设组长一名，负责确认每个团队成员的任务。
2. 根据教师教授的内容，整理 VAT 的相关知识。
3. 上网或者去图书馆查询关于税号申请的课外知识。
4. 每个小组派一个组员根据自己的报告上台演讲，教师和其他小组成员对其演讲进行评价、讨论。

复习与思考

1. 跨境电子商务需求的井喷式增长的原因是什么？
2. 知识产权是怎么分类的？
3. 关税的特点是什么？
4. 美国人有怎样的消费习惯？

第十一章　跨境电子商务物流信息系统管理

知识目标

- 了解物流信息系统的定义；
- 掌握跨境电子商务物流信息系统的定义；
- 了解跨境电子商务物流信息系统的特点；
- 掌握跨境电子商务物流信息系统规划的定义与分类；
- 了解跨境物流信息系统管理和 ERP 系统。

学习重点、难点

重点：

- 跨境电子商务物流信息系统的构成要素；
- 跨境物流信息管理系统的未来发展。

难点：

- 能够掌握跨境电子商务物流信息系统规则与设计的内容；
- 能够掌握跨境电子商务物流信息系统规划与设计的方法；
- 能够掌握跨境物流信息管理系统对接平台。

本章思维导图

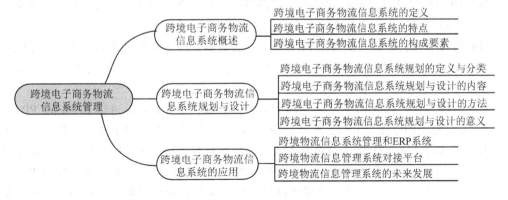

案例导入

跨境电子商务 ERP 有哪些功能，并如何选择

在跨境电子商务平台的日常运作中，拥有大型店铺的卖家会遇到管理多个店铺账号、发布的产品数量多、编辑和采购不合理、供应物流关系管理烦琐、手动上传速度慢、库存频繁短缺、财务利润统计不正确等问题。归根结底，这都是因为在跨境电子商务平台中，平台自身的系统只有基本功能，不能满足大小卖家的基本使用需求。

这个时候，跨境电子商务 ERP 异军突起，各类 ERP 五花八门，风格迥异，作用各式各样，全是填补网站体系所不具备的功能。因此，选择使用跨境电子商务 ERP 批量管理门店是节省人力和时间成本、规范管理的最佳选择。

跨境电子商务 ERP 有订单管理、物流管理、FBA 管理、海外仓管理、商品管理、采购管理、报表管理等功能，使用跨境电子商务 ERP 可以帮助卖家管理网店，节约人力、物力以及时间等各种成本。

首先，让我们一起来看看跨境电子商务 ERP 有哪些常见功能。

销售管理：即商品管理和订单管理，跨境电子商务 ERP 可以支持多平台多账号，兼容各大物流，有强大的订单自动抓取和处理功能，并在发货后同步反馈物流信息。

仓储管理：包含发货管理、库存管理和仓库管理，同时也包括拣货、补货、复核、包装、打单贴单、集货、发运等仓库作业环节。跨境电子商务 ERP 要基于海量订单进行数据分析，提高库存周转率，防止炒买炒卖，同时优化拣货策略，使仓库作业的整体效率得到非常大的提升。

邮件站内信管理：跨境电子商务 ERP 的邮件站内信可以统一从多平台上统一下载到胜途系统上，然后按照不同的站点、不通过的账号、不同的产品等统一分配给客服跟进。

跨境供应链管理：包含采购、库存、财务等各种数据采集，数据精准可回溯，通过流程化梳理让卖家完全掌控商品采购流程、货物运送流程等，一切透明化、有序化。跨境电子商务 ERP 为供应商设置资料管理库，提供供应商档案电子化管理，支持档案变更管理，保障供应商的信息一直处于最新的状态。

财务数据管理：跨境电子商务 ERP 包含销售数据、财务数据、商品数据等，跨境电子商务 ERP 可做到自动精准核算每一个 sku 的成本、利润，并实时监测、分析每个在线产品的销售表现，即时给出运营反馈。

常用的跨境电子商务 ERP 系统包括：店小秘 ERP，富商 ERP，通途 ERP，ECPP ERP，芒果店长，速脉 ERP，速猫 ERP，赛盒 ERP，普源订单精灵，马帮 ERP 等（排名不分先后）。

上面介绍的这些 ERP 就是目前市面上卖家使用比较多的主流 ERP，性价比方面各有好处，都有各自的优势，适合不同规模的卖家使用。除了这些，还有其他品牌的 ERP 系统，有兴趣的卖家可以去了解一下。卖家可以根据实际店铺运营中需要用到的功能来选择合适的 ERP，以此来提高工作效率。

资料来源：跨境电子商务 ERP 有哪些功能并如何选择[EB/OL]. （2019-05-24）. https://www.ebrun.Com/20190524.html. 有改动.

第一节 跨境电子商务物流信息系统概述

一、跨境电子商务物流信息系统的定义

（一）物流信息的定义

物流系统是指在一定的空间和时间里，物流活动所需的机械、设备、工具、设施、线路等物质资料要素之间相互联系、相互制约的有机整体。其是由物流各要素组成，要素之间存在有机联系并具有使物流总体功能合理化的综合体。物流系统是社会经济大系统中的一个子系统或一个组成部分。

（二）物流信息系统的定义

物流信息系统是由人员，计算机硬件、软件，网络通信设备及其他办公设备组成的人机交互系统，其主要功能是进行物流信息的收集、存储、传输、加工整理、维护和输出，为物流管理者及其他组织管理人员提供战略、战术及运作决策的支持，以达到组织的战略，提高物流运作的效率与效益。

（三）跨境电子商务物流信息系统的定义

跨境电子商务物流信息系统是对跨境电子商务环境下的物流信息进行采集、处理、分析、应用、储存和传播的集成过程。在这个过程中，企业需要对跨境电子商务物流信息活动的各个要素（人、财、物、技术、工具、设备等）进行管理。

二、跨境电子商务物流信息系统的特点

随着物流信息化不断增强，人工智能在跨境物流中的应用不断深化，跨境电子商务物流系统呈现出以下特点。

（一）物流信息量更大，综合性更强

跨境电子商务交易跨境、跨平台，物流信息量变得更加多元化，需要跨境电子商务物流系统具备更大的数据处理能力和对多元信息的综合处理能力。对应的物流信息系统不仅要满足企业内部的作业要求，也要满足跨境电子商务企业对区域性仓库的库存管理及订单处理的需求。

（二）专业定制化能力要求更高

跨境电子商务物流中很大一部分是国际物流，随着国际物流技术和管理的发展，跨境电子商务物流的各种运输方式更加趋于完善和成熟，并且体现在各个跨境电子商务企业对物流服务需求的个性化特征上。跨境电子商务企业对物流的需求更加碎片化和多元化，需要物流系统能提供定制化的服务。

(三)对决策支持功能要求更高

随着数据技术的发展,越来越多的企业意识到数据挖掘和信息的重要性。跨境电子商务物流系统不仅要提供物流管理功能,还要能搜集、处理物流信息数据,如库存数据、订单信息、包裹跟踪数据等,为企业提供管理决策依据。

(四)自动化程度不断提高

随着人工智能在物流领域的应用,跨境电子商务物流系统的自动化程度不断提高,主要体现在仓储设施、分拣系统、配送作业等领域,这也促进了信息搜集功能的发展,可以实时搜集更多物流信息。

案例 11-1

发展互联网+物流,着力智能物流信息系统建设

1. 加快智能物流基础设施的建设

1)完善物流园区和物流中心智能化配套设施

加快物流园区和物流中心交易、办公、金融一体化和网络化建设,促进不同功能区间互联互通,提升管理和服务的智能化;加快建设智能化立体仓库和深度感知的仓储管理系统,提升仓储、运输、分拣、包装等作业效率。

2)完善和提升物流配送体系的智能物流信息系统水平

鼓励物流企业依托大数据、云计算、互联网、北斗导航等先进技术,开展物流跟踪定位、配送路线优化、实时路况调整等技术的装备应用,提高物流配送效率;推广应用智能快(邮)件箱,新建或改造利用现有资源,扩大智能化快(邮)件箱在社区、机关、学校、商务区的应用,进一步拓展智能化末端配送网络。

2. 加快物流信息服务平台的建设

加强建设面向不同层次和不同对象的智能化物流公共信息平台,形成集物流信息发布、在线交易、数据交换、跟踪追溯、金融服务、智能分析、信用评价等功能为一体的物流信息服务中心。

针对公路运输,通过物流平台实现货源、车源和物流服务信息的高效匹配,降低货车空驶率;针对航空物流产业,通过物流平台实现航空物流供需信息对接,进一步推动航空物流业发展;针对冷链物流,通过物流平台整合分散的冷链物流资源,提升冷链物流规模化、集约化水平;针对仓储系统,整合现有仓储资源和仓储信息,推动仓储资源在线开放和实时交易,提高仓储利用效率。

3. 加快完善物流信息共享体系

进一步加快推进各类物流平台之间的互联互通和信息共享。

建立健全物流数据采集、管理、开放、应用等相关标准规范和共享机制,重点加强物流园区间、企业间物流平台应用开发、通用接口、数据传输等标准的建设,并加强推广应用;加快铁路、公路、水运、航空等行业数据交换节点建设,推动多式联运信息共享,促进综合交通运输信息与物流服务信息有效衔接;引导行业协会、公共服务和高校科研机构采集和分析物流运行数据，支持公共服务机构、相关企业针对社会物流需求提供物联网、云计算、大数据等各类应用服务。

资料来源：发展互联网＋物流，着力智能物流信息系统建设[EB/OL].（2017-03-16）. http://www.100ec.cn/detail--6389085.html. 有改动.

三、跨境电子商务物流信息系统的构成要素

（一）一般要素

一般要素包括以下几方面：①劳动者要素。这是所有系统的核心要素、第一要素。提高劳动者的素质，是建立一个合理化的物流系统并使之有效运转的根本。②资金要素。交换是以货币为媒介的。实现交换的物流过程实际上也是资金运动过程，同时物流服务本身也需要以货币为媒介，物流系统建设是资本投入的一大领域，如果离开资金这一要素，物流就不可能实现。③物的要素。物的要素包括物流系统的劳动对象，即各种实物，缺此，物流系统便成了无本之木；物的要素还包括劳动工具、劳动手段，如各种物流设施、工具，各种消耗材料（燃料、保护材料）等。

（二）物质基础要素

物流系统的建立和运行，需要有大量的技术装备手段，这些装备手段就是物流系统的物质基础要素。物流系统的物质基础要素决定了物流系统的水平，其结构和配置决定着物流合理化及物流效率。物质基础要素主要有物流基础设施、物流装备、物流工具、信息技术。

（三）功能要素

物流系统的功能要素是物流系统所具有的基本能力，如运输、储存、包装、装卸搬运、流通加工、配送、信息处理等。这些基本能力有效地组合在一起，成了物流的总功能，能合理、有效地实现物流系统的总目的。

（四）支撑要素

物流系统的建立需要有许多支撑手段，以确定物流系统的地位，协调与其他系统之间的关系。支撑要素主要包括以下几方面：体制、制度；法律、规章；组织及管理；标准化。

第二节　跨境电子商务物流信息系统规划与设计

一、跨境电子商务物流信息系统规划的定义与分类

（一）跨境电子商务物流信息系统规划与设计的定义

跨境电子商务物流信息系统规划与设计是指确定跨境物流的系统发展目标及设计实现跨境物流发展目标的工程、措施、解决方案、管理模式、政策保障等的过程。

(二)跨境电子商务物流信息系统规划的分类

跨境电子商务物流系统规划按照规划时间可分为近期规划、中期规划、长期规划；按照规划层次可以分为发展规划、布局规划、工程规划；按照规划内容可以分为国际物流规划、城市规划、企业规划、行业规划；按照物流节点可以分为物流园区规划、物流中心规划、配送中心规划；按照城市规划的阶段可以分为总体规划、控制性详细规划、修建性详细规划。

二、跨境电子商务物流信息系统规划与设计的内容

（一）客户服务系统的规划与设计

客户服务是一种以客户为导向的价值观，是整合及管理在预先设定的最优化成本—服务组合中的客户界面的所有要素。客户服务是一切物流活动的最终目标。

对于物流系统而言，客户是物流的最终目的地。客户可以是消费者的家、零售店、批发商、生产厂商和配送中心等，在某些情况下，客户也可以是对交送产品或服务拥有所有权的企业或个人，还可以是在供应链中同一企业内的不同组织，或是在同一供应链下的位于不同地区的商业伙伴。但无论什么类型的客户，接受服务的客户都是制定物流运作要求的中心和驱动因素。因此，在制定物流战略时，很关键的一点就是企业要充分认识到物流系统必须满足客户的需求，即在合适的地点、合适的时间，以合适的方式、合适的价格，将合适的产品、服务或信息送达客户方。

这部分的主要任务是确定物流服务标准，并围绕已制定的服务标准，设计有效的监测指标体系，按照客户的需求，制定等级服务标准，扩展服务范畴。在此基础上，需要建立职责明确、科学规范的服务质量考核体系，对服务过程进行绩效测定，使企业能够据此改善客户服务，以其特色鲜明的服务理念给客户提供全面、迅捷、亲切的服务，为加强企业管理积累信息资料及管理经验。

（二）库存系统的规划与设计

在物流系统中，必须维持产品的充足供应，以满足客户和制造商两方面的需求。因此，库存控制是非常关键的。库存不仅会消耗物理空间、人力资源的时间和资产，还占用了资金。因此，企业的库存战略是在满足客户服务目标的基础上，确定和维持可能的最小库存水平。

这部分的规划与设计主要是在衡量库存水平与服务水平的基础上，确定合适的库存水平，确定订货周期、订货点等内容，以及库存的分布情况，从而制定相应的库存管理和控制的方法。

（三）运输系统的规划与设计

物流过程的一个主要组成部分是产品从原产地到消费地的移动或流动，以及可能发生的产品退货。在实体上，运输连接了选择采购的供应主体和受客户服务政策制约的客户。

衡量运输系统的三个标准分别为成本、速度和服务的稳定性。运输系统的目标是在客户服务政策决定的反应时间内,用最低的成本限制下的运输设备连接物流系统的网络结构,包括选择运输方式、选择运输路径及对运输时间进行安排,联合运输的安排及管理等内容。

(四)物流节点的规划与设计

物流节点的规划与设计即物流系统的网络规划。物流网络是组织物流活动的基础条件,其规划设计在物流系统中占有极为重要的战略地位。具体而言,物流网络规划需要根据物流运作的实际要求,明确所构建的物流系统网络体系的功能定位,确定产品从原材料起点到市场需求终点的整个流通渠道的结构。其主要内容包括物流设施的类型、数量、层次与位置的确定、物流体系网络功能与布局规划。

(五)仓储系统的规划与设计

仓储是每个物流系统不可缺少的组成部分,它是生产者与客户之间的一个主要的联系纽带,在原产地、消费地,或者两者之间存储物品,并且向管理者提供有关存储物品的状态、条件和处理情况等信息。这部分的主要内容包括仓库物权的确定、仓库内部对货物处理流程的确定、仓库的面积、内部布局等决策的制定方法。

(六)物流管理信息系统的规划与设计

物流信息系统是指由人员、设备和程序组成的,为物流管理者执行计划、实施、控制等职能提供信息的交互系统,与物流作业系统一样都是物流系统的子系统。

物流信息系统建立在物流信息的基础上,只有具备了大量的物流信息,物流信息系统才能真正发挥作用。在物流管理中,要寻找最经济、最有效的方法来克服生产和消费之间的时间距离和空间距离,就必须传递和处理各种与物流相关的信息,即物流信息。它与物流过程中的订货、收货、库存管理、发货、配送及回收等职能有机地联系在一起,从而使整个物流活动能够顺利进行。

三、跨境电子商务物流信息系统规划与设计的方法

(一)调查类方法

调查是物流系统规划与设计的开始。采用调查、统计的方法获得现有物流系统部分样本的状况,再利用分析、综合、推理等方法推断出物流系统总体,以获得对物流系统的深入认识的方法,进而对物流系统进行后续的规划与设计。调查类方法有很多种,常用的有问卷调查法、现场调查法、访谈调查法和文献调查法。

(二)实验类方法

实验类方法是通过设计一定的实验环境和条件,采用简化的要素,构造简化的关系来再现系统,在系统再现过程中观测系统的组成要素、结构及系统要素相互关系的变化,并据此来进行系统规划设计的方法。

（三）假设类方法

假设类方法是基于假设对事物进行分析的方法。当某一因素的存在形式限定在有限种可能时，假设该因素处于某种情况，并以此为条件进行推理。比如在物流系统中确定最佳订货批量时，为了简化计算进行了一系列假设，包括进货为整批间歇进货、不允许缺货、匀速消耗等。

在物流发展初期，大胆进行科学假设是非常必要的。通过论证、实验提出假设，再经过反复论证、实验对假设进行修正、证实、证伪，这样的工作需要在决策部门全面展开，只有这样才能促进物流理论和实践的发展。

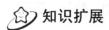知识扩展

物流系统规划与设计的步骤

四、跨境电子商务物流信息系统规划与设计的意义

（一）有利于城市建设与发展

随着对物流服务的需求的不断增加，物流业也蓬勃发展。近几年跨境电子商务的发展带动物流企业转向跨境物流服务，但在发展过程中，存在缺乏规划使得设施建设重复、城市用地不合理、交通运输状况不佳等现象。科学合理的跨境物流系统规划能从宏观上考虑城市建设与发展的利弊，对跨境物流系统建设进行布局。

（二）有利于跨境物流业的健康持续发展

跨境物流行业在发展的过程中，一方面必须考虑供给与需求的平衡，即：社会需要什么样的物流服务？需求数量是多少？需求分布的情况怎样？另一方面要考虑企业能提供什么样的物流服务，能提供多少物流服务。回答这些问题，需要从宏观上对物流业发展的各阶段进行跨境物流系统规划，为跨境物流业走上良性健康发展提供依据。

（三）有利于跨境物流的合理布局与设施的合理配置

跨境物流不同于国内物流，需要在本土以外的区域建设仓库、配送中心等，还需要在海外构建物流网络。在这个过程中，不但成本巨大，而且不同国家和地区有不同的法律政策规定，如果没有合理规划，会给企业带来巨大损失。

（四）有利于跨境电子商务的良性发展

跨境电子商务的发展和壮大离不开跨境物流系统的支持，而目前跨境电子商务发展的

瓶颈就在跨境物流服务。如果能规划和建设完善的跨境物流系统，则会给跨境电子商务带来巨大的发展支持。

（五）有利于提高消费者服务水平

跨境电子商务服务同时面向国内和国外的消费者，物流服务是实现跨境电子商务交易的重要环节，服务的优劣直接影响消费者的购物体验。跨境物流系统的规划能提高物流服务质量，从而提高消费者服务水平。

第三节 跨境电子商务物流信息系统的应用

一、跨境物流信息系统管理和ERP系统

跨境物流信息系统管理是对物流信息进行采集、处理、分析、应用、存储和传播的过程。在这个过程中，通过涉及物流信息活动的各种要素（人工、技术、工具等）进行管理。对于跨境电子商务企业来说，物流信息系统管理实现的是订单包裹的实时跟踪、转运、妥投等一系列物流跟踪数据管理，以及对产品物流成本的财务报表分析，是实施物流KPI考核的重要参考手段。

物流信息系统管理强调应用系统化和集成化观念来处理企业经营活动中的问题，以求得系统整体化最优为目的，既要求信息处理的及时性、准确性和灵活性，也要求信息处理的安全性和经济性。

跨境电子商务ERP系统提供多渠道电子商务管理解决方案，支持多仓库、多品牌管理，为广大零售商户提供"一站式"信息系统服务。功能上囊括了采购管理、销售管理、接单管理、物流计划、仓储管理、价格体系管理、结算管理、发票管理、客户关系管理、报表管理。成功案例目前已经涵盖钟表、3C、鞋服、医疗器械等行业品类。跨境电子商务ERP系统的订单管理示意图如图11-1所示。

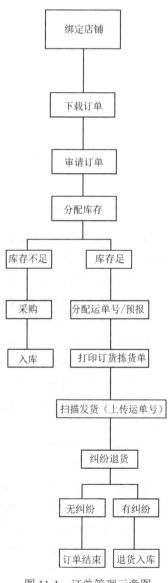

图11-1 订单管理示意图

案例 11-2

实战：你不知道的跨境电子商务ERP流程

1. 跨境电子商务流程

跨境电子商务流程如图11-2所示。

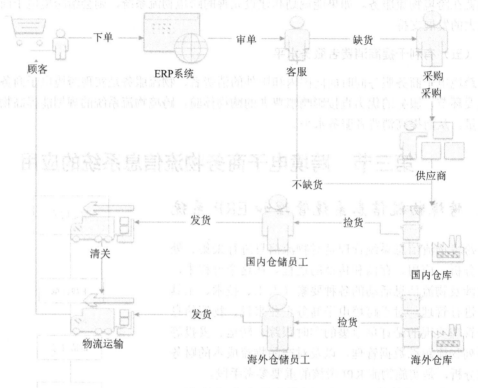

图 11-2 跨境电子商务流程图

这套业务流程是出口电子商务的流程,一般发货的方式会有国内仓库直发货和海外仓库发货。如何选择发货方式,涉及对成本、效率等多种因素的综合考量。这是一套正常的流程,并没有包含货物被拒收或者退货的逆向流程。

2. 公司角色在 ERP 的需求

做一个面向企业的产品时,针对公司每个用户群体的需求都会有相应的功能和模块。

客服部门:公司的客服负责售前、售中、售后的咨询服务,但是在 ERP 体现的是对订单的有效性进行审核,还有处理退换货。客服会根据客户提供的个人信息以人工审核+外呼的方式来确认订单的有效性。

采购部门:根据公司的订单量和产品的现有库存进行计算管理,并负责采购和提前备货。

物流运营:物流运营根据每个国家的规定政策,对接不同的运营商,并在系统设置每个物流商的发货量和发货种类。

仓储部门:仓库使用 WMS 进行货物的管理、拣货、发货(基本不使用 ERP 系统)。

业务部门:负责销售产品,所以知道自己的产品和产品对应订单量是多少,以对自己投入的成本和所有的库存进行管理计算。

Boss:需要看到公司的订单、投入的成本,因此需要一堆详细的报表。

思考:因为目标用户不同,所以在开发的过程中会产生矛盾的需求,遇到这种矛盾的需求，会根据优先级进行分析是否紧急重要：不重要不紧急的进行搁置；重要紧急的需要商量出明确的方案，大家一致同意才能进行开发。

盲目的新增需求浪费的是开发资源，也会导致上级和用户群体对产品的不信任。对于需求的真伪性，也要刨根问底。用户会提出一些他们的解决方案，这时需要考虑到他们真正想要解决的是什么问题，现有的功能是否可以满足，不能满足才会进行开发。

3. ERP 的模块

每个模块都是相互独立的，但是模块之间的信息会互通传递，这保证了数据的安全性，提高了系统的高效性和承载量。

产品中心：负责产品的 SKU 建立和管理。

订单中心：客服负责审核订单，业务负责查看订单，订单的状态可由流程显示。

采购中心：缺货的产品数量显示，近几天的销量显示，采购功能。

仓储中心：每个仓库的库存量以及库存的占用数显示，采购备货的功能。

物流中心：对接第三方的物流商，负责抓取物流轨迹，在页面进行跟踪展示。

调度中心：负责每个模块的数据流转展示，以便确认发现定位问题。

思考：系统之前经历过重构。之前的系统存在的问题是功能区分不明显，采用 PHP 语言进行的开发，优点是开发快捷便利，缺点是无法承载高速增长的订单量。

重构后的系统采用 Java 语言进行开发，并按照模块进行划分，数据在每个模块进行传输，可承载订单量大大提升。并且重构前的系统在不断地做加法，没有很好地进行功能的划分。重构后的 ERP 系统进行了明确的划分，克制地增加新的功能。

4. 订单的状态流程图

订单的状态流程图如 11-3 所示。

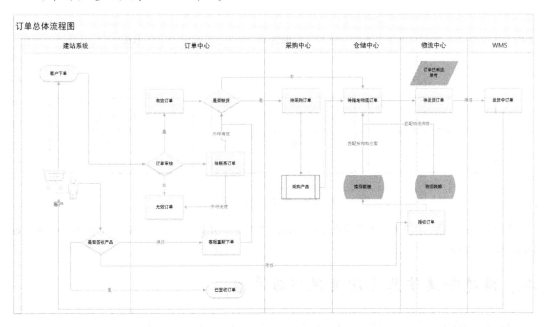

图 11-3　订单的状态流程图

订单的状态类别如下。

待审核：客户刚下的订单，传到 ERP 系统，客服还没进行审核。

待联系：客服需要电话外呼确认信息有效性的订单。

审核通过：代表客服确认过的有效订单。

无效订单：客户恶意或者重复下的订单。

待采购：仓库没有货物需要进行采购的有效订单。

待发货：仓库准备发出的有效订单。

已发货：已发出去的有效订单。

已签收：已被客户签收的有效订单。

思考：订单状态的流转代表订单处于每个中心的处理状态，一般电子商务 ERP 系统订单中心负责统筹所有中心模块的数据。根据订单状态，可以及时监控和发现问题。这也代表系统最原始的数据，可以通过这些订单不同的状态来进行报表的统计，方便各职能部门进行业务活动。

5. ERP 的权限系统

ERP 的权限系统也是常规的权限系统，如图 11-4 所示。

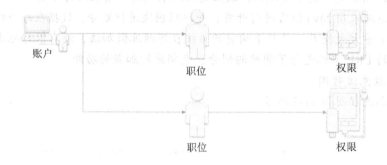

图 11-4　ERP 的权限系统

资料来源：实战：你不知道的跨境电子商务 ERP 流程[EB/OL]. （2018-10-29）. http://www.100ec.cn/detail--6477869.html. 有改动。

二、跨境物流信息管理系统对接平台

以下以 eBay 为例，介绍 eBay 与跨境物流对接平台的设计与实现。

（一）eBay 与跨境物流对接平台的需求分析

1. eBay 平台介绍及其业务发展状况

eBay 是一个管理可让全球民众上网买卖物品的线上拍卖及购物网站。eBay 于 1995 年 9 月 4 日由 Pierre Omidyar 以 Auctionweb 的名称创立于加利福尼亚州圣何塞。人们可以在 eBay 上通过网络出售商品。

2. 项目概况以及对接平台介绍

随着 eBay 平台在中国业务的开展，越来越多的商家需要将销售的商品发往世界各地。商品从中国卖家仓库运送到世界各地买家手中，涉及物流跟踪配送、物流费用收取、海关报关等各个环节。这就需要建立一个对接平台，来实现跨境电子商务与跨境物流两大平台的无缝对接，使商家只要在对接平台上配置，就可以实现自动从跨境电子商务平台获取商家对应的交易订单，生成包裹，自动通过跨境物流平台进行发货并查看物流轨迹，还可以将物流信息自动同步到电子商务平台。卖家只要在此对接平台选择对订单配置对应的物流配送方案，即可以为卖家提供便捷、透明的跨境配送服务，同时可以为卖家提供实时的订单配送物流状态跟踪服务。卖家可以根据自己的需要选择最实惠的配送方案。对接平台还可以为卖家提供实时报表数据，为了实现与卖家自身系统的对接，还为卖家提供开发平台，提供 API 接入服务。对接平台主要分为 5 大模块：卖家模块、订单管理模块、物流服务商模块、管理员模块和开发者平台模块。这里主要介绍业务内容。

本平台核心围绕跨境电子商务平台的订单如何和跨境物流平台实现对接，达到整套物流包裹配送的目的。平台的核心业务流程是订单如何从中国卖家手中运送到境外买家手中。过程中涉及买家、卖家、对接平台以及头程境内物流服务商、尾程境外物流服务商等角色对接。

3. 平台信息需求分析

系统运营保存了很多客户的日常业务数据，这些业务数据经过分析，可以识别出哪些信息内容对平台企业有帮助，用以指导企业未来规划以及企业运营，因此需要进行信息需求的分析。主要包括日常业务工作信息需求、企业领导决策信息需求以及企业发展变革的趋势性信息需求三方面，并且这三个方面存在从低到高的层次区分。

1）业务工作信息需求

（1）客户信息，系统提供客户信息管理功能；

（2）包裹信息，系统提供包裹信息包括商品信息的管理功能；

（3）物流信息，系统提供物流的管理信息；

（4）海关报关信息，系统提供海关报关的管理信息。

2）领导决策者信息需求

（1）客户分级分类、服务质量统计。高层领导者可以查看系统提供的客户服务类型、服务质量、交易信息的相关报告。

（2）包裹商品品类统计。高层领导者可以查看包裹商品类型的统计报告。

（3）包裹源发地、目的地统计。高层领导者可以查看包裹源发地的分布报告、商品目的地的分布报告等统计信息。

(4)物流及时、送达率统计。高层领导者可以查看物流结果的统计报告。

(5)海关报关时长、退单率统计。高层领导者可以查看商品出口、进口的海关报关的信息报告。

3)企业发展变革的趋势性需求

(1)客户等级及客户服务改进。根据对客户服务等相关信息较长时间的统计分析帮助企业制定客户等级及客户服务改进策略。

(2)提供符合制造业趋势的商品。根据包裹(商品)在较长时间内的分布情况,帮助企业分析制造业的趋势。比如高附加值商品比例持续上升,自主品牌占比持续提升,等等,进而帮助企业在提供商品方面做出更合理的决策。

(3)合理的商品源产地政策服务。根据商品源产地的分布情况,有针对性地制定服务策略。

(4)跨境消费的地区优惠策略。根据消费的区域分布情况,分析消费者的趋势,进一步在不同的地区之间制定合理的优惠策略、促销政策等。

(5)改进物流服务质量。根据物流的统计报告以及商品的类型,改进不同商品对物流时效性要求的服务质量,以分析出物流改进环节。

(6)降低海关报关不利因素。海关报关受各种因素的干扰,比如政治、文化等,通过分析失败原因,来制定降低不利因素导致的失败率的策略。

4. 平台功能需求分析

平台的功能需求分析是整个需求分析最重要、最关键和最复杂的部分,它描述软件在各种可能的条件下,对所有可能输入的数据信息,应完成哪些具体功能,产生什么样的输出。

1)卖家模块

卖家平台的主要功能是订单物流发货,平台的用户是对应的拥有自己店铺的卖家,他们是平台的订单发货包裹的基础,因为需要专门针对卖家进行相关可用功能的设计,卖家作为平台的直接用户,首先要有登录、注册以及个人信息维护等相关功能,这是进入平台的第一步,也是基础。登录以后,就需要进行个人账户内信息查看以及对应的偏好设计,以便系统可以根据卖家偏好自动进行后续订单处理,达到节省人力、时间、成本,提高用户体验等效果。

2)订单管理模块

所有平台订单都从电子商务平台拉取,拉取后将订单发货。对接平台是为了实现电子商务平台的订单到物流平台的包裹的交运、发货,以及物流状态更新回电子商务平台的主要核心业务流程。

3)物流服务商模块

物流服务商平台主要实现商品物流的发货交运,其中一个非常重要的角色,就是物流商。在平台中,物流商指可以实施的物流产品,如 E 邮宝等,我们这里讲的物流服务商,指的是可以整合多个物流商的物流服务商,它拥有多个物流商、物流服务商模块,是专门给物流服务商进行物流维护相关内容的模块,它是另外一套平台,通过 API 实现与对接平台交互。考虑到物流交运,主要核心功能有账户认证、物流费用的充值、冻结与解冻、发票的开票以及物流产品的更新维护、物流产品折扣促销优惠等维护,以及对外的内容的维护，等等。

4）开发者平台模块

平台的设计，不仅仅针对平台本身卖家用户，还针对第三方开发者开放平台的 API 接口。第三方开发者可以在线申请成为开发者，可以在线使用沙箱环境进行 API 调用调试，可以直接调用 API 开放接口，这样，对于有能力建设自己 ERP 系统的第三方企业，就可以直接通过开放平台的 API 与自己的 ERP 系统对接，实现自己的商务电子化。开发者模块按照功能不同，可以分为开发者申请模块、开发者使用开发平台两大模块。

5）管理员模块

平台的运营需要满足平台的日常内容维护需要、日常运营用户审核工作以及各类报表需要，因此需要专门设计系统管理员模块，供平台的内部员工日常对平台进行维护与监控管理使用，所以管理员模块主要涉及内容管理、开发者管理、账号管理、数据管理 4 个功能。

5. 平台非功能性需求分析

平台的非功能性需求是指为了满足用户业务需求而必须具有的除了功能需求以外的特性，包括性能需求分析、可靠性要求、兼容性要求、安全性和可扩展性要求等，这也是衡量软件能否良好运行的定性指标。

（二）eBay 与跨境物流对接平台的系统设计

平台的需求分析结束以后，下一步重要的事情要进行系统设计，去研究"怎么做"。系统设计首先要在需求分析的基础上设计整体产品框架，然后进行系统的应用架构设计，确定系统实施的方向与方式，然后再进行部署架构设计，确认系统的部署准备工作方向、内容，然后再进行系统的分层模型设计和数据库设计，从而确定系统怎么做的一些细节内容。

1. 系统设计原则

1）系统设计要考虑安全性需要

系统设计应考虑采取全方位的安全保护措施，具有防病毒感染、防黑客攻击等预防、阻断措施与手段，同时在硬件方面要考虑防止雷电、过载、断电和人为破坏等故障。所以我们在系统部署架构设计的时候，要考虑使用较成熟、安全得到极大保障的云服务，以避免受环境影响以及可能被攻击的情况。

2）系统设计要考虑可扩展性需要

系统设计应该考虑当前系统的容量以及功能的扩充，方便系统的扩容以及平滑升级，所以在系统设计程序的选择方面，要考虑兼容性：浏览性兼容、跨平台性兼容，以及部署服务架构的可扩展性。

3）系统设计应该考虑健壮性要求

系统的设计要考虑健壮性要求，即对于规范要求以外的输入情况的处理。对于不符合规范的输入，也要能有一个合理的处理方式，有时和容错性、可移植性有交叉的地方。

4）系统设计应该考虑统一性、标准化、规范性原则

系统的设计应考虑使用国家、国际统一的标准协议，如 TCP/IP、HTTP/HTTPS、XML/XSL、SMS，系统的设计针对输入输出接口，应考虑使用行业标准接口方式来实现，以方便第三方系统的快速接入，减少接入技术门槛。

2. 产品架构设计

产品架构是关于一个系统由哪几个子系统或模块构成，以及各模块之间的关系的设计。平台的产品架构设计围绕平台的切入点，根据平台的主线流程，以及由此和其他系统之间的联系来设计。平台的主线流程是从订单的导入到生成包裹，再从包裹的申报到包裹检查，再到物流商选择，以及整套交运、取件过程，其中涉及物流费用的充值、冻结、扣除、解冻等操作过程，以及物流配送发货、商品认证等整套过程。除了包裹在对接平台上面交运过程外，还提供开放平台，为第三方开发者直接接入平台提供帮助与支持，还提供整套沙箱环境，供对外的大型卖家通过自有平台直接接入自己的 ERP 系统。所以整套平台产品架构设计涉及多个角色用户，根据角色以及模块的重要性来划分产品架构。

平台的产品架构围绕整套平台的整套主线流程来设计，平台的产品触点涉及线上跨境电子商务平台、App、物流服务商、物流商、对应的卖家等几方面。平台的核心模块包括卖家模块、物流服务商管理模块、订单管理模块、管理员模块以及开发者平台五大核心模块。

3. 系统架构设计

系统架构设计包括两方面，一个是应用架构方面，另一个是部署架构方面。应用架构讲述未来系统将在什么物理框架下面开发实施项目。部署架构讲的是系统开发完成以后将部署在什么平台上面，有哪些部署模块与环境。系统的架构设计一旦确定，一般不会再改变，所以架构设计直接决定系统未来到底能使用几年，能支持多大功能与多大性能指标。架构设计对项目平台设计至关重要，只有设计一套合理的系统架构，才能保证系统的长治久安，也能满足其未来的再延伸扩展需求。

4. 系统详细设计

系统详细设计主要针对系统核心模块来进行，平台的核心模块包括订单管理模块和开发者平台模块

5. 系统代码分层模型设计

系统分层从多个角度进行，可以分为前端展示层、中间控制层、数据库处理层等。对接平台微服务架构里面的分层设计，可以使开发人员看到分层模型，这样就能了解系统分层架构，从而达到快速开发的目的。

平台通过 Spring Security 实现最前端的权限控制及验证，Controller 提供 Rest API 访问，Controller 提供对外对内的 Rest API 访问，API 通过 Swagger 架构来编辑并呈现给前台，DTO 是数据传输实体内容，Transform 是模型转换层，Interceptor 提供系统数据拦截处理，Exception 提供统一异常信息处理，Config 提供统一的配置管理中心，Service 服务提供层提供主要业务逻辑的逻辑实现。Feign Client 提供模块之间的交互层，Mapper 提供统一的数据持久层，进行数据持久化操作，使用 MyBatis 来持久化数据并与之交互，Model 提供系统所有数据模型，底层使用 Spring Cloud 技术框架进行相关配置与服务，如发现、监控等操作。

6. 数据库设计

数据库设计是指对一个应用，设计一个较优的数据库模式，使之能够有效地存储各种类型数据，从而满足各种用户的应用需求（信息要求和处理要求），它是信息系统的核心

和基础。通过数据库设计，信息系统中大量的数据可以按照一定的模型组织起来，为以后的存储、维护、检索提供方便。数据库设计是信息系统开发与建设的重要组成部分，涉及表和字段的设计、键和索引的设计、完整性以及约束性设计等，除了这些，随着大数据的发展，还涉及分库分表的设计、缓存的设计等内容。数据库设计主要包括表结构及其之间关系的设计。

三、跨境物流信息管理系统的未来发展

国际物流信息系统有助于提高企业管理能力，主要体现在：改善物流企业内部流程和信息沟通方式，满足跨境电子商务客户以及业务部门对信息处理和共享的需求；提高办公自动化水平，提高工作效率，降低管理成本，实现成本优先的竞争优势；通过国际物流信息系统对货物的跟踪和监控，物流企业的各层管理者可以及时地掌握货物运输的情况，增加对业务的控制，为决策提供数据支持；为客户提供实时的货物跟踪，提供个性化服务，提高服务水平。市场是变化的，用户对物流企业的要求及企业自身发展的需求在不断发生变化，信息技术本身也在不断地发生变化，因此国际物流信息处理系统会不断地在用户的需求上改进，不断地去完善，在完善的基础上再不断地改进，是一个循环完善的过程。

随着跨境电子商务的飞速发展，以及物流信息技术的不断提高，两者的衔接相辅相成，跨境电子商务利用物流信息系统使企业的管理高效化、流程化和成本最优化；物流信息技术根据跨境电子商务不断改变的市场需求来调整自己的功能，改善跨境电子商务企业的物流流程。

综合国际物流信息发展趋势，未来物流信息的发展和应用体现在以下方面。

第一，物流信息综合性更强。随着跨境电子商务全球化的进程，物流信息系统综合服务的能力更加显著。物流信息服务系统不仅要满足物流企业内部的作业需求，还要满足跨境电子商务企业对区域性仓库的库存管理，以及订单处理需求。两者在需求和功能上相互促进和完善。

第二，专业性更强，接口趋于透明。跨境电子商务国际物流经过10年的发展和推进，各种运输方式更加完善和成熟，并且体现在了其对跨境电子商务企业的物流需求的个性化定制上，满足了跨境电子商务物流碎片化的需求。相比传统物流开发商"大而全"的一体化物流解决方案，跨境电子商务物流信息系统能更好地满足跨境电子商务企业的B2B、B2C的专业化需求，并且有助于其对接专业的物流数据跟踪网站。

第三，决策支持功能加强。国际物流信息系统不仅提高了物流企业内部的运营效率，它所体现的库存数据、包裹跟踪数据、物流成本财务数据都在很大程度上为跨境电子商务企业提供了企业管理的决策依据。

第四，自动化程度不断提高。国际物流信息系统的自动化程度在不断提高，体现在包括仓储设施和配送作业的自动化、智能立库的建设，甚至机器人分拣作业等方面。

项目实训

跨境电子商务物流信息管理

实训目标

1. 加强团队合作，发挥每一个团队成员的能力，学习小组讨论、分析的方法；
2. 培养自主学习和独立思考的能力。

实训内容

假如你在 eBay 英国站开了一家手工饰品的店铺，需要对跨境电子商务物流信息管理有一个初步的了解，以便日后更加有效地节约成本。请以"跨境电子商务物流信息管理"为题写一篇报告。

实训步骤

1. 教师带领学生学习相关知识，按照 3 人一组进行教学分组，每个小组设组长一名，负责确认每个团队成员的任务。
2. 根据教师教授的内容，整理跨境电子商务物流信息管理的相关知识。
3. 上网或者去图书馆查询关于跨境电子商务物流信息管理的课外知识。
4. 每个小组派一个组员根据自己的报告上台演讲，教师和其他小组成员对其演讲进行评价、讨论。

复习与思考

1. 跨境电子商务物流信息系统的特点是什么？
2. 跨境电子商务物流信息系统的构成要素有哪几个？
3. 跨境电子商务物流信息系统规划与设计的内容有什么？
4. 跨境电子商务物流信息系统规划与设计的意义是什么？
5. 跨境电子商务物流信息系统规划与设计的方法有哪些？

参考文献

[1] 张娴. 跨境电子商务物流管理[M]. 北京：高等教育出版社，2019.
[2] 韩玲冰，胡一波. 跨境电商物流[M]. 北京：人民邮电出版社，2018.
[3] 徐凡. 跨境电子商务基础[M]. 北京：中国铁道出版社，2017.
[4] 周长青，付蕾. 电子商务物流[M]. 重庆：重庆大学出版社，2017.
[5] 李志勇. 跨境电子商务员[M]. 北京：北京理工大学出版社，2015.
[6] 唐红涛，谭颖. 跨境电子商务理论与实务[M]. 北京：对外经济贸易大学出版社，2019.
[7] 钟卫敏. 跨境电子商务[M]. 重庆：重庆大学出版社，2016.
[8] 中国国际贸易学会商务专业考试培训办. 跨境电商操作实务[M]. 北京：中国商务出版社，2015.
[9] 邹益民. 跨境电商综合实训平台实验教程[M]. 杭州：浙江大学出版社，2018.
[10] 刘瑶. 亚马逊跨境电商平台实务[M]. 北京：对外经济贸易大学出版社，2017.
[11] 马莉婷. 电子商务概论[M]. 北京：北京理工大学出版社，2016.
[12] 朱长征. 电子商务物流[M]. 北京：北京理工大学出版社，2016.
[13] 陈明，许辉. 跨境电子商务操作实务[M]. 北京：中国商务出版社，2015.
[14] 南洋. 基于电子商务环境下的物流体系研究[M]. 长春：吉林大学出版社，2019.
[15] 毛锦庚，钟肖英. 新编电子商务概论[M]. 广州：中山大学出版社，2018.
[16] 于宝琴. 中小型电子商务和物流企业案例集[M]. 北京：中国财富出版社，2014.
[17] 贺兵，陈本松，熊燕. 电子商务概论[M]. 青岛：中国海洋大学出版社，2017.
[18] 张荣. 电子商务案例分析[M]. 2版. 北京：北京理工大学出版社，2018.
[19] 中国物流与采购联合会，中国物流学会. 物流行业管理现代化创新案例报告（2015—2016）[R]. 北京：中国财富出版社，2016.